Carl-Auer-Systeme

Die Kompetenz der Familien

Guy Ausloos

Zeit, Chaos, Prozess

Aus dem Französischen übersetzt und mit einem Nachwort versehen von Joseph Duss-von Werdt

2000

Satz und Diagramme: Paul Richardson
Umschlaggestaltung: WSP Design, Heidelberg
Printed in Germany 2000
Druck und Bindung: Kösel, Kempten (www.koeselBuch.de)

Erste Auflage, 2000
ISBN 3-89670-135-5

Die Deutsche Bibliothek – CIP-Einheitsaufnahme

Ein Titeldatensatz für diese Publikation ist bei
Der Deutschen Bibliothek erhältlich.

Titel der französischen Ausgabe:
La compétence des familles. Temps, chaos, processus

Inhalt

Zweiter Teil: Chaos

Dritter Teil: Prozess

Danksagungen

Ein Buch entsteht nicht aus dem Nichts. Es baut sich auf dem Denken jener Autoren auf, welche den Weg vorzeichneten. Ich bin zu Dank verpflichtet, wenn ich an Bateson, von Bertalanffy, Watzlawick, Husserl, de Waelhens, Le Moigne, Selvini, Koestler, Whitaker, Prigonine, Stengers, von Foerster denke. Das sind nur die wichtigsten.

Das Buch zehrt vom Einfluss der Supervisoren, welche den Autor vor Fragen stellen. Ich denke an Albert Desmarais, Claude Cherpillod, Fritz Morgenthaler, Gill Gorell-Barnes, Giuliana Prata, Jacqueline Prud'homme, Silvana Montàgano, Théo Cherbulliez, Siegi Hirsch.

Es erhielt seine Farbe im Rahmen von Freundschaft und Zusammenarbeit. Ungeordnet fallen mir Namen ein: Louis und Claire Emery, Maggy Siméon, Pierre Segond, Yves Colas, Léon Cassiers, Pierre Fontaine, Jean-Gabriel Favre, Claude Julier, Robert Pauzé, Martine Bovay, Suzanne Lamarre, Diane Beauséjour.

Es konnte nur fertig werden, weil andere genügend daran glaubten, sich Zeit nahmen und ihr Können einsetzten, damit aus dem Rohmaterial ein Buch werde. Ich denke dabei besonders an Jean-Claude Benoit, der mich während Jahren unaufhörlich zum Schreiben ermutigte und in allen Bedeutungen des Wortes die Fertigstellung auf sich genommen hat. Ich denke auch an Daniel Masson und Jean-Jacques Eisenring von der Zeitschrift *Thérapie Familiale*, ohne welche ich dort kaum so viel geschrieben hätte. Ein besonderer Dank gehört auch Christine Archambault, welche mir half, meine Texte in Form zu bringen und zu ordnen, damit daraus ein Ganzes werde. Isabelle Ligot hat als vollkommene Sekretärin mit einem bemerkenswerten Sinn für Sprache meine Diktate abgehört und mein Gekritzel entziffert. Schließlich half mir meine Tochter Gaëlle Ausloos, dem Ganzen den Schlusspunkt zu setzen.

Einführung

Während zehn Jahren versuchte ich, dieses Buch zu schreiben. Es gelang mir nicht. Ohne Zweifel war das Vorhaben zu anspruchsvoll, meine Arbeitsmodelle übersichtlich geordnet zusammenzufassen, indem ich sie durch die Theorien, welche mich angeregt hatten, genau begründete. In dieser Zeit schrieb ich entweder Texte, die für das Buch bestimmt waren, oder Artikel, die eine jeweilige Momentaufnahme meiner Entwicklung darstellten. Schließlich entschloss ich mich, das ursprüngliche Projekt abzuändern. Ich gab die Idee eines Buches mit einer schön logisch aufgebauten Architektur auf und zog es vor, ein „Patchwork" zu verfassen. Entwürfe und Artikel wurden nach der Zeit ihres Entstehens neu gruppiert, doch ohne dass ich sie in jeder Hinsicht aufeinander abstimmen wolte.

An und für sich schreibe ich nicht gerne und tue es nur, wenn ich mich vom Bedürfnis gedrängt fühle mitzuteilen, was ich glaube. Aber was ich glaube, glaube ich eigentlich auch nicht, denn es handelt sich ja bloß um Ansichten. Diese müssen jedoch mitgeteilt werden, um ein Stück Haltbarkeit zu erlangen. Doch auch diese ist trügerisch, unüberprüfbar und unvollständig. Darin liegt der ganze Unterschied zu einem Vortrag, während dessen die Blicke aus dem Publikum einem immerhin ein paar Keime von Zustimmung übermitteln.

Trotzdem glaube ich an das, was ich sage, oder vielmehr habe ich bestimmte Grundansichten: Ich glaube an das Menschliche, das in hohem Maße nicht vorhersehbar und deswegen auch nicht voraussagbar ist. Es lässt sich nicht auf die Theorien einschränken, welche es einzukreisen versuchen. Ich glaube an die Kompetenz der Familien, durch die zahlreichen Unwegsamkeiten hindurchzugehen, welchen sie ausgesetzt sind. Und ständig staune ich über den Reichtum der chaotischen Schöpfungen des Lebens.

Dieser Text will nichts anderes sein als eine unsichere, aber überzeugte, von Zweifeln angefallene, aber kühne, unvollkommene, aber verbesserungsfähige Sichtweise. In ein paar Jahren wird er überholt sein. Ich erwarte, hoffe und wünsche es mir, sonst würde er zu einer Doktrin, nachdem er doch nichts anderes als ein momentaner Eindruck sein kann. Vom Leser erwarte ich, er möge mir nicht bzw. nicht mir glauben, damit er sich selber daranmachen kann, zu glauben, schöpferisch zu sein, Neues zu tun und damit hinfällig werden zu lassen, was er eben gelesen hat. Und er möge das Seine dazu tun, zu glauben, ohne an das zu glauben, was er glaubt, das aber mit Überzeugung, Kühnheit und Mut, damit die überkommenen Ideen sich wandeln, die festen Doktrinen verschwinden und die Kunst zur Triebkraft unseres gegenseitigen Austausches werde.

Das ist kein Paradox, wobei es das zweifellos auch ist, sondern ein Aufruf zur „Öffnung", zum Eintauchen in den Zufall, zum Staunen vor dem Chaos, das uns beherrscht. Unsere Vernunft ist der Hemmschuh, welcher uns daran hindert, uns in den chaotischen Vollzügen frei zu bewegen, aus welchen das Leben entsteht. Von kritischen Schnittstellen zu Ausbrüchen, von Katastrophen zu Entdeckungen gelangend, hören wir nie auf, uns jenem Prozess anzunähern, der nicht das Leben möglich macht, sondern selber das Leben ist.

Zeit, Zufall, Chaos, Unvorhersehbarkeit sind jene unabweisbaren Dimensionen, die abzulehnen, zu mindern oder zu lähmen wir aufhören sollten, damit sie ihren ganzen Reichtum des Schöpferischen, der Spontaneität und vitaler Erneuerungen offenbaren und entfalten können.

Als ich in die Familientherapie einstieg, stützte sich das vorherrschende Modell auf die erste Kybernetik ab, welche sich an der Idee des negativen Feed-backs ausrichtete. Sehr bald spürte ich ein Unbehagen, welches damit verbunden war, dass man die Homöostase als die wichtigste Form des familiären Gleichgewichtes, als ein Bestreben nach Nichtveränderung darstellte. Damals arbeitete ich hauptsächlich mit Familien von straffälligen Jugendlichen. Ich sah sie keineswegs als jene an, welche sich Veränderungen widersetzten, im Gegenteil hatte ich das Gefühl, dass die unaufhörliche Abfolge von Veränderungen für sie das eigentliche Problem darstellte. Das führte mich dazu zu hinterfragen, was man über die Homöostase sagte (Ausloos 1981).

Zu behaupten, die Familien kämen zu uns, um sich nicht zu verändern, hatte eine Reihe von Strategien zur Folge, welche man den Therapeuten vorschlug, damit sie der Tendenz zur Nichtveränderung entgegenwirkten. Man trat in eine Art von manipulativem Spiel ein, in welchem zwar nicht bewiesene, aber ständig betonte Vorannahmen es erlaubten, dem Therapeuten das Recht zu einer Reihe von Maßnahmen zu geben, damit Familien sich verändern, ohne dass sie es wollen. Schlimmer noch: Man verharrte im Modell der dysfunktionellen Familie, deren Fehler durch geschickte Strategien auszubessern Sache des Therapeuten war. Auf jeden Fall bestärkte man ihn in dieser Richtung.

Zur Zeit, als ich das alles infrage stellte, drängte sich mir der Begriff der „Kompetenz" auf, wie er von Brazelton im Zusammenhang mit Säuglingen gebraucht wird. Sollte man nun die Familien als dysfunktional oder als kompetent für jene Aufgaben ansehen, welche sie zu erfüllen haben?

Es sind die Versuchsstrecken, Unsicherheiten, Entdeckungen, Begeisterung und Zweifel, welche ich erlebte und in diesem Buch darlegen möchte. Wie schon gesagt, handelt es sich um eine Zusammenstellung von verschiedenen Texten aus verschiedenen Zeiten. Die Kapitel können deshalb für sich allein in jener Reihenfolge gelesen werden, wie sie der Leser selber wählt. Um jedem Text seinen inneren Zusammenhalt zu belassen, wurden nicht alle Wiederholungen ausgeräumt. Einige Texte sind vorwiegend klinisch, andere lassen sich schwieriger verarbeiten, weil sie theoretisch sind. Aber wie gesagt, sind Sie als Leserin und Leser frei, in einen Abschnitt einzutauchen oder zum nächsten weiterzugehen, um später auf einen übersprungenen zurückzukommen. Das Denken ist nicht linear, sodass ich mir wünsche, dass auch dieses Buch nicht auf lineare Art durchgelesen wird.

Ich habe drei Teile unterschieden, welche den drei wichtigsten Richtungen meines Denkens entsprechen. Man möge darin nicht eine (Rang-)Ordnung entdecken wollen. Bei der Ausarbeitung der Texte ebenso wie in der Ausbildung gehe ich regelmäßig von einem zum anderen, denke über die Zeit nach, um auf die Wichtigkeit des Prozesses zurückzukommen, dabei mehr einer dem Zufall überlassenen Gangart folgend, für welche die Chaostheorien eine erste Begründung beigesteuert haben.

Gabriel Marcel unterschied in einem seiner Vorträge, für den ich leider keine Literaturangabe ausfindig machen konnte, zwischen

Problem und Geheimnis. Für ihn kann das Problem als etwas betrachtet werden, das sich außerhalb des Subjektes befindet und Anlass zu einer objektiven Antwort geben und sich mehr oder weniger für alle gleich stellen kann. Das Geheimnis hingegen betrifft mich unweigerlich als Person und führt zu keiner endgültigen Antwort.

Wer Therapie macht, löst nicht Probleme oder korrigiert Irrtümer, sondern taucht ein in das Geheimnis von Familien und der Begegnung mit ihnen. Das bringt es mit sich, von einer Therapie, bei welcher der Therapeut beobachtet, überzugehen zu einer Therapie, in welcher Therapeut sich selber beobachtet, um seine Wahrnehmung der kompetenten Familie zurückzuspiegeln und ihr dabei zu ermöglichen, dass ihre „Eigenlösung" abzeichnen kann.

Ich wünsche mir, dass die Leserinnen und Leser am Ende dieses Buches stärker als je vom Geheimnis der kompetenten Familie durchdrungen sind statt von rezepthaften Anweisungen, wie man gestörte Familien zu behandeln hat. Und vergessen Sie bitte nicht, dieses Buch kreuz und quer zu lesen. So habe ich es geschrieben, und so möchte ich auch, dass es Sie anregt.

Erster Teil: Zeit

1. Warten können: Die Zeit(en) des Prozesses

Im November 1993 wurde ich von der westschweizerischen Gesellschaft für Sozialpsychiatrie zu ihrem zweiten Kongress eingeladen. Er war dem Thema *Zeit und ihre Auswirkungen auf die therapeutische Tätigkeit in der Sozialpsychiatrie* gewidmet und fand in La Chaux-de-Fonds, der Hauptstadt der schweizerischen Uhrenindustrie, statt. In dieser kleinen Stadt im Neuenburger Jura habe ich auch meine Laufbahn als Psychiater begonnen. So bietet sich denn die schöne Gelegenheit, meinen persönlichen Weg bei der Entdeckung der Zeit nochmals nachzuzeichnen. Auch ist es ein willkommener Anlass, dieses Buch einzuleiten, in welchem ich mir vornehme, meine Sicht des systemischen Ansatzes vorzustellen. Sind nicht unsere Theorien meistens der Widerschein unserer eigenen Geschichte? Mich für die Zeit zu interessieren hat Zeit gebraucht und war das Ergebnis vielfältiger Einflüsse. Von den verschiedenen Abschnitten dieser Zeit will ich hier erzählen.

Der erste Zeitabschnitt

Es sind jetzt bald dreißig Jahre her, dass ich am Ende des ersten Psychiatriejahres nach La Chaux-de-Fonds kam, um Assistent bei Claude Cherpillod zu werden. Er hatte eben die erste psychiatrische Außenstation im Kanton Neuenburg geschaffen. Wie zu erwarten war, kamen am Anfang wenig Leute, was uns vom Frühling bis zum Sommer eine schöne Zeit bescherte, um uns zu akklimatisieren. Im Herbst jedoch, der üblichen Krisenzeit, begann der Zustrom von Patienten zu wachsen. Jede Woche kamen in der Tat zehn neue Fälle hinzu, sodass ich mich sehr rasch überfordert sah. Diese Notsituation führte bald dazu, eine Strategie bei der Übernahme von Fällen zu entwickeln, die sich für die meisten meiner Patienten, welche ich zu betreuen hatte, als wirksam erwies. Das erste Gespräch beanspruchte eine Stunde, und drei Tage später sah ich meine Klienten, vor allem die depressiven, ein zweites Mal für eine Viertelstunde wieder. Dann sahen uns ein drittes Mal nach sieben Tagen wieder, um ihre Medikamente einzustellen. Nach einem weiteren Monat fand das vierte, nach zwei weiteren Monaten das fünfte Gespräch statt. Natürlich habe ich mir oft gewünscht, häufiger verfügbar zu sein, aber wenn die Notwendigkeit zum Gesetz wird, hat man nicht immer die Wahl der Mittel.

Als ich eines Tages Claude Cherpillod mein Erstaunen darüber mitteilte, dass mit so weit auseinander liegenden Gesprächen und einer kurzen Betreuung die Gesundheit bei der Mehrzahl von Patienten sich verbesserte, antwortete er mir: „So etwas passiert entweder jungen Therapeuten, weil sie nicht wissen, was sie tun, oder den sehr alten, die sich in ihrem Geschäft auskennen." In diesem Moment versprach ich mir, so lange wie möglich die Unschuld dessen zu bewahren, der nicht weiß, was er tut. Doch dann habe ich es vergessen und fing damit an, es wissen zu wollen. Solange ich nicht wusste, was ich tat, wusste ich auch noch nicht, dass ich einfach die Zeit nutzte: Auf drei kurz aufeinander folgende Gespräche zur Zeit der Krise folgten die weiteren im Abstand von einem Monat. Wenn der Patient mit uns den ersten Kontakt aufnimmt, hat er das Bedürfnis, zu spüren, dass wir für ihn verfügbar sind. Nachher braucht er Zeit dafür, etwas zu verändern. Diese Art, von der Zeit Gebrauch zu machen, ist an und für sich bekannt, auch wenn ich nicht darauf achtete. Wie wir sehen werden, kam ich erst sehr viel später darauf. Ohne Zweifel wissen paradoxerweise die alten Therapeuten, im Bewusstsein, ihre Tage seien gezählt, dass man die Zeit machen lassen muss. Aber das ist eine andere Geschichte.

Der zweite Zeitabschnitt

1971 verließ ich La Chaux-de-Fonds, um in Lausanne mit Odette Masson in der Kinderpsychiatrie zu arbeiten. Ihr verdanke ich, die Familientherapie entdeckt zu haben. Gleichzeitig war ich halbtags als beratender Psychiater in einer Institution für straffällige Jugendliche tätig. 1974 ging ich nach Genf und übernahm dort an der Universität die Verantwortung für die Gerichtspsychiatrie am Gerichtsmedizinischen Institut (Professor Jacques Bernheim). Gleichzeitig begann ich am GRIDEF familientherapeutische Seminare zu leiten, um ab 1977 in der im *Centre de formation continue* (CEFOC), einer Institution für die berufliche Weiterbildung (damalige Leitung: Claude Julier), zusammen mit Andrée Menthonnex und Renaldo Perrone in Familientherapie auszubilden. Von 1979 bis 1980 hatte ich die Möglichkeit, bei Giuliana Prata in Mailand in Supervision zu gehen.

Das Mailänder Modell (Selvini Palazzoli et al. 1980) vertrat so genannte lange Kurztherapien, lang, weil sie ungefähr ein Jahr dauerten, und kurz, weil sie nur zehn Sitzungen im Abstand von einem Monat oder mehr umfassten. Das führte mich dazu, die Zeit des Prozesses zu entdecken, jene Prozesszeit nämlich, welche Familien benötigen, um zu beobachten, auszuprobieren, sich zu verändern.

Wenn ein Therapeut eine Verschreibung macht, geschieht das wohl deshalb, um später eine Veränderung in den Regeln des Funktionierens auszulösen. Es wäre jedoch eine ziemlich illusorische Vorstellung, anzunehmen, eine Veränderung stelle sich unmittelbar nachher ein. Auch in der Familie werden die Mitglieder ihre Hypothesen bilden, ausprobieren, die Ergebnisse bewerten, Haltungen verändern, Schlüsse ziehen und nochmals anders anfangen. Das ist ihre Art und Weise, sich auf einen Veränderungsprozess einzulassen. Und genau das braucht Zeit.

Das Tai-Chi lehrt uns, „dass es ebenso schwierig ist, die Zeit abzufangen, wie das fließende Wasser festzuhalten“. Unsere Verschreibungen sollen den Prozess nicht in rituelle Fesseln legen, nicht Rezepte an die Stelle der Phantasie setzen, keine voraussehbare Veränderung anpeilen, sondern im Gegenteil öffnen für das Erproben von Lösungen, welche bis jetzt noch niemandem eingefallen sind, die vorher keiner gewagt hat, die gut sind, weil niemand sie erwartete. Die dafür nötige Zeit hatten die Menschen während des Monats, welcher eine Sitzung von der andern trennte. In meiner heutigen Praxis halte ich am damals Gelernten fest, indem ich fortfahre, in monatlichen Abständen mit Familien zu arbeiten, und mich gewöhnlich am Ende der Sitzung zurückziehe, um mir „Zeit zu nehmen“, den Abschluss vorzubereiten.

In Mailand schloss man die Sitzungen in der Regel mit einer positiven Konnotation über das Funktionieren der Familie ab. Auch das übernahm ich, benutze aber zur Zeit das, was ich die „böse positive Konnotation“ nenne. Ich stellte nämlich fest, dass man beim Verlassen einer Sitzung meistens von widersprüchlichen Gefühlen überschwemmt ist: Müdigkeit, Befriedigung, Schwere, Wut, Freude, Verwirrung, Erleichterung, Traurigkeit, Ohnmacht, Sympathie, Aggressivität. All das verdüstert uns den Geist und vermiest uns manchmal die Lust, mit einer Familie weiterzuarbeiten. Es stellt sozusagen die Schlacken dar, welche sich während des Gesprächs in uns abgesetzt haben.

Wie soll man unter diesen Bedingungen eine positive Konnotation ausarbeiten, welche echt ist und die Mitglieder der Familie wirklich erreicht? Wie diesen Zustand nutzen, welcher uns wertvolle Hinweise auf den Prozess gibt, auf welchen wir uns mit der Familie eingelassen haben? Wie von den Komplimenten und Schmeicheleien wegkommen, welche bloß Karikaturen von positiven Konnotationen darstellen und Familien eher zum Lachen bringen als sie daraufhin öffnen, Veränderung zu wagen? Es brauchte einige Zeit, um zu entdecken, dass es genügte, gerade das positiv zu konnotieren, was mich im Verlauf des Gesprächs am meisten gestört hatte. Wenn zum Beispiel die Mitglieder der Familie einander ständig unterbrachen, auf meine Fragen nicht antworteten, sich gegenseitig das Wort abschnitten, konnte meine böse positive Konnotation ungefähr so lauten:

> „Ich fand es schwierig, dass ihr alle gleichzeitig geredet habt, jeder die andern unterbrach und nicht direkt auf meine Fragen geantwortet wurde. *Aber* ich sehe darin ein Zeichen, dass in euerer Familie jede und jeder an dem, was passiert, teilnehmen und seine Ansicht dazu geben will. Und damit kann ich gut arbeiten. Sicher werde ich das nächste Mal ein wenig den Polizisten spielen, aber ich freue mich darauf, die Arbeit mit euch allen fortzuführen.“

Wie man sieht, beginnt diese böse positive Konnotation mit dem negativen Eindruck, welcher nach dem Wort „aber“ ins Positive gewendet wird. Bekanntlich hat das Wort „aber“ die Wirkung, die Wichtigkeit der ersten Äusserung durch die zweite zu mildern. Die Familienmitglieder werden die positive Konnotation im Gedächtnis behalten, sind aber gleichzeitig interessiert und erstaunt, weil sie es nicht gewohnt sind, dass ein Therapeut ihnen gegenüber von seinen negativen Gefühlen spricht. Mich jedenfalls erleichtert es, dem eine positive Bedeutung zu geben, was mich gestört hat. Dies macht es mir auch möglich, die Situation um einiges positiver zu betrachten. Die böse positive Konnotation wirkt ebenso auf den Therapeuten, wie sie der Familie Möglichkeiten zur Veränderung eröffnet. Ich bin übrigens davon überzeugt, dass bei der Mehrzahl der Therapien es nicht die Familie ist, welche geändert werden muss, sondern die Art und Weise, wie der Therapeut sie sieht und sich mit ihr zusammen fühlt.

Der Einfluss der Mailänder Schule hatte auch eine weniger positive Seite (was an mir und nicht deren Modell liegt), nämlich meine Ungeduld angestachelt zu haben, um rasche Veränderungen zu erzeugen. Wie ich schon sagte, wollte ich wissen und begann mehr und mehr nach wirksamem Erfolg zu suchen. Meine Tätigkeit war intensiv: Hypothesen bilden, verstehen, Verschreibungen finden, Strategien ausarbeiten, Gegenparadoxe erfinden. Doch von neuem brauchte ich dafür Zeit, um zu verstehen, dass die Patienten und ihre Familie *auch* Zeit brauchen, um etwas zu ändern, und dass die Intensität meiner Aktivität – oder soll ich sagen: meines Aktivismus – kein Unterpfand des Erfolges war. Ich werde darauf zurückkommen.

Dieser zweite und der folgende Zeitabschnitt schieben sich ineinander. Es gibt Entwicklungen, die parallel verlaufen und sich gegenseitig befruchten.

Der dritte Zeitabschnitt

Zu gleicher Zeit konzentrierte sich meine Tätigkeit im Wesentlichen auf straffällig gewordene Jugendliche und ihre Familien, und das im Rahmen der erwähnten Gerichtsmedizin sowie gemeinsam mit Louis und Claire Emery im Zentrum von Chevrens.

Meine Aufmerksamkeit und die Interventionen kreisten also um die familiäre Situation von straffälligen Jugendlichen. Abgesehen von Minuchins *Families of the Slums* (1967) sowie der Arbeit von Siegi Hirsch und Pierre Segond in Vaucresson gab es praktisch keine Literatur zu diesem Thema. Die Arbeit im Team ermöglichte es mir, die ersten Artikel über *Adoleszenz, Delinquenz und Familie* (1976) und *Familiengeheimnisse* (1986b, Ersterscheinung 1980) zu schreiben.

Im Verlaufe einer langen Periode von zwölf Jahren ist uns in Chevrens allmählich bewusst geworden, dass es nicht so sehr die Familien waren, welche uns brauchten, damit es ihnen besser ging, sondern dass wir sie nötig hatten, um unsere Arbeit fachgerecht ausführen zu können. Louis Emery liebte es zu sagen: „Die Institution ist ein Werkzeugkasten, für den die Familie den Schlüssel besitzt." Nach und nach gaben wir die Idee auf, die Familien einzuladen, um ihnen eine Therapie vorzuschlagen. Stattdessen gingen wir zur folgenden Formel über: „Wir haben euch nötig, um unsere Arbeit machen zu können, denn ihr habt die Erfahrung, ihr viel, habt manche Lösung ausprobiert, kennt das Scheitern ebenso wie den Erfolg. Mit eurer Mitarbeit haben wir mehr Chancen, gute Arbeit zu machen" (Ausloos 1990d).

Es war während dieser Zeit, dass sich mir der Begriff der Zeit immer mehr auf aufdrängte. In einer Supervision traf ich 1984 in Paris die Familie einer jungen psychotischen Frau von 25 Jahren, die ständig ihr Handgelenk bewegte, um vergeblich eine Uhr in Gang zu bringen, die stillstand und keine Zeiger mehr hatte. Ich werde diese Geschichte im dritten Kapitel nochmals aufgreifen.

1985 hielt ich, angeregt durch dieses Ereignis, in Athen einen Vortrag über die Zeit und die Familie. Dabei schlug ich vor, für Systeme mit rigiden Transaktionen von stillstehender Zeit und für Familien mit chaotischer Transaktion von ereignishafter Zeit zu reden. Einer der Hörer erzählte mir, dass die griechischen Obersten nach der Übernahme der Macht in der ersten Radioansprache der neuen Diktatur erklärt hatten: „Griechenland ist ein kranker Mensch. Man muss ihn in Gips legen, die Uhren abstellen und auf die Heilung warten."

Auch die Ereignisse im Osten Europas belegten damals den heftigen Übergang von dem durch die Sowjetrussen auferzwungenen Immobilismus zur Ereignishaftigkeit der Zeit beim Wiedererstehen der dortigen Republiken: „Nach einem vollkommenen Stillstand der Zeit in der Tschechoslowakei während einundzwanzig Jahren geht die Zeit nun so schnell, dass wir euch nicht sagen können, was morgen geschehen wird" (Václav Havel, *La Presse* , 29.11.1989).

Krise und Umgang mit der Zeit sind eng miteinander verbunden. 1981 liegt die Diktatur der Generäle in Argentinien in den letzten Zügen. Die Mütter auf der Plaza de Mayo werden nicht müde, darauf hinzuweisen, wie unerträglich es ist, dass ihre Söhne für nichts gestorben sind. Auch die Arbeiter gehen auf die Straße. Und in dem Moment haben die Generäle, von denen man glaubte, sie seien am Ende, einen genialen Einfall: Die Falklandinseln müssen zurückerobert werden. Es ist kaum allgemein bekannt, dass seit mehr als hundert Jahren die kleinen Argentinier jeden Morgen vor dem Beginn des Unterrichts den Slogan skandierten: „Die Falklandinseln sind argentinisch." Dieses aus allen möglichen Elementen zusammengeschusterte Ereignis schweißte augenblicklich das Volk und seine Führer zusammen.

Erinnert man sich noch daran, dass zur gleichen Zeit England durch Skandale erschüttert wurde, welche die erzwungene Abdankung eines Ministers zur Folge hatten und in gefährlicher Weise zum Sturz der Regierung Thatcher zu führen drohten? Während der Woche nach dem Beginn der Feindseligkeiten bemerkte ein aufmerksamer Korrespondent mit Erstaunen, dass weder die Presse noch das Parlament oder jemand am Hydepark es wagte, die Politik der eisernen Lady zu kritisieren. Das Ereignis hatte England ebenso wie Argentinien um ihre jeweilige Führer herum zusammengeschweißt.

Auch die Golfkrise zeigte, dass man unter Ausnutzung des Ereignisses sowohl die Grausamkeit eines totalitären Regimes im Irak vergisst wie auf der anderen Seite das Scheitern einer Wirtschafts- und Sozialpolitik vertuschen kann, welche das Land in eine Rezession stürzt, wie es in den Vereinigten Staaten geschah. Wenn im einen oder andern Lager den Regierenden daran gelegen ist, die Aufmerksamkeit von der voraussehbaren Krise abzulenken, sind alle Bedingungen erfüllt, dass man sich auf eine ganz akute Krise verständigt, um eine voraussehbare andere zu überdecken.

Angehaltene und ereignishafte Zeit schließen sich nicht aus und sind keine Widersprüche. Nacheinander durchziehen sie unser Leben in abwechselnden Phasen und schaffen jenes Ballett, wie es Hall so schön in *Der Tanz des Lebens* (1985) beschrieben hat. Tanz der Lebensabschnitte, Tanz der Spannungen und der Ruhezeiten, Tanz der stürmischen Ereignisse und des Friedens.

Bereits hier seien die Schlussfolgerungen des dritten Kapitels vorweggenommen. In Familien mit rigiden Interaktionsmustern, wo die Zeit wie *stillzustehen* scheint, ist es wichtig, die angehaltene Zeit wieder in Bewegung zu bringen, indem man die Krise auslöst und gleichzeitig die Angst der Familie vor Veränderung respektiert und es ihr ermöglicht, Pläne zu machen, die ihr eine Zukunft geben. Umgekehrt muss man in Familien mit chaotischen Mustern die ereignishafte Zeit bremsen, indem man Dauer einführt, kleine, aber beständige Veränderungen vorschlägt und ihnen eine Vergangenheit, also eine Geschichte, zurückgibt, damit eine Zukunft möglich wird, die von Dauer ist.

Der vierte Zeitabschnitt

1986 wanderte ich nach Quebec aus, und zwar in den Norden, nach Rouyn-Noranda, eine Stadt der Pioniere und der Goldminen, welche vor sechzig Jahren in der Zeit des Goldrausches gegründet worden war. Im Staate Quebec wird von ausländischen Ärzten, die sich hier niederlassen wollen, verlangt, mindestens drei Jahre in einer abgelegenen Gegend zu verbringen. Daraus erklärt sich meine Beziehung zu dieser Stadt. Ich befand mich hier in der Eigenschaft als „Leiter der Psychiatrie", wobei ich der einzige Psychiater vor Ort war. Es war eine Bevölkerung von ungefähr 50 000 Einwohnern zu betreuen, mit zweiundzwanzig Spitalbetten, einem Notfalldienst und einem Ambulatorium. Es muss wohl kaum darauf hingewiesen werden, dass ich mich sehr rasch überfordert fühlte. Es war wie eine Rückkehr zum Anfang, weil ich mich in einer ziemlich vergleichbaren Situation befand, wie ich sie damals in La Chaux-de-Fonds erlebte. Wieder hatte ich die Gelegenheit, festzustellen, dass sich mit nur wenigen Familiengesprächen in ausreichendem zeitlichem Abstand viel machen, im Unterschied zur Arbeit nur mit Einzelnen sogar Zeit gewinnen ließ. Wieder erlaubte es eine Zwangslage, schöpferisch zu sein. Später werde ich über die Art und Weise berichten, wie ich bei Selbstmordversuchen notfallmäßig systemisch zu arbeiten begann (siehe 2. Teil, 3. Kapitel).

Es war aber nicht nur die Zwangslage, welche mich schöpferisch werden ließ, sondern auch der Beitrag von neuen Theorien, die in Umlauf kamen. Es handelt sich vor allem um die zweite Kybernetik, welche die Selbstrückbezüglichkeit und die Selbstorganisation unterstrich und betonte, der Therapeut sei angesichts einer Situation nicht außen stehender Beobachter, sondern im Gegenteil beteiligt und in den Prozess einbezogen. Auch betont der Konstruktivismus (Watzlawick 1981), dass wir die Wirklichkeit mithilfe von Landkarten unserer Theorien entziffern und dass diese Karten somit die Art und Weise beeinflussen, wie wir die Wirklichkeit wahrnehmen (Korzybski 1941 und 2. Teil, Kapitel 4).

Zwei Postulate

Diese Einflüsse zusammen führten mich dazu, zwei Forderungen aufzustellen, auf die sich seither meine Interventionen stützen.

> **a) Das Postulat der Kompetenz:**
> „Eine Familie kann sich nur solche Probleme stellen, die zu lösen sie auch in der Lage ist."

Den Begriff der Kompetenz entnahm ich, wie oben schon angedeutet, einer Anregung von Brazelton, welcher 1982 vom „kompetenten Säugling" gesprochen hatte. Er wollte damit betonen, dass man im Säugling, statt ihn als ein hilfloses Wesen zu betrachten, welches unfähig ist, sich selber zu helfen, im Gegenteil ein kleines Wesen sehen könne, welches hervorragend für jene Aufgaben zuständig ist, die sich ihm stellen und zu lösen sind, nämlich: saugen, trinken, schlafen, weinen usw. Was die Familien anbetrifft, hörte ich immer nur reden von den Problemen, die sich ihnen stellten sowie von ihren Dysfunktionalitäten, nicht aber von dem, was zu tun sie in der Lage waren. Von kompetenter Familie zu reden ist deshalb eine Art, der Familie ihre Zuständigkeit zurückzugeben, statt nur ihre Mängel zu betrachten. Das verändert selbstverständlich die Stellung des Therapeuten. Wenn er nämlich mit einer Familie arbeitet, welche die sich ihr stellenden Probleme selber zu lösen vermag, dann geht es nicht mehr darum, sie zu betreuen, sich das ganze Gewicht der Familienprobleme auf den Buckel zu laden, als wäre man ein neuer Atlas, sondern vielmehr darum, einen Prozess in Gang zu bringen, in dessen Verlauf die Familie beobachten, ausprobieren, Veränderungen erzeugen kann.

Wenn ich von Problemen rede, welche sich der Familie *stellen*, so meine ich nicht jene, denen sie *ausgesetzt* ist, wie Arbeitslosigkeit, Krankheit, ein Unfall, eine Feuersbrunst, ein Konkurs usw. In solchen Situationen ist es nicht das Funktionieren der Familie, welches das Problem herbeiführte, und es sind jetzt Informationen nötig, die von außen kommen. Deshalb ist *Beratung* vollkommen gerechtfertigt, sofern sie sich mit dem befasst, das die Familie nicht weiß, was sie jedoch braucht, um sich mit dem jeweils von außen kommenden Problem auseinander zu setzen (Auskünfte über Medikamente, Verlauf der Krankheit, angemessene Verhaltensweisen, zu unternehmende Schritte usw.).

b) Das Postulat der angemessenen Information:

„Eine angemessene Information ist jene, welche von der Familie kommt und zu ihr zurückkehrt."

Es war das Verständnis der Information, wie es Bateson (1982) entwickelte, welches zu dieser Formulierung Anlass gab. Tatsächlich sagt uns Bateson, dass „Information ein Unterschied ist, der einen Unterschied macht". Alle Angaben, welche wir sammeln, um eine Anamnese zu erstellen und die Familie besser zu kennen, sind nach dieser Definition keine Informationen im eigentlichen Sinn, auf jeden Fall nicht für die Familie. Informationen in Umlauf zu bringen bedeutet nicht, Angaben über dies und das zusammenzutragen, sondern die Mitglieder der Familie Dinge über ihre Beziehungen untereinander entdecken zu lassen, von denen sie nicht wussten, dass sie sie wissen. Diese Methode wurde von der Schule von Mailand (1983) als so genannte Technik des zirkulären Fragens, als Inumlaufsetzen von Information entwickelt. Seywert (1993) fasst in der Zeitschrift *Thérapie familiale* die unterschiedlichen Arten des zirkulären Fragens ausführlich zusammen.

Ein einfaches Beispiel: Bitte ich während einer Therapiesitzung ein Kind, mir vom Beruf seines Vaters zu erzählen, so gibt es mir mit seiner Antwort eine Information, mit der es sich selber darüber informiert, was es von seinem Vater weiß. Sein Vater erfährt von seinem Sohn, was dieser von ihm weiß, aber auch die übrige Familie vernimmt, was der Sohn vom Vater weiß. Gleichzeitig könnte sich jedes Mitglied der Familie fragen, wie es auf eine solche Frage antworten würde. Eine zirkuläre Frage kann eine Person auch darüber Auskunft geben lassen, wie sie die Beziehung zwischen zwei andern sieht. Man kann zum Beispiel den Vater fragen, was er über das weiß, was sich am Morgen im Badezimmer abspielt, wenn die Mutter ihren Sohn hart anfahren muss, damit er sich die Zähne putzt. Wie man sieht, betrifft diese an eine Person gestellte Frage mindestens zwei andere und ermöglicht allen dreien, Dinge zu entdecken, von denen sie nicht wussten, dass sie sie wissen.

Meiner Ansicht nach ist es insofern außerordentlich wichtig, Informationen in Umlauf zu bringen, damit Familien ihre eigenen Lösungen zu finden in der Lage sind. Es geht mir um die so genannten *Selbstlösungen* (oder Eigenlösungen), welche sich aus den neuen Informationen ergeben, über die sie nun verfügen. Die Zeit ist dabei eine wertvolle Verbündete, weil sie es der Familie ermöglicht, sich zu entwickeln (Ausloos 1983), das heißt, mit neuen Lösungen Erfahrungen zu machen. Es liegt an uns, jenen Prozess zu aktivieren, im Verlaufe dessen die Eigenlösung auftaucht. Mit der Zeit zu spielen heißt, das Unvorhersehbare zu akzeptieren. Heraklit sagte, die Zeit sei ein Kind, welches mit Schachfiguren spielt.

Wer das Unvorhersehbare annimmt, misstraut seinen Hypothesen über Veränderung, um Neuem den Vorzug zu geben. Die meiste Zeit arbeiten wir zu viel und bringen dadurch die schöpferische Kraft der Familien zum Verschwinden. Wir wissen, dass Veränderungen möglich werden, wenn die Information zirkuliert.

Bedeutet das nun, dass unsere Intervention sich darauf beschränken sollte, Information in Umlauf zu bringen? Ja und nein! Ja, weil eine Familie, die mithilfe des Therapeuten sich selber darüber informieren kann, wie sie funktioniert, alle Chancen hat, die nötigen Ressourcen für die Lösung ihres Problems zu finden. Nein, weil es meistens notwendig ist, den Prozess in Gang zu bringen, die Alarmglocke zu ziehen, die Macht der Gewohnheit zu überwinden.

Wie dem auch sei: Die Information muss rückbezüglich sein, das heißt zunächst von der Familie kommen, um anschließend zu ihr zurückzukehren und den Prozess wieder in Schwung zu bringen.

Zusammenfassend könnte man im Anschluss an diese zwei Postulate sagen, Therapie bestehe darin, die Entwicklung der Familie durch das Zirkulierenlassen von Information innerhalb der Familie wieder in Gang zu bringen.

Nachfolgend einige Vorschläge, um das zu tun.

Erster Vorschlag:

Von der in der Diagnose ausgeschalteten Zeit übergehen zu einer dynamischen Zeit möglicher Entwicklung

Unser diagnostischer Blick ist meistens fotografisch und trägt der lebendigen Entwicklung, dem Lauf und Fluss der Zeit nicht genügend Rechnung. Wir steigen ein in die gefrorene Zeit eines depressiven Menschen, wir lassen uns gefangen nehmen von der erstarrten Zeit der Familie eines Schizophrenen oder lassen uns durcheinander bringen vom Zeitwirbel einer verhaltensauffälligen Person. Dabei tun wir so, als wäre es immer so gewesen und als ob sich niemals etwas wirklich verändern sollte. Besonders in der Sozialpsychiatrie sollte dieser fotografische Blick durch einen filmischen ersetzt werden im Bewusstsein, dass alles im Fluss ist, dass die Dinge sich ändern, dass sich das Leben nicht auf unsere diagnostischen Kategorien einschränken lässt.

Zur dynamischen Zeit überzugehen bedeutet auch, nicht auf Vergangenes zurückkommen wollen. Damit ist nicht gesagt, man müsse der Vergangenheit keine Bedeutung beimessen, ganz im Gegenteil. Ich möchte vielmehr auf jene Bitte anspielen, welche von Patienten oder ihrer Familie häufig an uns gerichtet wird: „Ich möchte wieder so werden wie früher." Sagt man mir das, antworte ich, es täte mir Leid, denn ich könnte sie nicht wieder zu dem machen, was sie früher waren, sondern „wie nachher". Diese Formel ist zwar ungewöhnlich, aber sie drückt gut aus, was ich sagen will. Ließe ich den Patienten wieder so werden, wie er früher war, dann ließe ich ihn in der Zeitrichtung zu jener problematischen Ausgangslage zurückgehen, in der er sich vor seiner Krise befand, und müsste alles unternehmen, was notwendig ist, damit eine neue Krise eintritt. Was man in den Kliniken das Phänomen der Drehtüre genannt hat, wenn die gleichen Patienten immer wieder erneut hospitalisiert werden, ist ohne Zweifel an die Tatsache gebunden, dass sowohl Patienten wie ihre Therapeuten versuchen, es wieder so werden zu lassen, wie es vorher war, und nicht, wie es nachher sein wird.

Der Film „Zurück in die Zukunft" veranschaulicht vorzüglich, was geschehen würde, wenn man dorthin zurückginge, wo man war. Das folgende Beispiel wird zeigen, wie man dies im klinischen Zusammenhang nutzen kann.

Eine Frau, sechzig Jahre alt, klagt darüber, seit sieben Jahren nicht mehr schlafen zu können. Als sie hospitalisiert wird, stellen die Pflegerinnen fest, dass sie schläft, was sie selber jedoch bestreitet. Sie behauptet, nur zu dösen und die Pflegerinnen ständig zu hören. Wir benutzten folgende Strategie, damit sie nicht wie vorher, was sie doch wohl wollte, sondern wie nachher werden konnte. Wir versprachen ihr, die ganze Fachliteratur durchzusehen, um zu prüfen, was darin über Leute steht, die wie sie nicht schlafen können. Bei der tatsächlich erfolgten Durchsicht der Literatur fanden wir zwei Fälle. Wir teilten das der Patientin mit und sagten ihr auch, wir sähen uns veranlasst, unsere Diagnose zu ändern. Statt zu denken, sie hätte Schlafstörungen, würden wir nun von einer „Störung der Schlafwahrnehmung" sprechen. „In Wirklichkeit schlafen Sie, Madame, aber Sie nehmen nicht wahr, dass Sie schlafen, was bedeutend weniger schwer wiegend ist. Sie brauchen deshalb weder Antidepressiva noch Schlafmittel." Die Patientin gab sich mit dieser Umdeutung zufrieden, und ihr Zustand verbesserte sich rasch. Darüber hinaus war sie sehr erleichtert, weder Antidepressiva noch Schlafmittel einnehmen zu müssen, welche sie ermüdeten. Die Umformung unserer Diagnose änderte die Einstellung der Patientin: Statt wieder so werden zu wollen, wie sie einmal war, konnte sie nun damit anfangen zu sehen, wie sie sich in Zukunft mit der Störung der Schlafwahrnehmung einrichten könne. Die neue Diagnose wurde innerhalb von zwei Familiengesprächen mit den drei Schwestern der Patientin gestellt. Es handelte sich um vier Frauen um die sechzig Jahre, alle ledig. Wir nannten sie die Schwestern Brontë. Dass die Schwestern bei der Umdeutung anwesend waren, war insofern sehr wichtig, als auch sie ihrer Schwester helfen sollten, vorwärts zu kommen, um nicht wieder zu werden wie früher.

Zweiter Vorschlag:
Versuchen, nicht zu wissen

Irgendwie war auch diese Erfahrung für mich wie die Rückkehr in die erste Zeit, als ich in La Chaux-de-Fonds war und nicht verstand, was ich tat. Doch damals hatte ich Lust darauf, zu verstehen. Das war einerseits das Ziel der Ausbildung und anderseits wahrscheinlich auch der Grund, weshalb ich Psychiatrie studierte. Ich glaube aber, dass der Wunsch, zu verstehen und zu entdecken, uns oft daran hindert, die Menschen sich ihr eigenes gelebtes Leben aneignen zu lassen. Wir sind oft so intensiv darauf fixiert zu verstehen, dass wir nicht einmal sehen, was sie vor unseren Augen gerade tun. Ich versuche deshalb, so weit es geht, vom Verstehenwollen Abstand zu nehmen. Seien Sie jedoch beruhigt. Es gelingt mir nicht. Die Gewohnheit ist zu stark. Aber ich versuche wenigstens nicht mehr, die einzig zutreffende Hypothese für das Verständniss zu finden, denn es gibt immer mindestens deren sechsunddreißig (was eigentlich dem Prinzip der Äquifinalität entspricht). Im Bereich des Beziehungslebens ist es nicht wie in der Mathematik. Dort sagt man uns: „Es gibt nicht sechsunddreißig Lösungen, sondern entweder die ... oder die ..., diese ist richtig, und diese ist falsch." Im Leben hingegen sind immer sechsunddreißig Lösungen möglich und daher ebenso viele Hypothesen für eine Erklärung. Wieso sollte meine Hypothese Vorrang haben, welche ich aufgrund meiner inneren Landkarten des Wirklichen konstruiere, um sie der Familie aufzuzwingen, statt zu versuchen, ihr die Chance zu lassen, ihre eigenen Hypothesen zu entwickeln? Und dafür muss man selbstverständlich warten können, und zwar so lange, als ein Prozess braucht.

Dritter Vorschlag:
Sich nicht auf die Inhalte, sondern auf den Prozess konzentrieren

Dieser Vorschlag ergänzt in etwa den vorherigen. Inhalte sind immer fest in der Zeit fixiert, und sie meinen das, was sich vorher ereignet hat. Sicher trägt das zum Verständnis bei und erhellt etwas, doch kann ich nichts an der Tatsache ändern, dass der Vater einer bestimmten Patientin vor anderthalb Jahren gestorben ist und dass sie seither unter Depressionen leidet. Hingegen kann ich mich auf den Prozess konzentrieren, welchen sie gerade jetzt durchlebt, auf die Art und Weise, wie sie mit ihrer Depression umgeht, und auf die Mittel, welche sie dabei verwendet oder nicht verwendet. Ebenso wenig wie die Patienten sind die Familien dysfunktional oder aus dem Gleichgewicht gefallen. Sie funktionieren immer in einem Gleichgewicht. Der Prozess steht nie still. Von Newton und bereits von Aristoteles haben wir eine mechanistische Weltsicht geerbt, wonach wir wie Maschinen funktionieren, die stillstehen und wieder in Gang gebracht werden können. Das Leben jedoch steht nie still: Lebende Wesen sind niemals wirklich völlig aus dem Gleichgewicht, sondern ständig daran, es herzustellen. Deshalb sei wiederholt: Sie sind nicht dysfunktional, sondern funktionieren immer in irgendeiner Weise.

Unser fotografischer Blick hat uns dazu veranlasst, im familiären Gleichgewicht etwas zu sehen, in dem die negativen Rückkoppelungen vorherrschen. Hingegen lernten wir bisher nicht genügend, die ständige Kreativität zu sehen, welche auch die erstarrtesten Familien an den Tag legen. Wir lernten auch nicht, dass Homöostase nicht einfach Nichtveränderung bedeutet, sondern im Gegenteil ein ständiges Hin und Her zwischen notwendigem Festhalten und steten Veränderungen darstellt (Ausloos 1981). Auch ist zu häufig vom Widerstand der Familien die Rede, obwohl es sich dabei um die Unfähigkeit der Therapeuten handelt, das Entwicklungspotenzial der Familie selber zu entdecken.

Unsere Art der Gesprächsführung, das Verweilen bei den auslösenden Faktoren (selbst wenn wir als Systemiker behaupten, keine „Kausalisten" zu sein), unser Misstrauen gegenüber den Widerständen der Familie (das meistens eher Trägheit und Gewohnheit oder Angst vor dem wiederholten Scheitern ausdrückt), unsere Tendenz, uns mehr auf unser Vorgehen zu verlassen, als zu ermöglichen, dass eine Familie ihren eigenen Weg improvisiert – all das sind Faktoren, welche Gefahr laufen, Veränderungen weniger wahrscheinlich werden zu lassen. Ich denke, sich dessen bewusst zu sein, zwänge uns auch zur Veränderung unserer Wahrnehmung von Krankheit und Gesundheit, vom Funktionieren oder Nichtfunktionieren. Man sollte damit aufhören, von der dysfunktionalen Familie zu reden, selbst wenn das sehr schwierig ist, und von der Familie reden, die einfach anders funktioniert. Das führt uns selbstverständlich auch zurück zu dem, was ich meinte mit „Wir brauchen sie" anstelle von „Sie haben mich nötig, damit ich sie behandle".

Vierter Vorschlag:
Weg von unserer therapeutischen Ungeduld

Václav Havel sagte anlässlich seiner Aufnahme in die Akademie der politischen Wissenschaften in Paris am 27. Oktober 1992 über die Ungeduld der technokratischen Zivilisation Folgendes: Sie sei „versessen auf ihre Rationalität, fälschlicherweise davon überzeugt, dass die Welt nichts anderes als ein Kreuzworträtsel sei, wo es nur eine korrekte, die so genannte objektive Lösung des Problems gibt, worüber zu entscheiden ich gegebenenfalls der Einzige bin" (mit welchem Recht?, würde ich hinzufügen). Unsere therapeutische Ungeduld verleitet uns dazu, die eigenen Theorien als Dogmen zu verstehen und zu glauben, unsere Lösungen seien gut für die ganze Welt, wodurch wir die Familien daran hindern, ihre „Eigenlösungen" zu finden.

Fünfter Vorschlag:
Damit aufhören, vom Widerstand der Familien oder der Klienten zu sprechen

Als Freud den Begriff des Widerstandes in der analytischen Therapie erfand, sprach er von unbewussten Mechanismen. Doch wurde der Ausdruck verfremdet und kreuz und quer angewandt, zu oft auch dafür, um die Untauglichkeiten der Therapeuten zu rechtfertigen. Ich glaube nicht, Klienten oder die Familien sind widerständig, sondern, dass sie Zeit brauchen. Sie sind vorsichtig, und zwar mit Recht. Sie werden sich nicht in die erstbeste Veränderung stürzen, welche wir ihnen vorschlagen, denn im Allgemeinen hat man das ihnen gegenüber bereits früher getan. Was sie es gekostet hat, wissen sie nur zu gut. Deshalb sind sie mit vollem Recht vorsichtig und nicht widerständig. Für mich gibt es keinen Familienwiderstand, sondern nur ungeduldige Therapeuten, wie ich selber einer war. Manche Therapeuten sind nicht in der Lage, das Entwicklungspotenzial einer Familie zu erkennen. Oft dachte auch ich, „mit dieser Familie da ist nichts zu machen".

Es gibt Therapeuten, die es eilig haben, ihre Lösungen herbeizuführen. Auch ich war ab und zu verzweifelt darüber, zu sehen, wie die schönen Strategien, welche ich ausgetüftelt hatte, sich als wirkungslos erwiesen. Es gibt Familien, die sind vorsichtig, weil sie gebrannt sind. Sie brauchen Zeit, um auszutesten, abzuschätzen, ihre eigenen Lösungen zu finden.

Schlussfolgerung: Zeit und Eigenlösung

Die Familien verfügen über die nötigen Kompetenzen, um jene Veränderungen herbeizuführen, welche sie brauchen, unter der Bedingung, dass man sie ihre Eigenlösung erproben lässt und den Prozess in Gang bringt, welcher sie dazu ermächtigt. Prigogine und Stengers (1988) erinnern daran, dass selbst die Physik Mühe hat, der Zeit Rechnung zu tragen. Darin unterscheiden wir uns also wenig von den Physikern.

Wenn Sie in der Schweiz jemand nach dem Weg fragen, kann es passieren, dass man Ihnen antwortet: „Sie hätten eine bessere Zeit, da entlangzugehen." Ich fand diesen Ausdruck immer wunderbar. Eine bessere Zeit haben! Das scheint mir sowohl für die Therapeuten wie für die Familien ein sehr willkommenes Programm zu sein.

Als Therapeuten hätten wir eine bessere Zeit,

- es den Familien selber zu ermöglichen, sich zu verstehen, statt ihnen unser Verständnis zu vermitteln;
- ihnen die Verantwortung für die Veränderung zu lassen, statt selber deren Agent zu sein;
- uns dem Unvorhersehbaren zu öffnen, anstatt alles kontrollieren zu wollen.

Klienten und Familien ihrerseits hätten eine bessere Zeit,

- eher ihre Eigenlösungen zu finden, statt unsere Ratschläge zu befolgen;
- ausprobieren zu können, bevor sie sich entscheiden;
- sich für die Zukunft einzusetzen, statt an der Vergangenheit zu kleben.

Wenn ich zum Schluss in der Folgerung von Václav Havel die politische Ungeduld mit der therapeutischen austausche, ergibt sich Folgendes: „Wenn ich meine therapeutische Ungeduld nochmals überdenke, muss ich notwendigerweise feststellen, dass der Therapeut von heute und morgen – erlauben Sie den Ausdruck ‚der postmoderne Therapeut' – lernen sollte, im besten und tiefsten Sinn des Wortes zu warten ... Dieses Warten sollte einen bestimmten Respekt vor der inneren Bewegung und der Entwicklung des Seins, der Natur der Dinge, ihrer Existenz und autonomen Dynamik zum Ausdruck bringen, welche jedem gewalttätigen Eingriff widerstehen. Es sollte sich auf den Willen abstützen, jedem Phänomen die Freiheit einzuräumen, seine eigene Grundlage und wirkliche Substanz zu offenbaren. Das Verhalten des postmodernen Therapeuten kann nicht mehr von einer persönlichen Sicht ausgehen. Statt sich auf den Stolz zu gründen, sollte er sich von der Bescheidenheit stärken lassen." Und ich füge hinzu: Statt sich auf den Nimbus des Therapeuten zu berufen, sollte er sich von der Kompetenz der Familien leiten lassen.

2. Die Zeit für Jacqueline, uns zu lehren, dass ...

Für den Systemiker ist der Patient nicht eine durch das große Spiel der Systeme manipulierte Marionette, sondern ein *Akteur,* welcher die ihm angebotenen Rollen wählen und interpretieren kann und so den Ablauf des Stückes beeinflusst, in welchem mitzuspielen er bereit ist. Das gilt besonders für einen heranwachsenden Menschen, welcher das Stück, mindestens in seinem Hauptteil, nicht geschrieben hat, aber auch weil sich ihm im Leben so viele Rollen anbieten, dass noch nichts endgültig gespielt ist. Es ist denn auch die Aufgabe des Therapeuten, ihm Wahlmöglichkeiten zu eröffnen, und zwar nicht jene des Therapeuten, sondern seine eigenen. Um diese Wahl treffen zu können, braucht der Jugendliche die nötige *Information*. Das System, innerhalb dessen er sich entwickelt, hat es ihm zudem zu ermöglichen, die von ihm gewählten Rollen auch zu spielen. Das läuft darauf hinaus zu sagen, dass es ihm möglich sein sollte, autonom zu werden, denn seinen eigenen Regeln zu folgen (was die wörtliche Bedeutung von Autonomie – *autos* (selbst), *nomos* (Gesetz) – ist) beinhaltet auch, seine eigenen Wahlen treffen zu können. Er soll sich entscheiden können, die eigenen *Ziele* zu verfolgen auch auf die Gefahr hin, dass es zu einem Bruch mit der Familie kommt. Umgekehrt kann er sich für die Familienziele opfern, riskiert dabei aber, die kranke Geisel der Familie zu bleiben (Ausloos 1983). Wie man sieht, sind diese beiden extremen Möglichkeiten wenig einladend: In der Adoleszenz ist ein Bruch mit der Familie ohne großes Leid und erhöhte Risiken nicht möglich; die kranke Geisel zu sein bedeutet die Übernahme einer freiwilligen Gefangenschaft.

Wie früher bereits gesagt wurde, stütze ich meine Therapien auf zwei Postulate: erstens auf die Kompetenz des Systems und zweitens auf die zuverlässige und konsequente Information.

In der nachfolgend dargestellten Situation ist es Jacqueline, die Indexpatientin, welche die bedeutsame Information beibringt, doch ist es auch die Art und Weise, wie das System funktioniert, welches zum Entstehen des Problems beigetragen hat. Es soll hier eine längere Zusammenfassung der verschiedenen Gespräche wiedergegeben werden. Damit lässt sich viel besser als mit einer langen Abhandlung zeigen, wie man wählen kann, eine Rolle in der Familie zu übernehmen, um zu versuchen, Veränderungen zu bewirken – was gerade die Kompetenz des Systems und der Indexpatientin als Akteurin zeigt. Auch wird deutlich, wie die tatsächliche Übernahme dieser Rolle eine Veränderung so lange verhindern kann, als die bedeutsame Information nicht in Umlauf gesetzt wird.

Der nachfolgend wörtlich wiedergegebene Text wurde von der neunzehnjährigen magersüchtigen Patientin Jacqueline geschrieben und 1979 von ihr im Verlaufe eines familientherapeutischen Gesprächs den Eltern vorgelesen. Damals gab es praktisch noch keine französische Literatur über Familientherapie, sodass die Patientin nicht durch eigene Lektüre dazu hätte inspiriert werden können. Dadurch wird dieses klinische Dokument um so erstaunlicher. Es hätte in der Tat von einem Therapeuten geschrieben sein können. Es ist außergewöhnlich, dass eine Patientin dermaßen in der Lage ist, vor ihrer Familie das Spiel offen zu legen, welches sie bisher, und zu welch hohem Preis, gespielt hat.

Als die Mutter von Jacqueline die Familie zur Therapie anmeldet, leidet ihre Tochter bereits seit drei Jahren unter einer fortschreitenden Anorexie und wiegt noch 33 Kilogramm. Nach dem siebten Selbstmordversuch kam sie eben zurück von einem kurzen Spitalaufenthalt. Schon früher war sie mehrmals hospitalisiert, und es kam immer wieder zu Rückfällen. Mangels genügender Motivation blieben verschiedene einzeltherapeutische Versuche fruchtlos. Die Mutter präzisiert: „Wir haben alles versucht, und es bleibt nur noch die Familientherapie, mit welcher wir es bisher noch nicht probiert haben."

Die beiden Eltern, Henri und Elisabeth, sind Techniker. Während sechzehn Jahren arbeiteten sie in Asien zusammen und beschlossen, nach Europa zurückzukehren, als Jacqueline fünfzehn Jahre alt war, damit sie eine angemessene Ausbildung weiterführen könne. Sich wieder anzupassen erwies sich auch für die Eltern insofern als sehr schwierig, als sie nicht mehr jenes Land wieder fanden, welches sie zu Beginn der sechziger Jahre verlassen hatten. Alles hatte sich so verändert: die Lebensart, die Bauten, die Arbeitsweisen, aber auch die Kultur und selbst die moralischen Werte.

Die Familie hat fünf Kinder: Jacqueline, 19, ist die älteste. Mit sechzehn Jahren verließ sie wegen ihrer Magersucht die Schule und lebte während eines Jahres in einem Heim für Jugendliche. Siebenmal versuchte sie, sich umzubringen, das letzte Mal mit einer Überdosis von Drogen. Sie hat auch bulimische Phasen und regelmäßige Ohnmachtsanfälle.

Pierre, 17, versucht mit viel Mühe, das Abitur zu machen. Regelmäßig konsumiert er Drogen und verkehrt in Randgruppen. Er spielt Geige.

Simone, 15, wird als die problemlose Tochter beschrieben. In den Gesprächen fällt sie allerdings auf durch ihr ausdrucksloses, aber von Traurigkeit geprägtes Gesicht. In der Rolle des braven und vernünftigen Kindes spricht sie wenig. Sie ist die Mittlere, gefolgt von den „Kleinen", wie Maria und Martin in der Familie genannt werden.

Maria, 11, ist der heitere und schelmische Spaßvogel der Familie, allerdings mit einem Bulimieproblem und leichtem Übergewicht.

Martin, 7, ist der Letzte.

Nach der ersten Sitzung teilte uns der Vater schriftlich mit, dass man künftig nicht mehr von den Selbstmordversuchen Jacquelines reden sollte (was man in der ersten Sitzung ganz offen tat), weil Martin so sehr Angst vor dem Tod hätte, dass man jeweils das Fernsehen ausschalten müsse, wenn in einem Film jemand stirbt. Bevor man jeweils weiterschauen könne, müsse man ihm zur Beruhigung erklären, dass das ein Film und nicht die Wirklichkeit sei. Ebenfalls schriftlich antworten wir, wir seien ihm für diese Information dankbar und würden ihm den Brief in der nächsten Sitzung zurückgeben. Gleich zu Beginn kommt der Selbstmord wieder zur Sprache, weil Jacqueline zwei Tage vorher wieder einen Versuch unternommen hatte, wobei Martin durch diese Nachricht keineswegs verwirrt zu sein scheint.

Die Familie lebt in einem neuen Viertel in einem vom Stadtzentrum ziemlich weit entfernten Haus.

Die ersten drei Sitzungen waren dadurch gekennzeichnet – auf Einzelheiten soll hier nicht eingegangen werden –, dass es unmöglich war, mehr als Nebensächlichkeiten zu besprechen. Sobald versucht wurde, eine Frage genauer zu formulieren, entzogen sich alle, vor allem die zwei ältesten Kinder Jacqueline und Pierre, die allerdings vernehmen ließen, Familiengespräche seien gefährlich. Aus diesem Grund schlossen wir die dritte Sitzung mit einer Aufgabe für jeden Einzelnen folgendermassen ab: „Wir bitten jeden, für sich darüber nachzudenken, was in den Familiengesprächen zu besprechen gefährlich sei. Je nachdem soll dann jeder entscheiden, ob er wieder in die nächste Sitzung kommen wolle." Zur vierten Sitzung kommen die Eltern mit Jacqueline allein. Diese hat ein Bündel Blätter von unterschiedlicher Größe und Schrift in der Hand, und es ist ersichtlich, dass die Blätter nicht in einem einzigen Wurf geschrieben worden waren. Viele Stellen waren wieder gelöscht oder durchgestrichen worden.

Der Vater kündigt an, Jacqueline möchte uns einen Text vorlesen, den er und seine Frau noch nicht kennen.

Hier also das Dokument. Es stellt die wörtliche Abschrift der Videoaufnahme dar und behält den mündlichen Ausdruck bei.

Der Text von Jacqueline

„Was ich hier zu sagen habe, ließ ich von meinem Bruder Pierre und Schwester Simone lesen. Sie bestätigen mich und sind damit einverstanden, dass ich es sage. Hier spricht Gwenaëlle, also redet sie, wie sie will. Den Namen Gwenaëlle habe ich gewählt. Ich habe richtig Schiss, und alles, worum ich bitte, ist, mir zu helfen, bis zum Ende durchzuhalten und nicht zu heulen, damit ich nicht unterbrochen werde. Ich bitte sehr aufrichtig darum.

(Beginnt zu lesen.) Ich heiße Gwenaëlle. Wahres auf Falschem aufzubauen weise ich von mir. Wenn es zu einem Zeitpunkt vorkommen sollte, wo es nicht mehr geht, wo es nicht mehr vorwärts geht, wo es rückwärts geht: Da weigere ich mich. Ein Kind fühlt, empfindet, handelt, wie seine Natur es ihm sagt. Bis jetzt wollte ich niemandem Mühe machen. Während meines ganzen Lebens hatte ich den Eindruck, auf Eiern zu gehen, also bewegte ich mich nicht. Gwenaëlle rennt in alle Richtungen. Pierrot verschließt sich. Simone rückt die Dinge wieder zurecht. Die Rolle der beiden Kleinen werde ich später erklären. Ich habe Mühe wehzutun, aber ich muss.

Ich habe die Entbehrende gespielt, die Fresssüchtige, ich habe ... ich zwang mich ... die Drogenabhängige, die Geisteskranke, die ‚Lust zu krepieren'. Meine Kunst ist es, zu dramatisieren, also habe ich die psychiatrische Klinik dramatisch inszeniert, um sie meinen Brüdern und Schwestern zu ersparen, vor allem, damit sie erstens vor dem nicht fliehen, was sie empfinden, und zweitens, damit ihnen nicht dasselbe passiere, wenn alles platzt. Ich wollte die Aufmerksamkeit auf mich ziehen. Sie denken an nichts anderes. Ich kann nicht mehr. Wenn ich lebe, bekomme ich Ausschläge. Ich lasse sie pflegen, man sollte mir helfen, aber ohne Mitleid, denn für mich weise ich dieses zurück. Wenn das, was ich empfunden habe, falsch ist, umso besser: Ich habe eine geistige Verformung, und die muss behandelt werden; ich werde mich da hineingraben, ohne Verantwortung und ohne Gewicht. Da, wo ich geplatzt bin, ist, dass man da eine Magersucht hintat, wo nichts anderes war als Magerkeit, Vitalität und Sehnsucht.

Ich tue weh, aber ich kann nicht anders, und es tut mir Leid, das sagen zu müssen, aber ich kann nicht. Ihr, die Eltern, habt ihr euch nie um euer selbst willen geliebt und für die Ziele, welche ihr gemeinsam hattet? Ich bin noch nicht am Ende. Ich wollte alle Rollen spielen, um eure Intimität zu schützen. So fällt alles wieder auf mich zurück, ich will, dass wenigstens meine Brüder und Schwestern leben ... und mit ruhigem Gewissen sterben oder ruhigen Gewissens leben und nicht für die andern. Hier spricht Gwenaëlle weiter. Maria beschützt Martin: Gegen was? Sie weiß es nicht! Das beunruhigt sie. Alles, was sie unter der Hand vorfindet, ist wie das Fressen, das sie verschlingt, also taucht sie darin ein. Meine Vortäuschungen der Probleme entlasten sie, denn sie sind echt.

Alles, was ich tat, tat ich bei vollem Verstand, alles. Ich stellte meine Kunst in den Dienst der Familie. Ich kann nicht mehr. Die psychiatrische Klinik dramatisierte ich für Papa und Simone: Sie haben die gleiche Konstitution wie ich, und ich hatte Angst, dass sie sich da hineinflüchten. Ich nahm das Rauschgift auf mich für Pierrot, denn ich hatte Angst, dass er sich da hineinflüchte. Ich dramatisierte die Einsamkeit für Martin, ich hatte Angst, dass er sich da hineinflüchte. Ich habe zu viel gegessen für Maria, ich hatte Angst, dass sie sich da hineinflüchte. Für Elisabeth spielte ich die Deprimierte, ich hatte Angst, sie würde sich da hineinflüchten. Meine Probleme, ich habe keine. Ich habe nur eines: Ich empfinde im Namen aller. Alle meine Brüder und Schwestern empfinden einen Zweifel. Ich weiß, dass sie lieber die Wahrheit, selbst wenn sie eine schlimme wäre, haben möchten, denn für sich selber sind sie kräftig und stark. Doch habe ich ihnen die Augen zu stark verbunden; sie haben niemals Angst vor einer wirklichen Tatsache.

Gwenaëlle wird ein wenig wehtun, aber es ist für das Wohl der Ihren, und wenn sie verrecken will, dann ruhigen Gewissens. Wenn ihr euch bewusst seid, nur Freunde zu sein, müssen die Gefühle nicht durch große Taten verdeckt werden. Elisabeth, du hast wie deine Mutter, wie ich, das Blut und den Körperbau einer Prinzessin; so muss man denn auch dementsprechend handeln: Nimm das wahr, und du wirst leben. Henri, du hast ein Blut von Erde, Blut eines Familienvaters, der seine Kinder liebt; man muss entsprechend handeln: Nimm es wahr, und du wirst leben. Ein Kind, das wird geschaffen in der Intimität, also muss vor ihm nichts versteckt werden, denn ein Kind fühlt das, und wenn es nicht mehr weiß, wo ihm der Kopf steht, dreht es durch.

Soll keiner versuchen, ein für seine Schultern zu schweres Gewicht zu tragen. Soll nicht zu zweit Verantwortung übernehmen, wenn es nicht nötig ist. Wenn man sich nach allen Richtungen öffnet, muss man mit der eigenen beginnen. Man muss entsprechend handeln, wenn man Kinder hervorgebracht hat, ihnen Vertrauen schenken, sie sind alle robust. Pierrot ist einverstanden; Gwenaëlle auch; ich spüre, die Kleinen sind es auch. Ich werde ein bisschen weinen, ganz für mich und ohne Mitleid, denn es ist zu nichts mehr nützlich. Wenn es sich ohne falsche Scham für den guten Ruf in Ordnung bringen lässt, habe ich keine Angst; die andern auch nicht.

Ihr habt immer die Lösung für unsere Probleme gesucht, während sie sich aus der Lösung eurer Probleme ergab. Ein Problem, das kommt in Ordnung, wenn man es nicht aufrechterhält. Warum gibt es solche immer in der Familie? Warum blicken die Kinder ihnen nie ins Angesicht? Unbewusst denken sie, sie würden nicht existieren, wenn ihr kein Problem gehabt hättet. Sie haben Angst. Sie machen sich immer und immer wieder Probleme, um eure Intimität zu schützen, denn ohne diese gäbe es sie nicht. Doch eines Tages muss man eine Psychotherapie machen, dem Hindernis ins Auge schauen, es überwinden. Man hat Angst, umso schlimmer, das ist wahr. Auch Pierrot wagte es nicht. Muss es denn sein, dass wir uns unser ganzes Leben lang Probleme suchen, um zu vermeiden, um es den Kleinen zu ersparen, sich welche zu suchen? Wir lieben sie doch so, wir verstehen sie so sehr. Doch schützen wir sie vor dem

Zweifel, der spürbar über uns schwebt. Sind wir geistig gestört? Ich glaube nicht.

Ein Kind ist nicht dafür gemacht, um zu tragen; und doch, es trägt unbewusst und hellsichtig. Ein Kind, das spürt, das empfindet, das handelt entsprechend seiner Natur. Von einem Kind soll nie verlangt werden, losgelöst von seinen Eltern und seiner Familie, welche immer das sei, getrennt zu sein. Ein Kind kann die schreckliche Wahrheit überwinden, kann glücklich sein, kann ... sein, ich bezeichne das so. Ein Kind lügt und lügt immer wieder und schwindelt bis ans Ende seiner Kräfte, doch eines Tages lässt es los; aber man sollte nicht von ihm verlangen, dass es von seinen Brüdern und Schwestern, von seinem Vater und von seiner Mutter getrennt sei, sonst wiederholt sich alles nochmals, wenn es sich erholt hat. Ein Kind hat immer Lust darauf, zu leben, doch es kann aber auch so tun, als ob es Lust hätte zu sterben, und dabei verlangt es nach einem freien und gesunden Leben. Eines Tages kann ein Kind nicht mehr und lässt los, was es auf dem Gewissen hat. Aber ein Kind, das beginnt von neuem. Ich liebe den Tod nicht, keineswegs, keineswegs, keineswegs.

Ich liebe den Tod nicht, keineswegs, überhaupt nicht, auf keinen Fall ... Ich liebe das Leben, doch habe ich zu viel von ihm verlangt.

Gwanaëlle, die euch liebt, aber in Frieden schlafen will.

(Jacqueline hat mit dem Lesen aufgehört und fügt hinzu:) Was ich gesagt habe, habe ich so gesagt, wie ich es gesagt habe. Pierrot, er wäre abgehauen; Simone auch; Maria, ich glaube, sie nicht, aber man hätte ihr zu sehr die Augen verbunden und ihr ersparen wollen ... und, ach!, ich könnte noch eine ganze Menge sagen: dass ich nie ohnmächtig geworden bin und das wird auch heute nicht anfangen. Anfänglich war es nicht einfach, so zu tun, als ob ich ohnmächtig würde. Ich wusste nicht, wohin ich die Augen wenden sollte, doch später habe ich es gelernt. Ich wusste sehr gut, dass ich nicht loslassen sollte. Ich bin enorm kräftig, und zwar wegen meiner Konstitution und meinem Gewicht. Und mit Sachkenntnis will ich sagen, dass ... emmh ... ich bin geistig ein wenig müde, glaube aber nicht, dass ich geistig gestört bin ... und wenn ich das bin, muss das gut behandelt werden ... Jetzt könnt ihr sprechen. *(Sehr langes Schweigen.)*

Ich habe es immer vorgezogen, eher mich zu zerstören als bestimmte Illusionen, welche ich hatte, aber von einem gewissen Zeitpunkt an kann ich nicht mehr. *(Langes Schweigen.)* Ich hatte auch andere Texte geschrieben, in denen meine Seele voller Wut war, aber ich habe mich vollständig geweigert, sie zu lesen, denn wenn man in dem wahrhaftig ist, was man sagt, sollte man nicht seine Wut hineinlegen. *(Langes Schweigen.)* Die Wut ist zerstörerisch, wenn man die Wahrheit sagt."

(Therapeut: Die Wut ist manchmal eine Möglichkeit, das Leiden zu verbergen.)

„Ich glaube jedoch, wenn man einmal den Finger auf das Leiden gelegt hat, ist die Wut nicht mehr nötig, andernfalls braucht es kein Leben mehr."

Über die „Demission" von Jacqueline

Eigentlich kann man diese Sitzung als die Verlesung eines Rücktrittsschreibens betrachten: die Kündigung ihrer Rolle als „die Kranke der Familie". Um de-missionieren zu können, muss man von seiner Mission entlastet werden. Ist die Mission eine familiäre, wer kann dann den Indexpatienten besser aus seiner Mission entlassen als die Familie?

Die folgenden Sitzungen geben uns Aufschluss. Von der fünften Sitzung an kommen die Eltern allein, während die Kinder sich weigern, weiterhin teilzunehmen. Wir erfahren, dass Jacqueline ausgezogen ist und sich eine Wohnung genommen hat. Mutter und Vater gehen bei ihr auf Besuch, spielen aber mehr die Rolle von Pflegern als von Eltern. Das wird in der Sitzung herausgearbeitet, und wir bitten die Eltern, momentan ihre Haltung nicht zu ändern, sondern das Verhalten ihrer Tochter zu beobachten und sich zu merken, wenn sie bei ihr auf Besuch gehen.

In der sechsten Sitzung kommt die Mutter triumphierend, um uns zu eröffnen, dass sie ihre Haltung gegenüber der Tochter völlig verändert habe, wodurch es ihr möglich gewesen sei, wirksam einer Situation zu widerstehen, in der Jacqueline sie mit Selbstmord erpressen wollte, indem sie drohte, aus dem Fenster des dritten Stockwerks zu springen, falls die Mutter jetzt weggehe. Das erzählt sie mit viel Emotion, aber auch mit Stolz. Sehr emotional, aber diesmal begleitet von Unbehagen ist auch der Bericht, dass Pierre das Haus ebenfalls verlassen habe, um mit einem Freund zusammenzuleben und sich als Straßengeiger durch das Leben zu schlagen.

In der siebten Sitzung ereignet sich eine geradezu theatralische Wende: Pierre hat Jacqueline aufgesucht, und beide kamen zurück nach Hause, während die Eltern abwesend waren, um die kleineren Geschwister zu überzeugen, das Elternhaus ebenfalls zu verlassen, um mit ihnen zusammenzuleben. Ihrer Meinung nach sind die Eltern nicht mehr in der Lage, ihre Rolle zu spielen, und die Älteren wollen die kleineren Geschwister retten. Es ist Simone, welche dazwischenkommt und das Ganze über den Haufen wirft, indem sie sich sehr entschlossen weigert, die älteren Geschwister machen zu lassen. Für die Eltern, welche einerseits darüber noch nicht hinwegkommen, andererseits mehr denn je entschlossen sind, ihre Stellung als Eltern und Erwachsene wieder zu übernehmen, ist das ein heilsamer Schock.

Wir bitten darum und erreichen es auch, dass die Kinder zur neunten und letzten Sitzung mitkommen. Als Jacqueline die Mutter in einer Familienskulptur mit einem in der Ferne verlorenen Blick auf einen Stuhl stellt, steigt die Mutter vom Stuhl und sagt, sie gebe zu, ein wenig in den Wolken gewesen zu sein. „Jetzt aber ist Schluss damit. Ich werde mit den Füßen auf dem Boden bleiben. Ich habe mich immer mit den andern beschäftigt, jetzt werde ich mich auch mit mir beschäftigen. Im Übrigen teile ich euch mit, dass ich im nächsten Monat für eine Woche in die Ferien gehe." Der Vater, welcher wie ein Seiltänzer auf einer Linie am Boden das Gleichgewicht halten musste, spreizt die Beine und sagt: „Auch ich fühle mich jetzt fest auf meine beiden Füße gestellt. Ich musste eine Depression durchmachen, aber ich werde die Dinge nicht mehr so weit kommen lassen. Ich habe meine Arbeit neu geordnet und werde mehr Zeit für mich haben." Jacqueline, die wieder an Gewicht zugenommen hat, ist sehr unzufrieden: „Ich war das Ersatzrad, und jetzt, da ihr mich nicht mehr braucht, lasst ihr mich am Straßenrand liegen." Auf dem Sprung und in herausforderndem Ton teilt sie mit, eine Einzeltherapie begonnen zu haben, nachdem sie sich einer solchen bis jetzt immer heftig widersetzt hatte. Doch diesmal hat *sie* entschieden, und das macht den ganzen Unterschied aus.

Verbildet durch unsere ätiologischen Gewohnheiten, machten wir zwei Ko-Therapeuten (Ko-Therapeutin war Elsa Schmidt-Kitsikis) uns anfänglich auf die Suche nach Ursachen. Wir glaubten, dennoch systemisch zu sein, indem wir nach mehreren Ursachen suchten. Wir hatten viele Wege ausgekundschaftet, aber keiner war völlig befriedigend. So suchten wir in der Vergangenheit, statt auf die Gegenwart zu schauen. Wir hatten den Verdacht eines Ehekonflikts, statt die Familienstruktur zu beachten, wie sie sich uns darstellte. Das ist das, was ich heute sagen kann. Damals waren wir unfähig, dies zu sehen, aber die Fragen, welche sich uns aufdrängten, und die Antworten, welche die Familie uns gab, markierten einen Wendepunkt in meiner Arbeitsweise. Diese Entwicklung möchte ich hier nachzeichnen.

Weit davon entfernt, uns als Orientierungshilfe in diesem familiären Wirrwarr zu dienen, hinderten uns unsere Theorien daran, diese Menschen so zu sehen, wie wir sie vor unseren Augen hatten: vollständig überforderte Eltern, seit sie aus dem Orient zurückgekommen waren; verwirrte Kinder, die zusahen, wie ihre Eltern immer deprimierter wurden und sich nicht in der Lage sahen, ihre Rolle als Eltern wahrzunehmen, sondern immer mehr zum Pflegepersonal wurden; Mitglieder einer Familie, die zwar nicht nichts tun konnten, denen jedoch mindestens die Wahl der Mittel übrig blieb.

Gibt es etwas Bedrohlicheres für Kinder, als zu sehen, wie ihre Eltern immer mehr in die Depression versinken und in der Erfüllung ihrer elterlicher Aufgabe zunehmend hilflos und unfähig werden? Für sie ist es wichtig, dass die Familie überlebt und die Eltern wieder ihren Platz einnehmen können. Die Eltern haben sich geirrt im Glauben, dass bei der Rückkehr aus dem Osten alles gut verlaufen werde, dass ihre Kinder, vornehmlich die älteren, sich leicht anpassen und sie für sich selber ausreichend Befriedigung im Beruf finden würden. Die Entmutigung, das Gefühl der Ohnmacht und die Depression führten sie dazu, die pathologische Seite der Situation in den Vordergrund zu rücken, das heißt, ihre älteste Tochter als eine kranke Magersüchtige zu sehen, was es ihnen mindestens ermöglichte, eine pflegerische Rolle zu spielen. Zweifelsohne war es zu gefährlich, der Wirklichkeit mit all den bedauerlichen Dingen, welche sie mit sich brachte, ins Auge zu sehen. Daraus erklärt sich das Versagen der Eltern, angesichts der den Kindern übertragenen Funktion das Problem wirklich anzugehen.

Die banalste und deshalb gefährlichste *Hypothese* in der Kinderpsychiatrie besteht darin, die Existenz eines Ehekonfliktes zu postulieren. Wie Popper (1973) sagen würde, ist eine solche Hypothese, welche man zu leicht zu einer Theorie erhebt, „nicht wissenschaftlich, weil sie nicht widerlegt werden kann". Welches Elternpaar könnte denn von sich sagen, keine Konflikte zu haben, und zwar besonders dann, wenn es sich durch die Probleme eines der Kinder völlig überfordert fühlt? Die Diskussionen darüber sind zahlreich und die Ansichten oft widersprüchlich. Handelt es sich wirklich um einen Ehekonflikt oder eher um eine Periode familiärer Verunsicherung? Aus solchen Gründen weigere ich mich grundsätzlich, einen Ehekonflikt als Ursache einer familiären Störung anzunehmen.

Trotzdem konnte man bei dieser Familie annehmen, es sei die Abdankung der Eltern gewesen, welche zum Problem führte. Einerseits bedeutet das aber nicht, es sei ein Ehekonflikt vorhanden gewesen, da die elterliche und die eheliche Ebene von uns nicht vorschnell miteinander vermischt werden sollten. Auf der anderen Seite war die Abdankung der Eltern nicht der Grund, sondern eine allgemeinere Folge des Anpassungsproblems, welchem die Familie ausgesetzt war. Solange wir in dieser Richtung suchten, kamen wir nicht weiter, und es brauchte das überraschende „Ausagieren" *(acting-out)* der beiden älteren Kinder, dass wir uns dessen bewusst wurden.

Bevor darauf eingegangen wird, halten wir uns noch einen Augenblick beim Begriff *acting-out* auf, den man so leichthin benutzt, ohne seinen Sinn zu bedenken: *To act* bedeutet, als Spieler etwas in Szene zu setzen, und *out*, dass das draußen geschieht. Wörtlich würde also *to act out* „draußen spielen" bedeuten. Daraus ziehe ich die folgende Definition von *acting out*: „außerhalb in Szene setzen, was innerhalb nicht gesagt werden kann". Wieso gingen denn sonst Jugendliche so häufig nach draußen, um Fragmente eines Stückes aufzuführen, welches an ihre Familie gerichtet ist? Weil meistens das Wort nicht mehr zirkuliert, die notwendige Information blockiert oder unbrauchbar ist, wenn es zur Krise kommt. So bleibt dann nichts anderes mehr übrig, als in die Tat umzusetzen, was man nicht sagen kann, außerhalb zu spielen, was in der Familie selber auszusprechen nicht möglich ist. Als Jacqueline so weit war, sagen zu können, was sie bis jetzt nur spielte, bekam die Zirkulation der Information wieder ihren sprachlichen Ausdruck.

Bei Jacqueline gab es allerdings einen auslösenden Faktor: Vor der Rückkehr aus dem Orient litt sie mit fünfzehn Jahren unter Bauchschmerzen und musste sich einer Blinddarmoperation unterziehen. Vielleicht muss man darin den störenden Stachel sehen, welcher der ganzen Symptomatologie die Richtung gab. Aber nicht alle Jugendlichen mit Blinddarmentzündung werden magersüchtig. Und mindert freiwilliges Fasten nicht häufig die Kräfte? Führt es nicht manchmal Jugendliche dazu, sich sehr wirkungsvoll der Jüngeren anzunehmen?

Zurück zu unserer Familie: Jeder spielt im System *Rollen.* Diese sind gleichzeitig das Ergebnis der Interaktionen im System und der Wahl eines Individuums, welches die Rolle annimmt. Jacqueline sagt es ganz klar: „Meine Kunst ist das Dramatisieren", und später fügt sie hinzu: „Ich habe meine Kunst in den Dienst der Familie gestellt", und zählt jedes der Mitglieder auf.

Die ersten Familientherapeuten haben sich stark auf die Bedeutung des Symptoms abgestützt, um die Systemregeln zu verstehen und entsprechend zu intervenieren. Seit der zweiten Kybernetik unterstreicht man mehr den Entwicklungsaspekt des Symptoms (Pauzé und Contnarianu 1991). In Wirklichkeit widersprechen sich aber die beiden Sichtweisen nicht.

Die Symptome Jacquelines erfüllen *Funktionen* in der Familie, welche sie selber benennt: die Aufmerksamkeit auf sich lenken, das elterliche Ungenügen auffüllen, ihre Brüder und Schwestern beschützen. Gleichzeitig bringen sie diese Familie weiter, indem sie die Dinge bis ins Absurde treiben: Je mehr Jacqueline handelt, desto mehr gehen die Dinge schlecht, und umso unausweichlicher wird es, etwas zu ändern. Es ist nicht die Magersucht selber, welche als Symptom die Dinge ins Absurde treibt: Je weniger man isst, desto mehr fühlt man sich in Form, schließt sich von der Welt der Lebendigen aus, fühlt sich am Leben auf das Risiko des Todes hin.

Vorwiegend in der Adoleszenz erscheint das Auftreten eines Symptoms oft wie ein *paradoxer Kompromiss,* der sich aus der Unvereinbarkeit von den persönlichen Zielen des Jugendlichen und den Zielen der Familien ergibt (Ausloos 1990d). Als Jugendliche wollte Jacqueline unabhängig werden, für sich selbst leben, den Tanz praktizieren. Innerhalb ihrer Familie in der Krise musste sie aber das elterliche Versagen als Älteste kompensieren, aber auch als jene, welche alles in Gang gebracht hatte, denn schließlich war man ihretwegen nach Europa zurückgekehrt.

Kompromiss: Jacqueline bereitet sich auf das Ballett vor, indem sie abmagert. Indem sie das tut, bleibt sie zu Hause, wo man sie benötigt. *Paradox:* Sie nimmt ab, weil sie tanzen will, und weil sie abnimmt, kann sie nicht mehr tanzen. Weil sie zu viel Verantwortung übernimmt, wird sie verantwortungslos. Weil sie selbstständig werden will, schließt sie sich in die Krankheit ein.

Kann man, wenn man solche Rollen übernimmt, die derartige Funktionen zu erfüllen haben, *demissionieren*? Ja, aber nur unter der Bedingung, dass diese Funktionen nun durch andere Mitglieder des Systems übernommen werden, außer sie seien für dessen Funktionieren nicht mehr nötig. Die Funktion entspricht jeweils dem System (man „erfüllt" sie), und insofern kann sie auch von andern übernommen werden. Die Rolle hingegen ist der Ebene des Individuums zugeordnet (man „spielt" eine Rolle), und jeder drückt ihr seine persönliche Note auf. Jacqueline kann kommen, um ihren Abdankungsbrief vorzulesen, insofern sie denkt, dass zunächst die Therapeuten, dann aber auch ihre Eltern ihr die beschützende Rolle abnehmen könnten. Als sie dann später sieht, dass das nicht genügt, agiert sie mit ihrem Bruder zusammen, und beide treiben die Dinge ins Absurde, indem sie sich als Ersatzeltern anbieten.

Es ist diese berühmte siebte Sitzung, die uns die Augen geöffnet hat: Angesichts des elterlichen Scheiterns versuchen die beiden älteren Kinder, das Steuer zu übernehmen, und diese verzweifelte Tat weckt die Eltern auf. Man könnte von einem beschützenden Angriff reden: Jeder versuchte, die anderen zu schützen, aber es blieb wirkungslos. Aber gleichzeitig wird sich aus dieser Herausforderung die *Eigenlösung* ergeben. Sowohl die Fachleute wie die „Pflegeeltern" glaubten bis jetzt zu wissen, hatten den Eindruck, zu verstehen, stellten die Diagnose einer Magersucht: Doch genau das hinderte sie daran, etwas in Gang zu bringen.

Als Simone den beiden älteren Geschwistern verbietet, die Elternrolle zu „stehlen", löst sie eine Kaskade von Ereignissen aus. Die Eltern übernehmen ihre Rolle wieder und spielen nicht mehr die Therapeuten. Die älteren Geschwister fangen an, sich mit sich selber zu beschäftigen, statt sich für andere zu opfern.

Jeder kommt aus der Rollenverwirrung heraus. Die beiden Adoleszenten, Jacqueline und Pierre, trieben das System in die Krise, und dieser Versuch zur Veränderung wurde zum Problem, während die dritte, Simone, den Weg zur Selbstlösung öffnete. Eine solche Entflechtung (im wörtlichen Sinn: der Knoten löst sich) hätte die Familie selber sich nie vorstellen können, aber auch der erfindungsreichste Therapeut nicht. Hingegen haben die Zirkulation der Information während der und zwischen den Sitzungen, die Kompetenz der Familie, das *Ausagieren* der Jugendlichen und die Beteiligung aller Familienmitglieder zu dieser unwahrscheinlichen, nicht voraussehbaren, scheinbar sogar absurden Lösung geführt, welche so wirkungsvoll und originell war.

Diese Therapie stellte wirklich einen Wendepunkt dafür dar, wie ich meine Arbeit mit Familien verstehe. Statt ihnen anzubieten, sie zu übernehmen, was sie meistens entmündigt und als Schuldige erscheinen lässt und wobei ich scheinbar der Agent für Veränderung bin, schlage ich ihnen eine Arbeit vor, die im Wesentlichen darin besteht, Information in Umlauf zu setzen. Ich handle also hauptsächlich als *Aktivator* des familiären Prozesses. Selbst wenn sie es nicht wissen, verfügen sie über originelle Elemente zur Lösung ihres besonderen Problems. Indem ich es ihnen ermögliche, diese ihnen zur Verfügung stehende Information auf den Tisch zu bringen, werden sie in der Lage sein, ihre Eigenlösung zu erarbeiten. Statt sie als eine pathologische und gestörte Familie zu betrachten, hebe ich ihre eigenen Kompetenzen hervor in der Hoffnung, sie bräuchten künftig keinen Therapeuten mehr, um die eigene Entwicklung fortzusetzen.

3. Die Zeit leben

Wir messen die Zeit durch die Bewegung, durch die Bewegung die Zeit.

Aristoteles

Gewöhnlich definiert man ein System als „ein Ganzes von interagierenden Elementen". Dieser zwar genauen, aber zu einfachen Definition fügen viele Autoren die Begriffe von Organisation, Gleichgewicht, Zielrichtung und Umgebung (Kontext) hinzu. Hingegen unterlassen es die meisten zu präzisieren, dass das System „sich in der Zeit entwickelt". Indem zu viel Gewicht auf das Hier und Jetzt gelegt wird, wird vergessen, dass es auch eine Vergangenheit und eine Zukunft gibt. Deshalb folgender Vorschlag einer Definition des Systems: „Ein Ganzes von interagierenden Elementen, das in funktionaler Beziehung zu seiner Umwelt und zu seinen eigenen Zielsetzungen organisiert ist und sich in der Zeit entwickelt."

Um diesen Vorschlag veranschaulichen zu können, erschien es uns interessant, zwei Familientypen miteinander zu vergleichen, deren Alltagsabläufe in sich extrem und im Vergleich zueinander gegensätzlich sind: Familien mit rigiden Transaktionen, aus welchen häufig psychotische Mitglieder hervorgehen, und Familien mit chaotischen Transaktionen, in denen häufig delinquente Mitglieder vorhanden sind (siehe Ausloos 1981). Man möge entschuldigen, dass das Funktionieren der Familie so leichtfertig mit einer bestimmten Pathologie verbunden wird, aber jeder mag hier die Unterscheidungen anbringen, die ihm notwendig erscheinen. Die besondere Weise, wie sich diese Familien in die Zeit einordnen, beeinflusst ihr Funktionieren und schließt unterschiedliche therapeutische Zugänge ein.

Wie wir die Zeit erleben und wahrnehmen, ist je nach Person, Ort und Umständen verschieden. Im Warteraum des Zahnarztes, bei der Arbeit, in den Ferien, im Zusammensein mit der geliebten Person hat die Zeit nicht die gleiche Dichte.

Kürzlich machte mir eine Erfahrung bewusst, dass die Zeit auch nicht für alle Familien die gleiche ist, aber auch nicht für alle Therapeuten und dass jeweilige Zeitwahrnehmung bei der Entstehung einer Pathologie ebenso eine Rolle spielt wie in der Therapie.

Eine Gruppe von Therapeuten kam jeweils zu einer Intervision zusammen, wo jeder den andern Familien vorstellte, mit denen er Probleme hatte. Einer der Teilnehmer, erfahren in der Arbeit mit chaotischen Transaktionen in Familien, stellte per Video eine Familie vor, deren Indexpatientin eine als psychotisch und debil diagnostizierte 25-jährige Frau war. Sie beteilige sich während der Sitzung verbal wenig oder gar nicht am Gespräch, schaute aber auffällig und immer wieder auf die Uhr. In bestimmten Augenblicken schüttelte sie den Arm, klopfte auf die Uhr und hielt sie ans Ohr, um ihr Ticktack zu hören. Unterdessen erzählten die Eltern die unendliche Geschichte dieser Tochter, deren Symptome bereits im Alter von einem Jahr begonnen hatten.

Ein anderer Teilnehmer der Intervisionssitzung, erfahren im Umgang mit rigiden Transaktionen, bemerkte als erster, dass die Indexpatientin ihre Uhr am rechten Handgelenk trägt. Auch fügte er hinzu, dass die Uhr sicher nicht gehe, was der Therapeut bestätigen konnte. Er fügte außerdem hinzu, ihm sei am Schluss der Sitzung aufgefallen, dass die Uhr gar keine Zeiger habe.

Was für eine ausgezeichnete Metapher für die Familiensituation! Die Zeit war stillgestanden, man konnte nicht mehr wahrnehmen, dass sie fließt. Doch fuhr die Indexpatientin mutig und unbeirrbar damit fort, sie wieder zum Gehen zu bringen, allerdings ohne großen Erfolg.

Der Anlass der Beratung war, dass die Patientin, die eine Tagesklinik besuchte, sich seit einem Monat weigerte, im eigenen Zimmer zu schlafen. Sie wollte es im Bett der Mutter tun und zwang so den Vater, die Nacht in ihrem Zimmer zu verbringen.

Als der Therapeut am Anfang der Sitzung wissen will, ob das schon früher so gewesen sei, protestieren die Eltern einstimmig und sagen, das sei nie vorgekommen. Am Ende der Sitzung jedoch erzählen sie, ohne sich offenbar dessen bewusst zu sein, die Tochter hätte vom ersten bis zum sechsten Lebensjahr jede Nacht dermaßen geweint, dass die Mutter sie jeweils zu sich ins Bett nahm und der Vater gezwungen war, im Zimmer zu schlafen, welches die Tochter mit dem älteren Bruder teilte. Also *stillgestandene*, aber auch vergessene Zeit.

Offensichtlich hatten die Eltern keine Verbindung hergestellt zwischen diesen fünf Jahren und dem, was jetzt passierte. Das wurde übrigens dadurch begünstigt, dass ihnen, als die Tochter sechsjährig war, ein Psychiater gesagt hatte, dieser nächtliche Zirkus müsse aufhören, weil dies unfehlbar dazu beitrage, ihre Tochter in einer regressiven Position festzuhalten. Es war also eine schuldbeladene Periode, eine stillgestandene Zeit. Die junge Frau verhielt sich immer noch wie ein kleines Mädchen von weniger als sechs Jahren, doch erinnerten sich die Eltern nicht mehr an die damalige Zeit.

Ein wenig später stellte eine Therapeutin während der Intervision eine Familie mit chaotischen Transaktionen vor. Sie war sonst eher an Familien mit rigiden Transaktionen gewöhnt. Der jüngere Sohn der Familie war mehrmals weggelaufen und hatte Delikte begangen. Die Kollegin lässt das Gespräch beginnen, ohne sich zu direktiv zu verhalten. Nach einigen Minuten unterbricht der ältere Bruder mit der Frage, weshalb er denn dabei sein müsse. In ihrer Antwort erinnert die Therapeutin an die Notwendigkeit, mit allen arbeiten zu können, und versucht, den verlorenen Gesprächsfaden wieder aufzunehmen. Als sie sich kurz darauf mit einer Frage an die Mutter wendet, wird sie erneut unterbrochen, diesmal vom Vater, der nicht einsehen kann, wohin die ganze Fragerei denn führen soll. Er möchte endlich darüber reden, welche konkreten Maßnahmen zu treffen seien.

Ein mit der Arbeit in Familien mit chaotischer Transaktion geübtes Gruppenmitglied macht nun die Bemerkung, dass innerhalb von kurzer Zeit bereits zwei wichtige Unterbrechungen erfolgt seien, welche die Therapeutin entwerteten und sie daran hinderten, das Gespräch so zu führen, wie sie es für richtig hielt. Er befürchte, das Gespräch werde entgleisen und könne nicht mehr gemeistert werden, wenn sich die Therapeutin nicht entschiedener zeige.

Nach ungefähr zwanzig Minuten geschieht dann Folgendes: Der Vater und der jüngere Sohn fangen einen Streit an. Der Sohn steht auf, verlässt den Raum und schlägt die Türe knallend hinter sich zu. Damit ist die Sitzung beendet, denn die anderen Familienmitglieder weigern sich fortzufahren, wenn der, dessentwegen man kam, nicht mehr da ist. In dieser Familie und auch im Gespräch war die Zeit durch Ereignisse rhythmisiert, weshalb wir von *ereignishafter Zeit* reden. Man braucht gar nicht auf die Uhr zu schauen. Auffällige Ereignisse folgen sich jeweils innerhalb von fünf Minuten. Es ist aber trotztem rasch vergessene Zeit, denn jedes Ereignis verjagt sofort das frühere und verhindert so, dass man es im Gedächtnis behält, mehr noch, dass man es versteht oder daraus etwas macht.

Diese ereignishafte Zeit war nicht nur ein Hindernis für die Familie, sondern auch für die damit konfrontierte Therapeutin: Jedes Ereignis unterbrach sie, zerschnitt ihren Gedankenfaden und hinderte sie daran, von dem Gebrauch zu machen, was ablief.

So leichthin redet man bei diesen Familien häufig von „Ausagieren" *(acting-out):* Das Agieren ist nicht die Ursache ihrer chaotischen Umgangsweise, sondern eine der Folgen davon. Wozu soll man einen Plan aufstellen, der immer wieder infrage gestellt wird, wenn die Ereignisse sich ablösen? Man kann sich genauso von den Ereignissen treiben lassen und handeln, wenn die Zeit dazu gekommen ist.

Aufgrund der beiden Beschreibungen lassen sich ein paar Feststellungen machen:

- Nicht alle Familien gehen mit der Zeit gleich um: Bei festgefahrenen Transaktionen läuft die Zeit ungehindert ab, ohne dass Veränderungen eintreten. Die Zeit ist abgestellt. Bei chaotischen Familien hingegen wird die Zeit durch Ereignisse strukturiert, welche aus der Familie oder von außen kommen und bewirken, dass sich alles ständig verändert: Die Zeit ist ereignisgebunden.
- Aufgrund ihrer Praxis und ihrer „persönlichen Gewichtung" (Ausloos 1988) nehmen Therapeuten bestimmte Arten, wie die Familie funktioniert, besser wahr als andere und gehen im Verlaufe der Gespräche anders mit der Zeit um. Das beeinflusst ihren Arbeitsstil und befähigt sie dazu, besser mit bestimmten Familien arbeiten zu können als mit andern.
- Die Systeme entwickeln sich in der Zeit auf die gleiche Art, doch ist ihre Fähigkeit, Ereignisse zu speichern, unterschiedlich. Stochastische Prozesse (in denen sich Ereignisse zufällig verteilen;

Anm. d. Übers.) führen dazu, dass die unterschiedlichen Informationen entweder behalten oder vergessen werden.

Zeit und Entropie

Seit Carnot und Clausius bemisst man die Entwicklung eines Systems mit dem Begriff der Entropie. Entwickelt sich ein *geschlossenes* System ohne Zufuhr von Materie, Energie und Information, hat es die Tendenz, zu verfallen oder verstärkt in einen Zustand der Desorganisation zu geraten. Es entwickelt sich mit anderen Worten auf einen wahrscheinlicheren Zustand hin. Die Entropie erlaubt es, diese Tendenz zu Desorganisation, Unordnung oder Zerfall zu messen.

Um die Entropie eines *offenen* Systems zu vermindern, muss Negentropie eingeführt, das heißt Materie und Energie zugeführt werden. Bei menschlichen Systemen sind dies Informationen. Doch vermindert nicht jede beliebige Information die Entropie. In einer Familie das Fernsehen einzurichten vermehrt sicherlich die Informationen, führt aber nicht notwendigerweise zur Ordnung (vielmehr häufig zu bestimmten Unordnungen!). Die Information muss somit *zweckdienlich* sein. Es kann sich also nur um eine Information handeln, welche das System betrifft, das heißt aus der Familie kommt und dorthin zurückkehrt, um gebraucht zu werden.

Bei rigiden Familien verhindern die Nichtdefinition der Beziehung, die Schließung des Systems, die Erstarrung der Regeln eine gute Zirkulation der Information. Die Zeit steht still, weil die Informationen nicht in Umlauf sind, und umgekehrt ist dies nicht der Fall, weil die Zeit abgestellt ist. Der Prozess dreht sich im Kreis und erzeugt nichts Neues, sodass die Entropie ständig zunimmt.

Manchmal kann man ein beschriebenes Ereignis als Auslöser festmachen, doch ist es als solches erst im Nachhinein zu erkennen, wenn es in dieser angehaltenen Zeit selber fixiert ist und dazu beiträgt, noch stärker davon überzeugt zu sein, man könne nichts ändern. So war es in der ersten Familie, als der Psychiater den Eltern sagte, dass ihre Tochter im Alter von sechs Jahren nie damit hätte fortfahren dürfen, bei der Mutter zu schlafen. Das Übel war geschehen, es ließ sich nichts mehr machen, außer es schleunigst zu vergessen. Das Gleiche passierte mit späteren Ereignissen.

Es ist übrigens auffallend, zu sehen, dass dieser Familientypus den Stillstand der Zeit und die *Blockade des Informationsflusses* auch in seiner Haltung zeigt: Man kleidet sich, als würde man außerhalb der Zeit leben. Praktisch bewegt man sich während der Sitzungen kaum. Die Wohnung gleicht einem Museum, wo man die Dinge im alten Zustand belässt. Selbst der Körper scheint die Zeit angehalten zu haben, indem die Leute alterslos zu sein scheinen.

In den chaotischen Familien ist die Information zwar im Umlauf, aber sie kann *weder behalten noch abgespeichert, noch erinnert* werden. Die Ereignisse folgen ununterbrochen eines nach dem andern und stellen unaufhörlich alles wieder infrage. Die ereignishafte Zeit ist zerhackt und zerstückelt. Die Entropie steigt ebenfalls an.

Es ist unmöglich, einen Plan zu machen, der nicht sofort wieder verworfen würde. Notfallmäßig macht man am Morgen ein Gespräch mit dem Therapeuten ab, „weil es so nicht weitergehen kann", vergisst aber am Mittag, es der Familie zu sagen, und meldet sich am Nachmittag wieder ab, weil entweder Sohn abgehauen, der Vater betrunken oder die Tochter noch nicht nach Hause gekommen ist.

Auch hier zeigt sich die ereignishafte Zeit in der Haltung: Man ist nie pünktlich, die meisten bewegen sich ununterbrochen, ein Kind muss auf das Klo, alle sprechen durcheinander, man macht alle Kleidermoden mit, ist ständig auf der Hut, die Wohnung ist eine Rumpelkammer, die man nie aufräumen kann.

Aus völlig entgegengesetzten Gründen *wächst* in diesen beiden Familientypen *die Entropie ständig an*, und die Informationen können nicht benutzt werden, weil sie entweder nicht oder zu schnell im Umlauf sind, um aufgenommen und im Gedächtnis abgespeichert zu werden.

In beiden Fällen gleichermaßen, doch aus entgegengesetzten Gründen *kann die Vergangenheit nicht als Ressource benützt werden,* um im Jetzt zu leben. Entweder ist sie endgültig in einer unveränderlichen Geschichte fixiert, welche zur Tradition oder zum Mythos wird. Oder sie ist insofern vergessen, als sie vorbei ist und sich kein verlässliches Verhalten einstellen kann. Für die Zukunft *lässt sich kein Plan aufstellen,* denn was immer man tut, es wird sich nichts ändern, und man kann nie alle Ereignisse voraussehen, die eintreten könnten. Unfähig, sich mit der Vergangenheit in Beziehung zu setzen, leben diese Familien lediglich eine Gegenwart ohne Zukunft.

Häufig hat man versucht, Systeme unter dem Gesichtspunkt der Macht zu untersuchen, indem man bestimmen wollte, wer die Macht hat, wer sie übernimmt und wer sie bekämpft. Diese Sichtweise erscheint uns zu eng und läuft Gefahr, in der Erfassung von Interaktionen in Sackgassen zu führen (Bateson 1981). Sie entstand aus einem epistemologischen Irrtum, indem sie die Macht einem oder mehreren Elementen des Systems zuschrieb. In Wirklichkeit befindet sich *die Macht im Spiel des Systems*, sodass jedes seiner Elemente daran beteiligt ist, wie sie verteilt, ausgeübt und wie damit umgegangen wird. Auch ist Macht an Zeit gebunden.

Es wäre lächerlich, bei einer chemischen Veränderung die Macht einem Katalysator zuzuschreiben, als ob er die Reaktion bestimmen würde. An sich hat der Katalysator überhaupt keine Wirkung: Die Eigenschaften als Katalysator zieht er lediglich aus der Interaktion mit den Komponenten, wobei noch hinzukommt, dass diese für den Katalysator spezifisch sein müssen.

So ist es auch in menschlichen Systemen: Die Magersüchtige, von der man häufig sagt, sie reiße die Macht an sich, beherrscht durch ihr Fasten das Familiensystem nur in dem Maße, als die übrigen Mitglieder sich angesichts dieses Verhaltens als ohnmächtig erweisen. Die Besonderheiten des Symptoms, welchen man keine Absicht zuschreiben kann, erzeugen nur dann ein Ergebnis (eine besondere Qualität), wenn sie mit bestimmten Eigenheiten der Mitglieder des Systems im Austausch stehen. Wieder spielt da die Zeit eine grundlegende Rolle.

In den Familien mit *rigiden* Transaktionen ergibt sich der Stillstand der Zeit aus einem symmetrischen Spiel, innerhalb dessen sich die Machtkomponenten gegenseitig auslöschen und gerade dadurch verhindern, dass die Konflikte Veränderungen erzeugen können. Die paradoxe Macht der *Doppelbindung* verschwindet ihrerseits, wenn man die beiden Befehle aus einer unterschiedlichen logischen Ordnung wie zwei Befehle betrachtet, die nicht gleichzeitig erfüllt werden können. Die *Doppelbindung* existiert nur, wenn man die Zeit, welche die beiden Befehle verbindet, auslöscht.

Hält man die Zeit an, verhindert man konflikthafte Transaktionen. Um den Konflikt zu vermeiden, muss man die Zeit anhalten. Die klinische Erfahrung bestätigt diese Behauptung insofern, als man in diesen Familien die Verhandlung über das, was zu einem Konflikt und somit zu einer Krise führen könnte, immer auf später, das heißt in Wirklichkeit für immer verschiebt. Um Konflikte zu verhindern, muss man Krisen vermeiden. Tritt man eine Krise los, tauchen die Konflikte auf, und der Prozess geht weiter, setzt also die Zeit in Bewegung. Die therapeutische Bedeutung dieser Behauptung ist sofort ersichtlich: Eine Krise auslösen mobilisiert die Zeit.

In Familien mit Transaktionen *chaotischer* Art sind die Konflikte ein Dauerzustand, welcher durch die Ereignisse beherrscht ist. Andersherum sind es die Konflikte, welche das Ereignis auslösen. Rasch von einer Krise zur andern, von einem Ereignis zum nächsten übergehend, können diese Familien die Konflikte nie lösen, es sei denn in ständig sich ablösenden Handlungen. Die Macht liegt im Spiel der Ereignisse.

Statt die Zeit in Bewegung zu bringen ist es wichtig, sie zu bremsen, damit die Konflikte sich anders lösen können als durch das Agieren, welches zu nichts führt, ganz im Gegenteil. Agieren ist in der Tat der Versuch, die Macht an sich zu nehmen, was sofort disqualifiziert wird, sobald jemand es versucht. Auch hier zeigt die klinische Erfahrung, dass jener der Schwächste im symmetrischen Spiel zu sein scheint, welcher agiert und das Ereignis hervorruft, womit er den Eindruck erweckt, die Macht zu haben, während er in Wirklichkeit kundtut, dass sie ihm fehlt. Das scheint uns von größter Wichtigkeit zu sein, um dermaßen beunruhigende Handlungen zu verstehen, wie Tätlichkeiten gegenüber der Frau oder einem Kind, Bedrohung mit einer Waffe oder irgendeine andere Form von Aggression sie darstellen. Solche Handlungen sind immer Zeichen für Machtverlust, also den Verlust der Beherrschung, und von Angst. Führt man die Zeit wieder ein, indem man die Handlungsabfolge besser zu verstehen versucht, welche zum gewaltsamem Akt führen, erlaubt das im Allgemeinen, ihr Ausgangsergebnis zu verändern.

Von der Ähnlichkeit der hier beschriebenen Phänomene mit Abläufen in politischen Systemen war früher schon die Rede. In überstabilen Diktaturen, ob es sich um solche des Volkes oder der Generäle handle, erstarren die Strukturen. Die Zeit scheint stillzustehen, und das geschichtliche Gedächtnis gerinnt. In seinem Werk *1984* geht Orwell noch weiter und stellt sich eine Behörde vor, welche damit beauftragt ist, die Geschichte neu zu schreiben und zu machen, indem jede Spur früherer Ereignisse ausgelöscht wird, die nicht mit der Politik des Großen Bruders übereinstimmt.

In Systemen mit starren Transaktionen befindet sich die Macht insofern im Spiel, als sie nicht in den Händen dessen liegt, der sie verkörpert, sondern im dichten Netz oft widersprüchlicher Interessen und daraus sich ergebender Kompromisse. Zwar ist keiner zufrieden, aber alle tun als ob, aus Furcht, das Spiel könnte aufhören, welches zu gewinnen man hingegen weiterhin im Stillen hofft. Der Hochmut dieser Familien kann mit jenem der Regierenden, die Angst der Psychotiker mit jener der unterdrückten Völker verglichen werden.

In instabilen politischen Verhältnissen hingegen, in welchen die Zersplitterung der Richtungen ein Machtvakuum erzeugt, lässt sich ein willkürliches Nacheinander von Machtübernahmen, Putschen und Staatsstreichen beobachten. Jeder glaubt von sich, am besten dafür geeignet zu sein, das Land zu regieren … und will doch nur seine persönlichen Interessen erreichen. Die Zeit wird durch Ereignisse markiert: Skandale, Verrat, Sturz der Regierungen. Die Ereignisse überstürzen sich zu schnell, um im Gedächtnis behalten zu werden. Die Geschichte zu schreiben gelingt nicht mehr. Unter den Regierenden herrscht die gegenseitige Entwertung, im Volk die Entmutigung.

Die Vergleiche von Familien mit fließenden Transaktionen und demokratischen Verhältnissen, in welchen eher die Verhandlungen als der feindliche Kompromiss und ungeordnete Handlungsweisen vorherrschen oder vorherrschen sollten, könnten fortgesetzt werden. Auch ließen sich Familien mit alternierenden Transaktionen mit jenen Ländern vergleichen, in denen sich Zeiten diktatorischer Überstabilität mit instabilen Putschperioden abwechseln. Wir überlassen es dem Leser, mit dieser Übung weiterzufahren.

In rigiden Familien die Zeit verflüssigen oder sie in chaotischen Familien bremsen ermöglicht es, wieder ein systemisches Spiel zu lancieren, in welchem die daraus sich ergebenden Konflikte und Krisen keine pathogenen Sperren mehr sind, sondern fruchtbare Momente, damit sich Veränderung ereignen kann.

Dies Überlegungen zeigen gut, wie die Art und Weise, mit der Zeit umzugehen, je nach Familie, aber auch je nach Therapeut unterschiedlich ist. Wie die Information in Umlauf gebracht wird, wird insofern ebenso anders sein, wie die Haltung gegenüber Veränderung entgegengesetzt ist.

Bei den Familien mit *rigiden* Mustern besteht die Homöostase praktisch in der Nichtveränderung, wie es von vielen Autoren gezeigt wurde. Es ist deshalb wichtig, dass der Therapeut sich mit der Nichtveränderung verbündet, was einer der Gründe ist, weshalb paradoxe Verschreibungen oft wirksam sind, weil sie den Therapeuten als jemanden erscheinen lassen, welcher nicht um jeden Preis eine Veränderung sucht. Das alles ist ziemlich klassisch.

Auch ist es wichtig, von Anfang an die *Beziehung klar zu definieren*, denn die Nichtdefinition stellt in diesen Familien eines der wichtigsten Hindernisse für Veränderung dar, aber auch für die Wahrnehmung der Zeit in ihrem Ablauf. Vergangenheit und Gegenwart sind vermischt, und die Zukunft kann nicht ins Auge gefasst werden, weil die Zeit stillsteht. Aus diesem Grunde ist es so wichtig, bei derartigen Systemen eine Krise auszulösen, um ihnen die Möglichkeit zu geben, Veränderungen hervorzubringen. Die Krise zu entfachen bedeutet also, Bewegung in die Zeit zu bringen und so die Türe zu allfälligen Veränderungen zu öffnen.

Eine von uns bevorzugte Technik, die stillgestandene Zeit wieder in Gang zu bringen, nennen wir das *Fotogramm*. Es besteht darin, die Familie zu bitten, Bilder der bedeutsamen Familienmitglieder mit in die Sitzungen zu bringen. Wir ersuchen sie auch, im Voraus zusammen eine Wahl zu treffen und uns jene ausgewählten Bilder zu bringen, welche aus verschiedenen Zeiten der Familiengeschichte stammen. In der Sitzung lassen wir die Aufwahl kommentieren. Dieses Vorgehen scheint uns weniger starr zu sein als Genogramme und hat den Vorteil, die Familie wahrnehmen zu lassen, dass die Zeit die Dinge verändert hat, man sich jetzt anders kleidet als früher, die Kinder größer geworden sind und anderes mehr.

Nicht selten besitzen Familien nur wenige oder überhaupt keine Bilder. Dann ermutigen wir sie, weiterzusuchen und an Verwandte zu schreiben, die vielleicht Fotos besitzen könnten. Das hat einen doppelten Vorteil: Einerseits werden bestimmte Beziehungen wieder angeknüpft. Auf der anderen Seite empfiehlt man ihnen eine spielerische Tätigkeit, welche im jetzigen Alltag wieder einen Platz bekommt, ohne dass eigens betont wird, wie wichtig die Vergangenheit ist.

Im Blick auf die *chaotischen* Familien hingegen ist unserer Ansicht nach zu wenig hervorgehoben worden, dass die Homöostase mehr durch eine zu rasche Abfolge von Veränderungen als durch Nichtveränderung charakterisiert ist. Diese Abfolge von Veränderungen ist jedoch wenig nützlich, weil sie keine Dauer hat, immerzu infrage gestellt wird und stärker dazu beiträgt, das Chaos aufrechtzuerhalten, als das Wachstum zu fördern.

Anhand dieser Ausführungen wird auch deutlich, dass in diesem Familientyp die paradoxen Verschreibungen der Nichtveränderung nur selten Wirkung zeigen. Zum großen Schaden des Therapeuten werden sie auch oft offen entwertet. Versucht der Therapeut, sie zu rechtfertigen, macht er die Dinge nur umso schwieriger und gerät leicht in eine symmetrische Eskalation: Je mehr er den Prozess bremsen will, desto mehr drängt ihn die Familie dazu, Ratschläge zu erteilen. Wenn er daraufhin versucht, die seiner Ansicht nach „tiefere Position" einzunehmen, nehmen die Entwertungen nur zu, weil nicht er selber vom Sockel heruntersteigt, sondern weil die Familie ihn dazu zwingt.

Um Kaskaden zu verhindern, scheint es uns ganz besonders wichtig zu sein, den *therapeutischen Vertrag genau zu fassen*. Nicht, dass diese Familien die Beziehungsdefinition zurückweisen würden. Aber sie sind sehr geschickt darin, sie zu entwerten oder ständig zu verändern. Den Vertrag zu präzisieren bedeutet, den therapeutischen Prozess in eine bestimmte Dauer einzuordnen, also in eine Zeit, die nicht bloß von Ereignissen gekennzeichnet ist.

Statt mit der Nichtveränderung gemeine Sache zu machen, verbündet man sich mit ihrer Tendenz, alles Erreichte immer wieder auf den Kopf stellen. Man schlägt deshalb zwar kleine, dafür aber dauerhafte Veränderungen vor. Dauerhaftigkeit einzuführen bedeutet, aus dem Ereignishaften herauszukommen und sich zukünftigen Perspektiven zu öffnen. Um die Geschichte wiederherzustellen, welche häufig sofort, kaum war sie gelebt, wieder vergessen wurde, benutzen wir eine Technik, die wir *Historiogramm* nennen. Die Kinder werden gebeten zu erzählen, was sie von der Familiengeschichte wissen, und entsprechend hält man die wichtigen Daten fest. Die Eltern dürfen sich dabei nicht einmischen, es sei denn, die Kinder bitten sie darum. Der Therapeut empfiehlt den Kindern zudem, sich gegebenenfalls bei anderen Mitgliedern der Familie jene Informationen zu beschaffen, über welche sie oder ihre Eltern bis jetzt nicht verfügten.

Der Sinn, die Kinder auf diese Weise die Familiengeschichte erzählen zu lassen, besteht wieder darin, im System die Information in Umlauf zu bringen. Die Eltern sind sehr daran interessiert zu entdecken, was die Kinder wissen oder im Gedächtnis behalten haben. Und übrigens spielen sie ihre elterliche Rolle, indem sie die fehlenden Informationen ergänzen. Die Kinder haben Spaß an diesem Spiel, denn für einmal sind sie es, welche die Geschichte erzählen, und nicht die Erwachsenen. Sie vernehmen oder korrigieren die Informationen, die ihnen bereits zur Verfügung standen. Das Ziel ist also nicht, den Therapeuten ins Bild zu setzen, sondern die Familienmitglieder. Der Therapeut selber läuft auch nicht Gefahr, zu eindringend zu werden, weil die Familienmitglieder selber darüber wachen, was gesagt wird und was nicht.

Bei Einwandererfamilien schlagen wir manchmal vor, während der Ferien bei der Ursprungsfamilie Auskünfte und Erklärungen über die Gebräuche oder Traditionen einzuholen, welche sie nicht verstehen. Die Eltern werden angewiesen, selber keine Erklärungen zu geben. Der Vorteil dieser Aufgabe besteht darin, es den Kindern zu ermöglichen, sich für die Vergangenheit ihrer Eltern zu interessieren, eine Kultur aufzusuchen, von der auch sie genährt sind, auch wenn sie denken, dass sie nicht mehr die ihre ist. Die Zeit des Empfangslandes kann sich in diesem Augenblick mit der des Ursprungslandes verbinden. Die symmetrische Eskalation zwischen Eltern und Kinder wird geringer, weil die Eltern ihre Rolle aufgeben können, ohne Unterlass an die Werte ihres Herkunftslandes zu erinnern, welche für die Kinder wie etwas aus einer vergangenen Zeit erscheinen. Auch können die Eltern ihrerseits die Werte des Empfangslandes umso besser akzeptieren, weil ihre Kinder jene ihrer Herkunft entdecken.

Man sagt, Typologien seien nicht systemisch. Das gilt ohne Zweifel für jene, die sich auf das Individuum konzentrieren. Der Einwand wird schwächer, wenn die Typologie das Funktionieren des Systems und nicht der Individuen betrifft und sie die beiden unwahrscheinlichen Extreme eines Kontinuums beschreibt, inner-

Familien mit rigiden Transaktionen	*Familien mit chaotischen Transaktionen*
Zeitwahrnehmung	
– Stillstand der Zeit (Vergangenheit und Gegenwart sind verwischt, eine Zukunft wird nicht gesehen) – keine neuen Informationen (deshalb Stillstand des Prozesses und Homöostase als Nichtveränderung) – unbenutzbares Gedächtnis – Die Macht liegt im symmetrischen Spiel (die Paradoxe erstarren, die Gegensätze heben sich gegenseitig auf; Ansätze zur Veränderung versanden in unbeweglichen Haltungen)	– ereignishafte Zeit (ohne Vergangenheit noch Zukunft; es gibt nur die unmittelbare Gegenwart) – Überlastung mit Informationen (von daher Entgleisung des Prozesses, auf nicht dauerhafte Veränderung beschränkte Homöostase) – keine Speicherung im Gedächtnis – Die Macht liegt im Zufallsspiel der Ereignisse (die ständigen Machtwechsel verhindern dauerhafte Veränderungen, weil sich immer alles bewegt)
Reaktionen des Therapeuten	
– vergisst den Inhalt der Sitzungen und den Sinn, worum es geht – neigt dazu, zu lange Sitzungen zu machen aus der Illusion heraus, zusätzliche Informationen sammeln zu können – fühlt sich verwirrt	– erinnert sich nur an eine Abfolge von Ereignissen ohne einsichtigen Zusammenhang – lässt sich in chaotische Sitzungen verstricken, aus denen er überhaupt keine Informationen herausholt – fühlt sich überfordert
Therapeutische Folgerungen	
– die Zeit verflüssigen durch Auslösen einer Krise, die aus der Rigidität herausführt – die Ängste vor Veränderung respektieren und bereit sein zur paradoxen Einstellung, es solle sich nichts verändern – die Beziehung definieren, um aus festgefahrenen symmetrischen Beziehungen herauszukommen – eine Zukunftsperspektive (ein Projekt) vorgeben, um die Vergangenheit zum Leben zu erwecken – auf geschickte Weise das Gespräch so flexibel führen, dass die Informationen in Umlauf kommen	– die Zeit verlangsamen durch Einführen von Dauer, um aus dem Chaos herauszukommen – beschränkte, aber dauerhafte Veränderungen provozieren, um fortdauernde Konstanz einzuführen – den Vertrag klar fassen, um vom zufälligen Agieren wegzukommen – eine Vergangenheit zurückgeben (Geschichtlichkeit), um Dauer in der Zukunft zu ermöglichen – das Gespräch ganz klar so führen, dass die Informationen haften bleiben

Zusammenstellung: Zeit – Familie – Therapeut

halb dessen sich die konkreten Systeme befinden. Wir wagen es deshalb, jene Typologie zu ergänzen, welche wir früher einmal in der Arbeit über *Systeme, Homöostase, Gleichgewicht* skizziert hatten (Ausloos 1981). Die dort erfolgte typologische Zusammenstellung soll dahin gehend ergänzt werden, dass als neue Dimension der Therapeut eingefügt wird. Denn eine systemische Typologie muss interaktionell sein und alle vorhandenen Subsysteme einschließen.

Die Reaktion des Therapeuten hat übrigens für uns eine wesentlich diagnostische Bedeutung: Seine Subjektivität ist das einzige zuverlässige Element, auf das er sich abstützen kann. Das Eingehen auf seine eigenen Reaktionen ermöglicht es ihm, diese für sein therapeutisches Vorgehen nutzbar zu machen.

Schluss

Ob nun die Zeit stillsteht oder ereignishaft abläuft, für den Therapeuten zählt, dass er sich bewusst macht, in welches zeitliche Spiel er einbezogen ist und welche Folgen das für ihn im Bezug auf seine eigene Haltung der Zeit gegenüber hat. Seine Subjektivität bleibt dabei die zuverlässigste Verbündete.

Unserer Ansicht nach gibt es keine spezifischen Symptome, sondern spezifische Transaktionen und dementsprechend anwendbare therapeutischen Handlungen. Was für den Systemiker als Therapeuten immer gleich bleibt, ist, jene Information in Umlauf zu bringen, welche vom System selber kommt und dorthin zurückkehrt, um dort Möglichkeiten der Veränderung zu eröffnen.

Kommen wir ein weiteres Mal auf Griechenland, die Wiege der abendländischen Philosophie, zurück, hüten wir uns jedoch davor, den Streit zu entscheiden, welcher Parmenides und Heraklit spaltete. Der Erste behauptete: „Was sich verändert, existiert nicht." Worauf der Zweite entgegnete: „Alles ist Bewegung, und nichts steht still." Schließen wir uns eher dem Stoiker Diogenes Laërtes an: „Die Welt ist ein geeintes System ... Vergangenheit und Zukunft sind unbegrenzt, die Gegenwart hingegen ist begrenzt ... Keine Zeit ist vollständig gegenwärtig."

Zweiter Teil: Chaos

1. Familiäres Chaos und therapeutische Tätigkeit

Der Entwurf zu diesem Text entstand im Sommer 1988 im Hinblick auf dieses Buch. Es ging um den Versuch, Schritt für Schritt die Zufälle eines therapeutischen Vorgehens, die Fragen des Therapeuten und seine theoretischen Bezüge nachzuzeichnen. Damals kannte ich die Chaostheorien noch nicht. Der Text scheint mir deshalb geeignet zu sein, die Verbindung zwischen dem ersten Teil über die Zeit und dem zweiten Teil über das Chaos herzustellen. Immer mehr begannen mich die „Chaotiker" zu begeistern, weil sie mir ein Stück weit die therapeutischen Intuitionen bestätigten, welche nachfolgend dargestellt werden sollen. Ich hielt sie zwar oft für kühn und beinahe vermessen, war aber gleichzeitig von ihrer Bedeutung überzeugt.[1]

Der Text kann auf verschiedene Arten gelesen werden: Entweder in einem Zug, oder indem man nur die Geschichte entlang den fortlaufend nummerierten Interventionen oder ihn durch das Überspringen von Textstellen nach Lust und Laune liest. Leserin und Leser können auch immer dann anhalten, wenn ich Fragen stelle, und versuchen, darauf selber seine Antwort zu finden. Der daraus sich ergebende Unterschied in den Antworten kann für sie eine zusätzliche Information darstellen.

1 Die Gespräche mit der in diesem Abschnitt besprochenen Familie waren auf Video aufgenommen worden. Das ermöglichte ihre verlaufsgetreue Zusammenfassung. Man kann die Bedeutung dieser Aufnahmen als Mittel der direkten und unmittelbaren Supervision des Therapeuten für ihn und durch ihn selber nicht genug unterstreichen. Hat man keine Videoanlage zur Verfügung, genügt auch ein einfaches Tonbandgerät.

A) Die Arbeit der ersten Sitzung

1. Am Montagmorgen bringt die Mutter ihren fünfzehnjährigen Sohn Jacques ins Spital, weil er soeben ungefähr zehn Tabletten des Medikaments geschluckt hatte, welches er gelegentlich gegen ein schon ziemlich altes Asthmaleiden einnimmt. Die vierundzwanzigjährige Allgemeinärztin, die ihn in Empfang genommen hatte, hat zwar nicht den Eindruck, er müsse in der Klinik bleiben, bittet mich aber dennoch um eine psychiatrische Abklärung. Sie fügt hinzu, der Junge werde von einer Sozialarbeiterin des Jugendamtes betreut, seit seine Mutter dort um die Platzierung in einem Heim nachgesucht hatte, weil er sich zu Hause auf unerträgliche Weise verhalte und seit ungefähr drei Monaten den Besuch der Schule verweigere.

Ich schlage vor, am folgenden Donnerstag die ganze Familie zu sehen, und bitte die Ärztin, am Gespräch teilzunehmen und abzuklären, ob auch die Sozialarbeiterin sich freimachen könne.

Wie alle anderen wohl auch, habe ich in diesem Stadium bestimmte Ideen im Kopf, welche man zu leichtfertig „Hypothesen" nennt und eher Parasiten sind, weil sie meine Intervention einengen könnten.

Hier ein paar Beispiele solcher Vorannahmen:

- Der Junge fühlt sich durch das Gesuch um Platzierung in die Enge gedrängt und versucht, sich da herauszumanövrieren (einige würden von Manipulation reden, während ich es vorziehe, an eine legitime Verteidigung zu denken).
- Um den Jungen herum gibt es eine ganze Reihe von Frauen (Mutter, Sozialarbeiterin, Ärztin). Wo ist der Vater, und wie denkt er über das Ganze?
- Der asthmatische Junge fühlt sich vielleicht schwach und anfällig und fürchtet die Trennung von der Mutter, obwohl er sie gleichzeitig durch sein widerspenstiges Verhalten herausfordert.

Sicher können solche Ideen einen Sinn haben und sich zum Teil auch bewahrheiten, wie man später sehen wird. Wenn ich mich aber weigere, ihnen den Status von Hypothesen zuzugestehen, dann deshalb, damit sie nicht ein zu großes Gewicht bekommen in Bezug auf die Art, wie ich Therapeut bin, sowie auf mein Verhalten im geplanten Gespräch. Vor allem befürchte ich, ich könnte meine Befragung um das herum orientieren, was mir als plausible Erklärung erscheint, welche mich aber daran hindern könnte, anderes zu entdecken, um einen Prozess in Gang zu bringen.

Mehr noch: Wenn ich einige Ideen hatte, ist es wahrscheinlich, dass andern sie schon vor mir hatten, was mindestens teilweise für die Ärztin zutraf. Jedenfalls musste man bereits auch in der Familie ähnliche Dinge gedacht haben, was jedoch das Problem nicht zu lösen vermochte. Wozu könnte es dann *mir* helfen? Sollte ich denn besser in der Lage sein, das Problem zu lösen, indem ich von ähnlichen Ideen ausgehe wie jene, die mit der Situation bereits konfrontiert waren? Das wäre offensichtlich ziemlich anmaßend.

Statt von Hypothesen ziehe ich es vor, von „Gegebenheiten" zu reden. Die so genannten Hypothesen, welche ich mir machen kann, sind nichts weniger als die Gegebenheiten, welche mir das System, auf welche Weise auch immer, übermittelt hat. Nachdem diese Gegebenheiten vorgängig nicht nützlich waren, gibt es keinen Grund, anzunehmen, ich könnte da schlauer sein, es sei denn, ich hielte die Mitglieder des Systems für dumm, was zu tun ich jedoch entschieden von mir weise. Die Familien sind weder krank und inkompetent noch unfähig.

Hypothese

An dieser Stelle sollte man in Klammern einige Gedanken über den Status einer so genannten Hypothese einfügen. In der formalen Logik stellt die Hypothese eine Bedingung dar, welche erfüllt sein muss, damit sich die These bewahrheitet. Davon ausgehend, wurde eine Hypothese in der Wissenschaft zu einer Voraussetzung, die experimentell überprüft werden muss, damit man zu einer neuen Hypothese kommen kann.

Was man in der Therapie Hypothese nennt, ist häufig nichts anderes als eine lineare Erklärung, wie die Familie selber sie hat, wobei der Therapeut gerne die seine als zutreffender beurteilt. Einige denken, es genüge, alle Mitglieder der Familie in die Formulierung einer Hypothese einzuschließen, damit sie systemisch sei. Im vorliegenden Fall könnte das so aussehen: „Durch sein Verhalten ist der Junge bereit, den Sündenbock zu spielen, um es seinem *Vater* zu ermöglichen, jenen Platz wieder einzunehmen, den er bis jetzt der *Mutter* überlassen hat, wodurch es seinen jüngeren *Brüdern*, die demnächst zu Jugendlichen werden, möglich sein soll, den Prozess der Ablösung und Individuation besser zu leben."

Eine solche Hypothese ist scheinbar systemisch, denn sie schließt alle Familienmitglieder ein und gibt dem präsentierten Symptom eine systemische Funktion. Ich betrachte sie jedoch als „subtil linear", weil sie sich auf eine Abfolge linearer Kausalitäten zusammenfassen lässt: vom Sohn zum Vater, vom Vater zur Mutter, von den Eltern zu den Kindern.

Wenn Mara Selvini (1981) das Hypothetisieren des Therapeuten als „Ausgangspunkt für seine Untersuchung wie auch zur Überprüfung ihrer Gültigkeit" definiert, deckt sich das mit dem Sinn der Hypothese, wie er in der experimentellen Wissenschaft üblich ist. Obwohl sie praktisch häufig zutrifft, vermeidet diese Formulierung trotzdem zwei Klippen nicht:

- Zum einen handelt es sich bei Therapie *nicht* um ein Experiment, durch welches eine These überprüft werden soll, sondern um eine interaktionelle Situation, in welcher die Mitglieder des fraglichen Systems ebenso Akteure sind wie die Therapeuten und wo es definitionsgemäß nichts zu beweisen gibt, sondern es nur darum geht, einen Prozess in Gang zu bringen.
- Die zweite Klippe ergibt sich aus der ersten: Eine Therapie hat nicht zum Ziel zu verstehen, sondern zu verändern. Sie ist weder eine Untersuchung noch ein Experiment und noch viel weniger eine Demonstration. Zugegeben, wir wurden alle mehr oder weniger in einer Epistemologie erzogen, für die das Verstehen den notwendigen Weg darstellt, um Veränderung auslösen zu können.

Als Freud seine Theorien schuf, war die wissenschaftliche Welt fasziniert durch die offenen Perspektiven und die neuen Entdeckungen, welche ihr die experimentellen Methoden gebracht hatten. Die intellektuelle Welt ergötzte sich daran, die brillanten Deduktionen eines Edgar Allen Poe und eines Conan Doyle bis zum Ende zu verfolgen. In dieser Sicht ermöglicht Verstehen aufgrund der „guten Hypothese" die Lösung und eröffnet Veränderung.

Weit davon entfernt, den Reichtum der systemischen Epistemologie ausgeschöpft zu haben, bleiben wir mit unseren Vorannahmen die kleinen Sherlock Holmes der Seele. Oft ist es uns ein Vergnügen, etwas begriffen zu haben, selbst wenn es überhaupt nichts ändert. Um zu verstehen, müssen wir forschen, Fakten und Informationen zusammentragen, Hypothesen überprüfen, statt uns in einen interaktiven Prozess einzulassen, aus dem das Unvorhersehbare hervorgeht und vielleicht auch die Veränderung.

Trotzdem ist die Formulierung von Selvini gültig, allerdings unter der Bedingung, dass sie „meta" verstanden wird: Es gibt keine Hypothese zu überprüfen. Es ist keine Untersuchung anzustellen. Hingegen gibt das Artefakt der Hypothese dem Therapeuten eine gewisse Sicherheit und ermöglicht es ihm, selber eine gewisse Kohärenz zu behalten, damit er sich nicht verliert. Wenn er weiß, nichts verifizieren zu müssen, aber ein Mittel zu haben, welches es ihm erlaubt, sich in den Prozess einzulassen, wieso nicht? Man könnte also von funktioneller Hypothese sprechen.

Funktionen

Noch ein Wort über die Kohärenz, welche wohl jene Qualität darstellt, die man meistens vom Therapeuten verlangt. „Einem kohärenten Therapeut hat man schon zur Hälfte vergeben!" Und trotzdem schießt der Bilderstürmer Bateson eine Ladung gegen die Kohärenz ab, welche für unseren rationalen Geist nur anstößig sein kann. In einem Memorandum, welches er im August 1978 den Vorstehern der Universität von Kalifornien verteilte, schreibt er:

> „Kurz gesagt, Konservatismus wurzelt in *Kohärenz* und *Vereinbarkeit*, und diese gehen einher mit dem, was ich oben *Strenge* im geistigen Prozeß nannte. Genau hier müssen wir nach den Wurzeln des Veraltens suchen. Und das Paradoxon oder Dilemma, das uns verwirrt und aufbringt, wenn wir uns darauf einlassen, das Veralten zu korrigieren oder dagegen zu kämpfen, ist einfach die Furcht, Kohärenz, Klarheit und Vereinbarkeit, ja sogar *geistige Gesundheit* einzubüßen, wenn wir das Veraltete fahren lassen" (1982, S. 269).

Wenn die Hypothese Gefahr läuft, vor mir den sich anbahnenden Prozess zu verdecken, wenn die Erforschung nicht mehr das Ziel meiner Befragung darstellt und mir Kohärenz verboten wird unter der Androhung, veraltet zu sein, was bleibt mir armem und hilflosem Therapeuten dann noch, mich mit dieser Familie auseinander zu setzen, welche mich ebenso beunruhigt, wie ich sie beunruhige?

Heißt das nun, dass ich überhaupt keine Hypothese mehr habe, wenn ich einer Familie begegne? Ich möchte das gern, aber wie alle andern auch kann ich mich nicht am Denken hindern und brauche eine gewisse Sicherheit. Auch während des Gesprächs kommt mir ständige eine Menge von Ideen in den Sinn. Wie ich es anderswo schon ausführte (Ausloos 1986a–c, 1988, 1990a–d), halte ich oft Ausschau nach der problematischsten Funktion in einer Familie, jener nämlich, welche durch das Symptom des Indexpatienten angezeigt ist. Im vorliegenden Fall hatte ich mir als Problem der Familie zurechtgelegt, es handle sich um die Schwierigkeit der emotionalen Distanzregulierung: Wie kann man sich trennen, ohne miteinander zu brechen, wie sich entfernen, ohne zu verschwinden?

Splitting in der Ko-Therapie

Noch ein Wort über die Technik der gesplitteten Ko-Therapie, welche ich 1980 (Ausloos 1983; Ausloos et Segond 1983) entwickelt habe, als ich in Chevrens mit dem Team des dortigen Zentrums für Jugendliche, zusammenarbeitete. Inzwischen wurde mir klar, dass ihr Anwendungsfeld sehr viel breiter ist, sich zum Beispiel sowohl für Jugendliche wie in der Geriatrie, in der Klinik ebenso wie in einer Institution oder in Zusammenarbeit mit einem Einzeltherapeuten eignet. Es handelt sich in der Tat wirklich um Ko-Therapie, weil zwei Therapeuten zusammenarbeiten. Während der erste (T1) sich mit der Familiendynamik befasst, ohne sich auf den Indexpatienten zu konzentrieren, widmet sich der zweite (T2) vorwiegend dem Indexpatienten, ohne sich um die Führung des Gespräches sorgen zu müssen.

T2 kann eine systemische Ausbildung haben oder nicht, wie es hier bei der Ärztin der Fall war. Es ist einer der großen Vorteile dieser Methode, dass man Ko-Therapeuten in die Familiengespräche einbeziehen kann, welche eine bestimmte Rolle haben, ohne deshalb systemisch ausgebildet sein zu müssen. In der Praxis bitte ich die Person, welche den Indexpatienten vorher einzeln gesehen hat, neben diesem Platz zu nehmen und zu versuchen nachzuempfinden, wie er sich in der Sitzung fühlt, und sich zu Wort zu melden, wann sie will, sei es, um ihre eigenen Empfindungen auszudrücken, sei es, um dem Indexpatienten Fragen zu stellen oder den Familientherapeuten darauf aufmerksam zu machen, falls dieser ihrer Ansicht nach dem Indexpatienten nicht genügend Beachtung schenkt.

Da er sich öfters in der Situation des Einzeltherapeuten befindet (was übrigens auch bei Erziehern, Krankenschwestern, Psychotherapeuten, behandelnden Ärzten und andern der Fall ist), kann T2 mit dem Patienten anschließend das Gespräch nochmals durchgehen. Im Unterschied zur ambulanten Familientherapie, bei der alle zusammen wieder weggehen, lässt die Familie nach dem Gespräch den Indexpatienten (IP) allein in der Institution zurück. Wieso sollte es da nicht wünschbar sein, dass auch er sich weiterhin zum Gespräch äußern und darüber diskutieren kann? Das kann er mit T2 leicht machen und sich in der Folge auch auf das vorbereiten, was er in der nächsten Sitzung gerne sagen würde. In unserem Fall kommt zwar die ganze Familie, einschließlich des IP, von auswärts, aber die Ärztin der Institution bleibt verantwortlich für Jacques.

2. Die Familie kommt also vollzählig, wie abgemacht, am Donnerstagmorgen. Der Vater setzt sich rechts von mir, dann nehmen von rechts nach links die drei Söhne Platz, nämlich Pierre (12), Paul (9) und Jacques (15), der Indexpatient. Die Ärztin setzt sich zwischen Paul und Jacques, die Mutter neben Letzteren. Die Sozialarbeiterin schließt den Kreis.

Der Vater, ein massiger Mann, erscheint in Arbeitskleidung und riesigen Stiefeln, wie man sie auf Baustellen trägt. Er arbeite als Vorarbeiter im Bauamt und habe Krankheitsurlaub, weil er sich einem kleinen chirurgischen Eingriff habe unterziehen müssen. Er macht einen bekümmerten und sorgenvollen Eindruck. Die drei Söhne stellen sich schüchtern und kurz vor. Es scheint, als würden sie ziemlich ängstlich auf das warten, was nun passieren wird. Die Mutter ist klein, aber ziemlich kräftig und setzt ein schalkhaftes Lächeln auf. Sie bezeichnet sich als die Mutter dieser ganzen Bande, den Mann eingeschlossen, und fügt hinzu, sie habe vor acht Monaten zu arbeiten begonnen, es mache ihr Spaß, und wenn sie es nicht getan hätte, wäre sie bestimmt explodiert.

Die Sozialarbeiterin kennt die Familie seit zwei Jahren und musste sich schon mehrfach aus ähnlichen Gründen mit ihr beschäftigen: Jacques verweigerte den Besuch der Schule, und die Mutter verlangte eine Platzierung in einem Heim. Damals wurde Jacques während sechs Monaten in einem Heim untergebracht, und die Eltern trafen sich jeweils mit der Sozialarbeiterin. Schließlich kehrte Jacques in die Familie zurück, und alles schien relativ gut zu gehen, bis die Mutter vor zwei Wochen erneut Alarm schlug.

Als ich frage, was denn passiert sei, ergreift der Vater das Wort und bricht sofort in Tränen aus: „Ich hätte niemals geglaubt ,meinen Sohn zu erziehen, damit er sich eines Tages umbringt." Dem widerspricht die Mutter mit einem immer breiter werdenden Lachen. „Das ist doch alles nur Komödie und Manipulation. Er wusste nichts Besseres, um uns zu ärgern. Er hätte übrigens gut daran getan, es etwas früher zu machen. Das hätte mir zwei Reisen erspart." Da ich nicht verstehe, was sie damit sagen will, bitte ich sie, sich genauer zu äußern: „Ja", sagt sie, „ich habe meinen Mann um acht Uhr ins Spital gebracht und musste am Mittag Jacques dorthin begleiten. Hätte er es früher getan, hätte mir das eine Reise erspart."

Halten wir den Film einen Augenblick an: Der Therapeut sitzt in der Tinte. Nichts kommt so in Gang, wie er es vorgesehen hatte: Der Vater, welcher zuerst einen robusten Eindruck machte, weint; die Mutter wirkt beinahe fröhlich; Jacques lässt schuldbewusst und gequält den Kopf hängen; seine beiden Brüder wissen nicht mehr, wie sich verhalten sollen. Schließlich warten auch noch Sozialarbeiterin und Ärztin darauf, wie der Tierbändiger aufgefressen wird.

Ohne Zweifel könnte ein hervorragender und im Kampf erprobter Therapeut eine solche Situation immer meistern, indem er provoziert, einen Graben zwischen den Generationen aufreißen oder unbeirrt mit einer systematisch aufgebauten Befragung der Familie weiterfährt. Niemand würde es wagen, ihn zu unterbrechen, würde, aus Furcht, es dem großen Therapeuten gegenüber, von welchem man so viel Gutes erzählt hatte, an Respekt fehlen zu lassen.

Doch wohl kaum ein Therapeut entspricht diesen Kriterien. Sein Magen verkrampft sich. Die Stimme fängt an zu flattern. Verzweifelt beginnt der Kopf danach zu suchen, was er in einer solchen Situation machen könnte. Schließlich reagiert auch der ganze Körper, indem der Therapeut seinen Stuhl bewegt, um einen sichereren Stand zu finden. Bestimmt fehlt es hier nicht an Material, aber an der Fähigkeit, es zu benutzen.

Der Paarkonflikt

Es ist offensichtlich, dass Mutter und Vater uneins sind. Sie haben sich übrigens an zwei einander entgegengesetzten Stellen hingesetzt. Geht man aber sofort auf den Ehekonflikt ein, welchen man im Untergrund wittert, hat man in neun von zehn Malen damit zu rechnen, dass nach einigen Minuten der Gegenangriff kommt: „Wir sind nicht gekommen, um über unsere Paarprobleme zu reden, sondern über Jacques."

Übrigens ist die Unterstellung ehelicher Konflikte zweifelsohne die am wenigstens nützliche Hypothese, die man vorbringen kann, denn sie wird sich immer bestätigen. Wozu soll es dienen, das aufzuzeigen, was ohnehin alle schon wissen, außer dass man eine Empörung hervorruft, die man akademisch *Widerstand* nennt? Denn welches Paar kann mit Fug und Recht leugnen, dass es in Krisensituationen zu Spannungen und Meinungsverschiedenheiten kommt? Würde es das abstreiten, käme es noch schlimmer, denn es setzte sich dem Verdacht der Heuchelei aus. Im jetzigen Zeitpunkt käme aber die Paarebene viel zu früh, als dass man damit etwas anfangen könnte. Haley sagt sinngemäß mit Recht: Wer in der Therapie scheitern will, beginnt damit, nicht auf das einzugehen, weshalb die Leute zu ihm gekommen sind. Frage ich Jacques, wird er wahrscheinlich sehr wenig sagen, zunächst, weil er ein Jugendlicher ist, dann, weil er zwischen seinen Eltern in die Rolle des Schiedsrichters käme oder weil er wenig Lust hat, sich über seinen Selbstmordversuch zu äußern, ob dieser nun simuliert war oder nicht. Das hat sich denn auch bewahrheitet.

3. Als ich ihn nämlich frage, ob er etwas zu dem sagen möchte, was die Mutter eben äußerte, schweigt er lange und murmelt dann schließlich, es nicht zu wissen, es sei einfach so über ihn gekommen. Mehr lässt sich nicht aus ihm herausholen.

Konzentriert man sich auf eine der anfänglich zurechtgelegten Hypothesen, kann man selbstverständlich eine angenehme Konversation weiterführen, von der Platzierung im Heim oder den Gründen reden, die dazu geführt hatten. Auch könnte man die Sozialarbeiterin fragen, wie weit ihre Vorbereitungen schon gediehen seien, oder versuchen, die Ereignisse vor dem Ausbruch der Krise genauer zu erforschen. Doch es ist wahrscheinlich, dass außer dem Therapeuten die Anwesenden nichts wirklich Neues erfahren würden. Natürlich kann der Therapeut weitere „Informationen zusammentragen", aber damit schiebt er sein Problem nur hinaus und wird nach einer oder zwei Sitzungen erneut mit der Frage konfrontiert, welche wir gut kennen und die uns im höchsten Maße nervt: „Nun – nachdem wir Ihnen alles gesagt haben, was soll jetzt geschehen?" Am Anfang hatten *sie* ein Problem, nun hat der Therapeut eines. Zwar ist die Familie im Augenblick erleichtert, weil sie tat, was zu tun war, aber sie wird nun passiv, inaktiv und vom Therapeuten abhängig. Ein untrügliches Zeichen in solchen Situationen ist es, dass die anderen Kinder abschalten und damit beginnen, die Einrichtung zu mustern oder die Räumlichkeiten auszukundschaften, was alles zeigt, dass sie in dem, was sich zwischen den Therapeuten und ihren Eltern abspielt, nichts mehr zu suchen haben.

Information

Bateson, auf den man immer wieder zurückkommt, definiert die Information auf eine Art, die in ihrer Einfachheit und Tiefe großartig ist: „Die Information ist ein Unterschied, der einen Unterschied macht (1982, S. 274)." Es ist klar, dass die Familie mir auf Fragen antwortet und ich dadurch Informationen erhalte, welche „einen Unterschied machen". Für die Mitglieder der Familie hingegen ist diese Informationen im Allgemeinen nichts als „Geräusch" im Sinne der Informatik, also Material, das keinen zweckdienlichen Wert hat, weil sie all das schon wissen, was sie uns sagen.

Informationen zirkulieren lassen

Die einfachste Definition für eine systemische Intervention könnte folgendermaßen lauten: *Die Information in Umlauf bringen*. Während jedoch diese Definition einfach ist, ist es die Praxis keineswegs. In der Tat ist es nötig, dass sich diese Information nicht auf einer Einbahnstraße bewegt, nämlich von der Familie zum Therapeuten, sondern im Gegenteil, dass sie „im Kreis herumgeht", das heißt gleichzeitig ebenso jenen informiert, der sie gibt, wie jene, welche sie empfangen.

Die Gruppe von Mailand hat uns hier sehr wertvolle Hilfen gegeben, indem sie die Technik des zirkulären Fragens erarbeitete. Allerdings bleibt offen, worauf sich diese Fragen beziehen sollen. Gibt man die Idee einer nicht vorwiegend erklärenden Hypothese auf, findet man sich in der paradoxen Lage wieder, Fragen stellen zu müssen, ohne zu wissen, was man sucht, Information in Umlauf zu setzen, ohne Kenntnis davon zu haben, welche Information sich denn lohnt.

Wenn ich wüsste, was ich suche, hätte ich das Problem der Familie bereits auf eine Formel gebracht. Doch wäre diese lediglich zu meiner eigenen Information, also nur für mich zweckdienlich. Denn nach dem Prinzip der Ganzheit ist die „einzige Wahrheit des

Systems das System selbst". Oder um die berühmte Formel von Korzybski (1941) zu gebrauchen: „Die Karte ist nicht die Landschaft." Jede Formulierung der familiären Wirklichkeit ist nur eine grobe Annäherung und stützt sich auf eine mehr oder weniger willkürliche Interpunktion.

Eines der spannendsten Paradoxe in der Anwendung des systemischen Ansatzes in der Therapie liegt darin, dass die Rolle des Therapeuten nicht mehr darin besteht zu „verstehen", das heißt, (für sich) alles einsichtig „zusammenzunehmen"[2] oder zu „informieren", das heißt, familiäre Wirklichkeit in eine Form zu bringen, sondern „die anderen zu informieren" über das, was sie bereits wissen, ohne zu wissen, dass sie es wissen. Es geht darum, *einen Prozess auf den Weg zu bringen*, welcher ihre Wirklichkeit so verändert, dass das, was sich als problematisch erwies, es nicht mehr ist.

Prozess

Jetzt ist das grosse Wort „Prozess" wieder gefallen. Selbstverständlich weiß seit den Arbeiten der Palo-Alto-Schule alle Welt, dass bei der Kommunikation Inhalt und Prozess zu unterscheiden sind (Watzlawick et al. 1967). Nachdem aber unsere ganze Ausbildung vom Kindergarten an den Schwerpunkt auf die Inhalte gelegt hat, nutzt uns das Wissen um die Prozesse, die am Werke sind, wenig, weil wir ihnen in der Regel kaum Rechnung tragen.

Ich war immer von der Tatsache überrascht, dass alle großen Therapeuten, als Erster Freud, später Rogers, Perls oder, für unser Feld näher, Satir, Whitaker oder Minuchin, um nur einige zu nennen, immer in den therapeutischen Prozessen, an welchen sie teilnahmen, persönlich betroffen waren. Das Problem ist nur, dass sich das schlecht erklären und noch schlechter in Theorie fassen lässt. Denn sobald es darum geht, etwas weiterzuvermitteln, bringt man es in eine Form und deformiert es. Das verweist uns auf den Begriff vom teilnehmenden Beobachter bei Bateson oder das therapeutische System von Minuchin: Man kann nicht gleichzeitig im System und außerhalb des Systems sein. Bandler und Grinder (1981) haben deutlich gezeigt, dass die großen Therapeuten nicht das machen, was sie sagen, und nicht das sagen, was sie machen. Das geschieht nicht aus intellektueller Unredlichkeit, sondern weil sie versuchen, in

2 Wörtliche Übersetzung des Wortes „comprendre"; d. Übers.

einem theoretisierten Inhalt das zu vermitteln, was im Prozess selber innovativ, schöpferisch, spontan, intuitiv, beachtenswert und unvorhersehbar, in einem Wort: genial war.

Gegenübertragung

Die Theorie der Gegenübertragung, wie sie von Freud ausgearbeitet wurde, scheint mir eine ausgezeichnete, wenn auch notwendigerweise einseitige Darstellung dieses nicht beschreibbaren Prozesses zu sein, in welchen er sich mit seinem Patienten einließ. Und zweifelsohne hat er ihn gut erfasst, wenn er auf die Wichtigkeit der unbewussten Bewegungen des Analytikers hinweist. Auch Whitaker, welcher jener Familientherapeut bleibt, der sich am deutlichsten geweigert hat, sein Konzept theoretisch darzustellen, spricht von Gegenübertragung, um seine tausendundeine Interventionen zu benennen, welche immer und immer wieder zu erfinden er im Verlaufe seiner ganzen Karriere nie müde wurde. Schließlich warnt auch er uns vor der Gefahr, pedantisch therapeutische „Unglücksfälle" zu produzieren, genau wie es auch Pittman (1994) in einem übrigens sehr vergnüglichen Artikel tut.

Wer mir bisher folgen konnte, findet sehr wahrscheinlich, dass ich mich ziemlich von der Familie entfernt habe, die ich zu besprechen begonnen hatte. Doch sei der Leser versichert, dass er selber das letzte Wort haben wird, auch wenn dieses mir unbekannt bleibt. Es war jedoch nötig, den Fortgang des Gesprächs in seinen Kontext zu stellen, damit meine Intervention nicht als Marotte eines Therapeuten erscheine, welcher sich auf die Suche nach etwas Sensationellem begeben hat.

4. Ich befinde mich also schon nach wenigen Minuten des Gesprächs durch die bis jetzt erhaltenen Informationen in die Enge getrieben. Sie informieren ja nur mich und sonst niemanden. Jedermann ist gespannt darauf, was ich nun tun werde, sogar ich selber. Ich stelle den jüngeren Brüdern gemeinsam die Frage, welchem der beiden Eltern Jacques am meisten gleiche. Ein Augenblick der Verwunderung: Die beiden schauen sich an und wenden sich dann Jacques sowie den Eltern zu, die ebenfalls auf ihre Antwort warten.

Wer das zirkuläre Fragen der Mailänder Schule kennt, weiß, dass ich hier das bewährte Rezept anwende zu vergleichen, indem ich den Ausdruck „am meisten" verwende. Ich möchte betonen, dass es mir zunächst und vor allem darum geht, mit heiler Haut davonzukommen. Etwas anderes habe ich mit dieser Frage nicht vor. Die Antwort, welche ich erhalten werde, ist denn auch ohne Belang. Gegenüber den Freudianern gebe ich gerne zu, dass ich, ohne mir dessen wirklich bewusst gewesen zu sein, ein komplizenhaftes Lächeln bemerkt habe, welches Mutter und Sohn austauschten, und dass sicher dieses es war, was mich zu dieser Frage veranlasste. Allerdings stellte ich das erst später fest, als ich die Videoaufnahme anschaute.

Das Wohlbefinden des Therapeuten

Im Augenblick wusste ich bloß, dass ich mich aus der Klemme ziehen musste. Ich stellte eine mir zufällig erscheinende Frage, hatte aber die Genugtuung zu sehen, dass ich die heiße Kugel, welche mir allmählich die Hände zu verbrennen begann, mitten in die Familie zurückwarf. Damit ist gesagt, dass das, was den Therapeuten in der Sitzung vor allem beschäftigen muss, nicht das Funktionieren der Familie ist, sondern *dass es ihm selber gut geht und er aktiv überlebt*.

Das mag als eine provozierende Behauptung erscheinen. Doch als Freud sich entschied, sich hinter die Couch zu setzen, tat er es etwa nicht, weil er es schlecht vertrug, angeschaut zu werden, wie seine Biographen nachgewiesen haben? Wenn Rogers die Frage des Patienten wiederholt, tut er es dann nicht, weil er keine Antwort zu geben weiß? Oder wenn Whitaker der verdutzten Familie einen Traum erzählt, den er in einem kurzen Nickerchen im Verlauf einer Sitzung um die Mittagszeit hatte, will er sich dann nicht aus der Affäre ziehen? All das hätte wohl die Mehrheit der Therapeuten völlig konfus gemacht.

Viele Therapeuten machen höchstwahrscheinlich ähnliche Schachzüge, ohne zu wagen, es zuzugeben. Und wenn sie ihr Material in die Supervision bringen, schaffen sie es, jene Stellen zu unterschlagen, bei denen ihnen nicht wohl ist. Damit berauben sie sich aber ihres reichsten Potenzials: ihrer persönlichen Ausgeglichenheit, dessen, was sie selber in ihrer Originalität und Besonderheit ausmacht.

Ein Ausbildungspraktikant mit einem feinen und subtilen Humor erheiterte jeweils die ganze Gruppe, wenn wir ab und zu miteinander aßen. Spielte er jedoch in einem Rollenspiel den Therapeuten oder berichtete er von seiner eigenen Arbeit, erschien er im Gegensatz dazu steif, schwerfällig und schwer von Begriff. Als ich ihn auf den Unterschied zwischen diesen beiden Haltungen aufmerksam machte, meinte er, er könne doch bei den Familien nicht den Hanswurst spielen. Und dabei konnte er doch gerade das am besten! Sobald er das sich selbst auferlegte Verbot zu übertreten wagte, fand er zu seiner Ungezwungenheit zurück und, weit davon entfernt, ein Hanswurst zu sein, wurde aus ihm ein warmherziger Therapeut, der in der Lage war, wirklich schwierige Situationen anzugehen und zu entflechten.

Wenn ich den Akzent vor allem auf den Therapeuten, sein Wohlbefinden und seine persönliche Ausgeglichenheit lege, hängt das mit meiner Mitgliedschaft in der „Gesellschaft zum Schutz des Therapeuten in Schwierigkeiten" zusammen. Es ist aber auch die Folge jener Reihe von Paradoxen, welche der systemischen Intervention zugrunde liegt:

- Die Familie bringt eine Definition des Problems, die seine Lösung nicht möglich machen wird.
- Der Therapeut sucht nach etwas, ohne zu wissen nach was.
- Der in Gang kommende Prozess wird einen Verlauf nehmen, welcher definitionsgemäß nicht voraussehbar ist.

Bleiben wir noch einen Augenblick bei diesen drei grundlegenden Aussagen:

Das Prinzip der *Äquifinalität* (von Bertalanffy 1968, S. 136–138) fordert, dass es immer mehrere Wege gibt, um zum gleichen Endzustand zu gelangen, oder dass umgekehrt der Endzustand von den Anfangsbedingungen weitgehend unabhängig ist. Deshalb ist es sowohl für den Beobachter wie für ein Mitglied des Systems unmöglich, zu sagen, was überhaupt zur Entstehung des Problems geführt hat. Bei lebenden Systemen lassen sich die Probleme nie in Begriffen des Entweder-oder ausdrücken. Es gibt immer 36 Gründe und 36 oder 57 oder 128 Lösungen. Ein symptomatisches Phänomen ist immer multikausal.

Das führt zu folgendem Axiom: „Wäre die Familie in der Lage, eine korrekte Definition des Problems zu geben, wäre sie auch imstande, es zu lösen." Wie wir es bei der Familie, die uns gerade beschäftigt, gesehen haben, sind alle vorhandenen Hypothesen ohne Zweifel teilweise richtig und viele andere dazu. So kann man beispielsweise feststellen, dass der Selbstmordversuch zu jenem Zeitpunkt stattfindet, als der Vater ins Spital gehen muss und nachher einen Krankheitsurlaub antritt. Aber genau weil diese neue Hypothese richtig sein könnte, ist sie es nicht, denn auch sie hat es der Familie bisher nicht ermöglicht, aus dem Problem herauszukommen.

Am Rand bemerkt, könnte man noch folgendes sagen: Die Gründe des Problems, wie sie von der Familie genannt werden, sind zwar nachvollziehbar, aber nicht schlüssig, nachdem sie es nicht erlaubt haben, in andere Lösungen einzumünden als ins präsentierte Symptom. Der Therapeut hätte deshalb keinen Gewinn davon, mit der Familie nochmals das zu bearbeiten, was man als Sackgasse betrachten muss.

Unvorhersehbarkeit

Das Prinzip der Äquifinalität läuft also auf den Begriff der *Unvorhersehbarkeit* hinaus: Ich kann zunächst nicht wissen, was zur Bildung des Problems geführt hat, und noch weniger, welches seine Lösung sein könnte. Es hängt vom anlaufenden Prozess ab, ob sich neue Wege eröffnen, welche ihrerseits in unvorhersehbare Ausgänge einmünden.

Seit einigen Jahren haben die Theoretiker der *Selbstorganisation* neues Licht in die Frage der Unvorhersehbarkeit gebracht. Die rückbezüglichen Prozesse ermöglichen es offenen Systemen, sich mithilfe ihres eigenen Funktionierens weiterzuentwickeln. Weil sich ein Problem stellt, wird eine Lösung gefunden werden, doch ist diese nicht vorauszusehen und in hohem Maß unabhängig vom Problem, welches zu ihrer Entdeckung führt. Mit anderen Worten: Was zu einem bestimmten Zeitpunkt eine Situation als problematisch erscheinen lässt, wird zu einem anderen Zeitpunkt eine analoge Situation als unproblematisch erscheinen lassen, weil das System nicht mehr dasselbe sein wird, sondern sich entwickelt haben wird und seine Mitglieder aufgrund neuer Informationen ihren Blick verändert haben werden.

5. Den weiteren Verlauf des Gesprächs vorwegnehmend, möchte ich eine klinische Beobachtung einbringen, welche in der vierten Sitzung gemacht wurde. Die Eltern nennen als eines der Hauptprobleme die Tatsache, dass Jacques drei bis vier Stunden am Tag im Badezimmer verbringt. Da die Familie auf sehr engem Raum lebt und keine andere Toilette vorhanden ist, stellt das Probleme, wel-

che man sich leicht vorstellen kann. Ein großer Teil der Sitzung wird darauf verwendet, die bereits versuchten Lösungen zu diskutieren und künftige Versuche zu überlegen, wie man Jacques dazu bringen könnte, das Bad freizugeben. Am Schluss verschreibe ich den Eltern, die Badewanne zum Einweichen der Wäsche zu gebrauchen, was Jacques daran hindern wird, sich im Bad hinzulümmeln.

Als ich einen Monat später in der nächsten Sitzung frage, was aus der Badezimmergeschichte geworden sei, ist es den Eltern nicht sofort klar, wovon ich rede. Doch dann erinnert sich der Vater und sagt: „Oh! Man fand zwar Ihre Idee ein wenig abartig, aber es hat sich einfach von selber gelöst. Als ich nach Hause kam, sagte ich zu Jacques, dass es völlig ausreiche, wenn er wie alle andern auch das Recht habe, das Badezimmer eine halbe Stunde am Tag und nicht länger zu benutzen. Und alles kam in Ordnung." Die Eltern scheinen erstaunt, als ich mich wundere, dass das Problem auf so einfache Weise geregelt werden konnte.

Wie man es *im Nachhinein* sieht – ich betone: *im Nachhinein* –, war das vorgebrachte Problem ohne Zweifel geknüpft an die Schwierigkeit der Eltern, vor allem des Vaters, Regeln aufzustellen, welche das Familienleben erträglich machen.

Unter diesem Gesichtspunkt hatte das Symptom auch den Sinn, die Eltern zu veranlassen, Stellung zu beziehen. Aber genau das war nach wiederholten Misserfolgen seit Jahren ihre Schwierigkeit gewesen. Erst im Verlaufe eines Prozesses, während dessen vielfältige Fragen besprochen wurden, verschwand zu einem bestimmten Zeitpunkt das Problem mit einer geradezu verwirrenden Leichtigkeit. Konnte deshalb der Vater jetzt besser Stellung beziehen? Ich kann das nicht beurteilen oder würde dann zu viel sagen, doch es ist ohnehin nicht wichtig. Was zählt, ist die Tatsache, die selbstrückbezüglichen Vorgänge in dieser Familie aktiviert zu haben, damit sie ihre eigene Lösung findet, selbst wenn diese uns unerwartet erscheinen mag.

Die Fähigkeit der Rückkoppelung offener Systeme führt mich immer wieder neu zu einem weiteren Axiom: „Ein lebendes System kann nur jene Probleme haben, welche es selbst zu lösen in der Lage ist." Das heißt nicht, Systeme würden alle ihre Probleme immer selber lösen, wohl aber, dass sie zur Lösung jener Probleme kompetent sind, welche sie selber hervorgebracht haben. Mathematiker arbeiten häufig Jahrhunderte lang daran, ein Problem zu lösen. So konnte man vor einiger Zeit in den Zeitungen lesen, ein seit dem 17. Jahrhundert bekanntes mathematisches Problem sei soeben von einem brillanten jungen Forscher gelöst worden. Heute noch unlösbare Probleme werden eines Tages klar sein, und zwar deshalb, weil sie von Mathematikern gestellt wurden, die ihre Probleme überhaupt nur in Begriffen der mathematischen Logik stellen können. Und aufgrund dieser Logik kann man von vornherein sagen, es werde sich eines Tages eine Lösung finden lassen.

Auch lebende Systeme gehorchen einer Logik, doch ist diese nicht identisch mit jener nichtlebender Systeme, besonders nicht von Maschinen. Deshalb haben die Vergleiche mit physischen Systemen oder kybernetischen Maschinen ihre Grenzen, selbst wenn sie oft ziemlich erhellend sind.

Was François Jacob (1976) die *Logik des Lebendigen* nennt, wird sich nie auf die mathematische, physikalische oder mechanistische Logik zurückführen lassen. Was lebendige Wesen unter anderem kennzeichnet, ist ihre Fähigkeit der Erfindung, der Intuition, des Schöpferischen, was sich alles den mathematischen Modellen entzieht. Ich möchte hinzufügen, dass es manchmal die Irrationalität des menschlichen Geistes ist, welche es ihm erlaubt, aus Situationen herauszufinden, die rational gesehen ohne Ausweg sind. In seinen *Kavernen aus Stahl* gibt Isaak Asimov (1986) eine schöne Metapher dafür, wenn er uns von den parallel verlaufenden Nachforschungen eines menschlichen Detektivs und eines menschenähnlichen Roboters erzählt. Auch Prigogine und Stengers scheinen dies zu bestätigen (1979), wenn sie sich fragen, ob man künftig keine Dichter und Künstler mehr brauche, um die Arbeit der Forscher in den streng wissenschaftlichen Bereichen zu befruchten.

Fassen wir vorläufig zusammen: Wie alle lebenden Systeme befindet sich die Familie in interaktiven und selbstrückbezüglichen Prozessen und stellt ständig ihr Gleichgewicht her, um das eigene ausgeglichene Überleben und das ihrer Mitglieder zu sichern. Sobald dieses Überleben bedroht ist, wird die Situation als Problem beschrieben. Es muss deshalb nicht unbedingt ein Problem vorhanden sein. Es genügt, dass die Prozesse des Ausgleichs im Moment gestört sind und es einer Belebung des ausgebliebenen Rückkoppelungsprozesses bedarf, damit die Situation nicht mehr als problematisch erscheint.

Das Beispiel mit dem Badezimmer zeigt, wie dieser selbstrückbezügliche Prozess durch die (wenn auch ein bisschen verdrehte)

Verschreibung des Therapeuten wieder in Gang gekommen ist. Einige hätten vielleicht im Problem, welches von den Eltern geschildert wurde, einen Trick gesehen, um die Aufmerksamkeit vom „eigentlichen Problem" abzulenken. Schon seit langem benutze ich solche in Anführungsstriche gesetzten Ausdrücke nicht mehr, denn sie verleiten uns zu einer negativen Sicht der Familie und bergen die Gefahr, uns in eine defensive Position zu bringen, statt die Kompetenzen der Familie zu aktivieren. Die keineswegs spezifische Verschreibung wurde zum zufälligen Auslöser für die „Selbstaktivierung" der Familie. Ich hätte nie geglaubt, dass der Vater so reagieren würde oder Jacques so schnell sein Symptom aufgäbe.

6. Wir ließen die Familie auf die Antwort der Brüder warten, welche Auskunft geben sollte, welchem der beiden Eltern Jacques am meisten gleiche. Beide finden, der Mutter. Die Mutter wirft Jacques lächelnd einen Blick zu und gibt ihm einen Puff. Der Vater ist gleicher Meinung und sagt, das sei auch nicht erstaunlich, weil er wegen der Arbeit auf Baustellen öfters vier bis sechs Wochen abwesend sei.

Uff! Als Therapeut bin ich damit im Augenblick aus der Patsche heraus. Jacques sitzt nicht mehr auf der Anklagebank, selbst wenn sein Prozess noch nicht beendet ist. Vater und Mutter verhalten sich nicht mehr symmetrisch, und es ist keine Rede mehr davon, wer im Recht oder Unrecht ist. Ich kann es also etwas lockerer nehmen.

Der Vater beginnt von seinen beruflichen Schwierigkeiten zu erzählen, welche ihn in die gegenwärtige Lage gebracht hätten: Nach einer Ausbildung als Techniker arbeitete er zuerst in einer Fabrik und wurde dort leitender Angestellter. Die Familie kaufte ein Haus, doch ein Jahr später, als Jacques zwölfjährig war, machte das Unternehmen pleite und musste schließen. In der näheren Umgebung ließ sich keine Arbeit mehr finden, sodass der Vater arbeitslos wurde. Nach mehreren Monaten entschloss er sich dazu, das Haus mit Verlust zu verkaufen, worauf die Familie in eine kleinere Wohnung umzog. Schließlich nimmt der Vater sechshundert Kilometer entfernt eine Arbeit an und zieht für sechs Monate allein weg, bevor die Familie nachkommt. Seit drei Jahren sind prekäre Lebensverhältnisse, finanzielle Schwierigkeiten, arbeitsbedingte längere Abwesenheiten des Vaters das Los der Familie. Sie wohnt zusammengepfercht in einem kleinen Haus. Neuerdings begann sich die Situation allerdings zu verbessern.

Während der ganzen Schilderung unterbricht die Mutter ihn häufig, um etwas zu ergänzen oder den Vater zu unterstützen. Die Kinder sind aufmerksam daran beteiligt. Wenn sie gefragt werden, machen sie mit.

Vielleicht wird man nun einwenden, das alles stehe im Widerspruch zu dem, was vorher über das Sammeln von Informationen gesagt wurde. Für mich stimmt das nicht, denn nicht ich, sondern die Familie, mindestens der Vater wünschte, davon sprechen zu können. Heißt das nun, man solle immer die von der Familie angebotenen Themen aufnehmen? Ich glaube auch das nicht, im Gegenteil. Meistens bringt uns das, was die Familie vorbringt, durcheinander. Wovon sie glaubt, es sei die Ursache, der Grund, das Motiv des Problems, entspricht ihrer eigenen Sicht. Und genau diese Sicht – die Amerikaner würden sagen: ihre Epistemologie – hindert sie daran, das Problem zu lösen. Wenn der Therapeut sich vom angebotenen Thema verführen lässt, riskiert auch er, sich in eine Sackgasse zu verlieren, so verlockend sie auch sein mag.

Das, was in den meisten Fällen einen Veränderungsprozess in Gang zu bringen vermag, hält die Familie für vernachlässigbar und scheinbar unbedeutend. Auch der Therapeut könnte deshalb versucht sein, es zu vernachlässigen. In einer anderen Familie zum Beispiel erwähnte die Mutter beiläufig und ohne darauf zu insistieren, der kleine Bruder der Patientin hätte unter einem angeborenen Herzfehler gelitten. Als ich mich dafür interessierte, zeigte sich die Familie erstaunt: Was soll der Geburtsfehler des kleinen Bruders zu tun haben mit der psychotischen Phase seiner inzwischen achtundzwanzigjährigen Schwester? Offensichtlich besteht mindestens für die Familie kein Zusammenhang. Und dennoch prägte die Krankheit des Jungen während Jahren die familiären Beziehungen. Die junge Frau hatte sich bereits als kleines Mädchen und später bis zu jenem Zeitpunkt, als die Psychose es ihr erlaubte, das bisher unterlassene Gespräch aufbrechen zu lassen, daran gewöhnt, für sich zu behalten, was sie erlebte.

Wenn ich beim jetzigen Beispiel damit einverstanden bin, mich auf die Familiengeschichte einzulassen, hat das mehrere Gründe:

- Es ist der Vater, welcher das Thema aufbringt, nachdem er bisher kaum etwas gesagt hat.

- Bei Familien mit chaotischer Transaktion, die sich von den Ereignissen leiten lassen, ist die Geschichte meistens ausradiert und vergessen. So kann es denn hilfreich sein, ihr wieder einen Platz einzuräumen.
- In dieser Familie ist es genau diese Geschichte, welche ausgelöscht worden war angesichts der Tatsache, dass sie mit viel Scham und Schuldgefühlen erlebt wurde und für den Therapeuten jetzt die Möglichkeit besteht, ihr einen positiven Rahmen zu geben.
- Vielleicht taucht auch eines jener scheinbar bedeutungslosen Details auf, das sich verwenden lässt, um die Sichtweise der Familie zu verändern.

7. Genau das geschieht. Die Eltern streiten sich nicht mehr, scheinen aber das Bedürfnis zu haben, sich zu rechtfertigen. Mein aufmerksames Zuhören schafft die Bedingungen für ihr beginnendes Bündnis. Oben sagte ich, es sei in der Sitzung wichtig, dass sich der Therapeut wohl fühle. Ich füge hinzu, dass ich es mir beim Anhören dieser Familie gut geht. Sie scheint mir die Türe aufzumachen und mich einzuladen, in ihr nicht immer leichtes Leben einzutreten.

Im ganzen Verlauf der Erzählung kommentiere ich das, was als Scheitern dargestellt wird, immer wieder als eine Fähigkeit, aus schwierigen Situationen herauszukommen. Das veranlasst die Mutter zur Erklärung, dass sie in den schwierigsten Zeiten keine Arbeit finden konnte, weil sie wenig Schulbildung hat und praktisch Analphabetin ist. Umso stolzer ist sie, zur Zeit Arbeit zu haben.

Siehe da! Die Mutter selber ging also nicht lange zur Schule, und ein Problem der Familie ist die Verweigerung von Jacques, weiterhin in die Schule zu gehen! So ist es nicht verwunderlich, dass Jacques der Mutter nahe steht und der Vater sich ausgeschlossen fühlt, was er auch tatsächlich ist.

Im Anschluss an diese Erzählungen entscheide ich mich dafür, auf den Selbstmordversuch von Jacques zurückzukommen, weil ich sonst riskiere, man könnte mir die Schuld für die Vermeidung dieses Themas zuschieben. Diesmal sind die Bedingungen besser: Nachdem die Eltern sich rechtfertigen konnten, sich angenommen und geschätzt fühlen, haben sie es nicht mehr nötig, Jacques zu beschämen. Dieser seinerseits kann von seiner Traurigkeit und von seinem Gefühl reden, sich im Kreis zu drehen und zu nichts zu kommen.

Dabei kommt wieder Unbehagen ins Gespräch zurück. Die Eltern fangen an, Jacques Ratschläge zu erteilen, die gleichzeitig auch mehr oder weniger verdeckte Kritik enthalten. Die Mutter beklagt sich unter anderem darüber, dass er zu Hause nicht genügend helfe, seine Brüder übrigens auch nicht. Und jetzt, da sie arbeite, „muss jeder seinen Teil übernehmen, denn so kann es nicht weitergehen!". Kritik und Antwort vermengen sich wieder auf unfruchtbare Weise, wie sie es schon lange gewohnt sind. Erneut fühle ich mich unwohl, und es ist Zeit, etwas zu tun. Nachdem die jüngeren Söhne mir bereits sichtlich geholfen hatten, ist der Zeitpunkt günstig, sie wieder einzuschalten.

Allmählich wird deutlich, dass man in dieser Familie durch Beschämung zudeckt, wenn Traurigkeit aufkommt, sodass daraus rasch ein Teufelskreis entsteht. Für mein persönliches Wohlbefinden liebe ich um sich greifende Traurigkeit nicht. Auch halte ich beschämenden Tadel für steril. Ich bin mir bewusst, mich damit von dem zu entfernen, was von bestimmten Familientherapeuten vertreten wurde und noch wird, dass man nämlich im System eine Krise auslösen müsse. Wenn Unbehagen sich ausbreitete, würden die Familienmitglieder sicher etwas tun, damit das aufhört. Wenn ich anders vorgehe, so nicht deshalb, weil ich glaube, das beschriebene Vorgehen sei schlecht. Es entspricht mir persönlich nicht, und ich glaube, andere Strategien sind ebenso möglich und gerechtfertigt. Strategien, die einem nicht behagen, setzt man nie gut ein.

Eine Krise auslösen

Ich denke, es gebe verschiedene Wege, um „ein System in eine Krise zu bringen". Sicher kann es dadurch geschehen, dass man die Situation dramatisiert und Gefühle aufkommen lässt. Aber nicht alle sind für Tragödien gemacht. Es lässt sich auch an die Emotionen rühren, indem man zum Lachen bringt. Wenn ich mich in Situationen, wo geweint wird und dramatische Spannungen entstehen, nicht wohl fühle, hängt das sicher mit meiner persönlichen Geschichte zusammen, jedoch auch damit, dass ich seit mehr als zwanzig Jahren viel mit Familien arbeitete, welche durch das Leben ihrer Mittel beraubt und gebeutelt wurden. Daraus lässt sich für mich als Lehre ziehen, dass die Frustration nicht notwendigerweise der Motor der Veränderung ist.

Wer täglich Frustrationen erlebt, wird durch die frustrierende Haltung des Therapeuten nicht stimuliert, ganz im Gegenteil. Er braucht Stützung, Hilfe, Einfühlung, damit er selber jenen Umgang infrage stellen kann, welchen er entwickelte, um Frustrationen zu ertragen.

Zudem hatte ich das Glück, seit längerer Zeit als Supervisor tätig zu sein und von jenen viel zu lernen, die mit mir arbeiteten. Dabei spielte unter anderem eine Rolle, dass eine Mehrheit unter ihnen ebenso wie ich dramatische Situationen schlecht ertrug. Aber nachdem man offenbar dramatisieren musste, taten sie es trotzdem. Das Drama wurde zur Groteske und zu Abfall.

Pittman (1994) übernimmt die Definition der Krise von Langsley: „Der Zustand eines Systems in dem Augenblick, wo eine Veränderung unmittelbar bevorsteht." Ein System in die Krise zu versetzen heißt, es dahin zu führen, wo es Veränderungen vornehmen muss, seien sie günstig, was Anlass zu kreativen Erneuerungen sein wird, seien sie, mit dem Risiko einer Verschlechterung, ungünstig.

Das lässt sich bewerkstelligen, indem man dramatisiert, provoziert, paradox verwirrt, aber auch indem man umdeutet, unterstützt, neue Bezüge herstellt. Krise bedeutet nicht notwendigerweise nur Katastrophe und Unbehagen, sondern Öffnung für Veränderung, selbst wenn diese oft vom Unbehagen begleitet ist, seine bisherigen Gewohnheiten aufgeben zu müssen. Die Familien sträuben sich nicht gegen Veränderungen, doch machen Gewohnheiten träge. Denken wir an das Trägheitprinzip in der Physik: Was an Kraft aufgewendet werden muss, hängt von der Masse des Objektes ab, das man bewegen will. Die Trägheit von Familien, Institutionen oder sozialen Systemen ist gebunden an das Gewicht der Gewohnheiten, welche sich mit der Zeit herausgebildet haben. Auch die Kraft, welche der Therapeut aufwenden muss, um ein System zu bewegen, hängt von dessen Masse ab. Das wird selbstverständlich mit einer Familie leichter sein als mit einer großen Institution.

Jeder möge sich deshalb selber fragen, was für ihn am besten passt, um in einem System eine Krise auszulösen. Dabei möge er auf sein persönliches Wohlbefinden Acht geben.

8. Ich frage nun jeden der beiden jüngeren Brüder, wie die Streitereien zwischen Jacques und seiner Mutter jeweils ablaufen. Es stellt sich heraus, dass sie sich fast immer aus den gleichen Gründen in die Haare geraten. Und was machen die zwei dann während

dieser Zeit? Sie warten, bis es vorbei ist, denn einmal ist es immer so weit und endet häufig eher komisch als dramatisch. In dem Moment *schauen sich Jacques und seine Mutter an und lachen.* Da antwortet die Mutter, es gebe keinen Grund dafür, dass die Streiterei immer so weitergehen müsse.

Als ich die beiden Jungen frage, was der Vater gemacht hätte, wenn er dabei gewesen wäre, haben sie Mühe mit einer Antwort, schauen sich an und sagen schließlich, sie wüssten es nicht, weil es nie vorkomme, wenn er zu Hause sei. Die Mutter bestätigt, *sie würden es in Anwesenheit des Vaters nicht wagen.* Der Vater scheint erstaunt zu sein.

Ich lasse nicht los und will wissen, was der Vater machen würde, wenn er dabei wäre. Er würde sicher nicht viel Worte machen, denn er spreche wenig. Trotzdem würde er verlangen, dass gemacht werde, was er wolle. Aber das wäre dann auch alles. Doch sind sie sich dessen ebenfalls nicht sicher, weil es nie vorkommt.

Hier unterbreche ich die Sitzung, um mich mit der Ko-Therapeutin zur Vorbereitung des Schlusskommentars zurückzuziehen.

Abschluss der Sitzung

Zunächst ein paar handwerkliche Bemerkungen. Ich benutze vor dem Sitzungsende nach wie vor die Technik der Unterbrechung, um erst danach meinen Schlusskommentar abzugeben. Dafür gibt es zahlreiche Gründe, von denen hier einige erwähnt seien:

- In der Regel arbeite ich in Ko-Therapie und erachte eine kurze Zeit des Austauschens mit dem Ko-Therapeuten als wertvoll. Sie oder er hat in der Regel die Dinge etwas anders empfunden, und das stellt in Tat eine Information im Sinne von Bateson dar, weil es „einen Unterschied macht". Das gilt noch viel mehr für die gesplittete, nach Rollen aufgeteilte Ko-Therapie.
- Als Therapeut werde ich dafür bezahlt, eine Entwicklung in Gang zu bringen, und nicht für die Schaunummer eines dressierten Hundes. Persönlich, und ich muss nicht der Einzige sein, bereitet es mir viele Schwierigkeiten, gleichzeitig präsent und aktiv zu sein, indem ich zirkulär frage und zur gleichen Zeit genügend Abstand bewahre, um über das beigebrachte Material nachzudenken und einen angemessenen Kommentar zu finden.

– Für die Familie ist die Unterbrechung meistens wertvoll. Ihre Mitglieder befinden sich unter sich, greifen etwas auf, führen das Gespräch weiter. Manchmal bitte ich sie auch, während meiner Abwesenheit über etwas Bestimmtes zu diskutieren.

Aus allen diesen Gründen zögere ich nicht, mir Zeit zu nehmen – und nicht selten werden es zwanzig Minuten –, um meinen Schlusskommentar vorzubereiten. Ich komme später noch darauf zurück, wie ich dabei vorgehe.

Noch etwas zur Dauer der Sitzung: Die Schilderung der Sitzung ist praktisch vollständig. Was ich im ersten Teil erzählt habe, nahm ungefähr vierzig Minuten in Anspruch. Ich hätte noch viele andere Fragen stellen können, aber ich glaube, dass sowohl die Therapeuten wie die Familie ermüden können und nach einer gewissen Zeit nicht mehr die Aufmerksamkeit und die nötige Kraft haben, um wirklich zu arbeiten.

Übrigens stellte ich häufig fest, dass viele Anfänger die Sitzungen weit über eine Stunde hinaus ausdehnen und es damit rechtfertigen, sie wollten entweder noch mehr Informationen sammeln oder das gut zu Ende bringen, was sie angefangen hatten. Darin versteckt sich der Mythos der „guten Information", von dem schon einmal die Rede war. Das Bedürfnis, zu Ende zu bringen, was man begonnen hat, kommt bestimmt von unserer Erziehung her. Wir mussten lernen, unsere Dinge zuerst zu ordnen, bevor wir zu etwas anderem übergingen. Ein Familiengespräch ist jedoch nicht das große Reinemachen. Ich glaube vielmehr an die Nützlichkeit der Methode, die Dinge in der Schwebe zu lassen. Oft unterbreche ich ein Gespräch in dem Augenblick, wo Dinge gesagt werden, die mir wichtig erscheinen. Auf diese Weise bleibt die Familie aktiv und genügend „aus dem Gleichgewicht", wie Minuchin sagen würde, um selber ein Ende zu finden. Wenn nicht ich die Dinge vor Schluss der Sitzung in Ordnung bringe, ist es die Familie, welche dazu Gelegenheit haben wird.

9. Wieder in der Sitzung zurück, gebe ich den folgenden Kommentar ab: „Ich war erstaunt über die vielen schwierigen Etappen, welche die Familie durchlaufen hat: Schließung des Unternehmens, Arbeitslosigkeit, Abwesenheit des Vaters, Umzug, finanzielle Schwierigkeiten. Was mich im Verlaufe des Gespräches störte, war, dass jedes Mal, wenn jemand Trauer ausdrückte, kritische Kommentare

aufkamen. Aber in Kenntnis eurer Geschichte glaube ich, dass das viel Sinn macht: Hättet ihr euch von Trauer und Entmutigung überschwemmen lassen, wärt ihr jetzt nicht da, wo ihr seid. Bei euch scheint Kritik offensichtlich eine Möglichkeit zu sein, etwas anzuregen und zu zeigen, dass man da ist. Ich arbeite nicht gern mit der Kritik, doch mag ich es, mit Familien Gespräche zu führen, die sich kämpferisch auseinander setzen können. Und in dieser Hinsicht glaube ich, dass wir gut zusammenarbeiten werden.

Der Selbstmordversuch von Jacques fällt in eine Zeit, die für euch einen neuen schwierigen Abschnitt darstellt, nämlich den der Adoleszenz der Jungen, die von nicht ganz leichten Veränderungen begleitet sein wird: Berufswahl, allmähliche Loslösung und eines Tages Auszug aus dem Haus. Als Ältester ist Jacques in dieser Lebensphase als Erster dran. Es ist normal, wenn es für ihn schwierig ist. Die Stellung des Ältesten in der Familie ist etwas Besonderes, und sie führte denn auch dazu, bestimmte Handlungen zu setzen.

Indem er sterben wollte, zog er die Alarmglocke. Selbst wenn ich mit diesem Mittel nicht einverstanden bin, meine ich doch, es sei nützlich gewesen. Zunächst für ihn, dann aber auch für die Brüder, denn sie sind von der Adoleszenz am meisten direkt betroffen. Aber auch für die Mutter, weil sie seit bald einem Jahr arbeitet und nach der Arbeit das gute Recht hat, sich zu Hause auszuruhen. Schließlich für den Vater, weil seine Arbeit ihn bisher weit von zu Hause entfernte, er und seine Söhne es aber brauchen, sich besser zu kennen, um sich gut trennen zu können.

„Frau X, haben Sie jemals ein Wochenende allein verbracht, seit Sie Kinder haben?"

„Nein, nie."

„Möchten Sie das?"

„Das ganz bestimmt. Es gibt eine Menge Dinge, welche ich tun könnte, wenn ich den Frieden hätte. Auch könnte ich mit Freundinnen ausgehen."

„Herr X, glauben Sie, Sie könnten mit den Söhnen für ein Wochenende irgendwohin gehen?"

„Ich weiß nicht. Man könnte vielleicht ins Chalet gehen, aber möglicherweise würde das die Jungen langweilen, denn ich, ich bastle gern irgendetwas, während sie Bewegung brauchen."

„Und ihr Jungen, glaubt ihr, ihr würdet euch langweilen?" (Alle drei verneinen es mit lautem Durcheinander.)

„Gut, dann möchte ich euch darum bitten, im Verlauf des nächsten Monats ein Wochenende ohne Mama im Chalet zu verbringen, damit sie sich zu Hause ausruhen und entspannen kann. Es handelt sich um einen Versuch, worum ich euch bitte, und wir werden in der nächsten Sitzung in einem Monat darüber sprechen."

Meine Ko-Therapeutin, die junge Ärztin, fügt folgenden Kommentar an: „Als ich dich, Jacques, notfallmäßig zum ersten Mal sah, hatte ich den Eindruck, dich wieder entlassen zu können, nachdem du mir gesagt hattest, du würdest es nicht wieder tun. Trotzdem wollte ich damals, dass dich noch ein Psychiater sehe. Nach dem heutigen Gespräch glaube ich nicht, dass du ein psychiatrisches Problem hast. Vielmehr hast du all das zur Hand, was du brauchst, um aus der Krise herauszukommen, welche du durchlebt hast. Du kannst auf deine Familie zählen, wenn du sie brauchst. Oder täusche ich mich da?"

„Nein", antwortet Jacques, und damit ist die Sitzung beendet. Beim Abschied hat der Vater Tränen in den Augen, sagt aber nichts. Die Mutter setzt wieder ihr breites Lachen auf und meint, die Idee mit dem Wochenende würde ihr ein irres Vergnügen machen. Jacques ist offen und entspannt, schaut mir direkt in die Augen und sagt: „Besten Dank."

Im Verlaufe dieses Abschnittes habe ich zu wiederholten Malen betont, wie wichtig mir vor allem mein eigenes Wohlbefinden, mein Komfort als Therapeut, in meiner Rolle als Aktivator des Systems sei. Es liegt mir also vor allem daran, dass es mir gut geht, wenn ich eine Sitzung beende, ohne selber von den Schwierigkeiten angesteckt zu sein, in welchen sich die Familie befindet.

B) Schlusskommentar

a) Die familiäre Phase

Das Wohlbefinden des Therapeuten

Am Ende einer Operation genügt es für den Chirurgen, seinen Kittel auszuziehen und seine Instrumente sterilisieren zu lassen, damit sie beim nächsten Eingriff wieder verwendet werden können. Der Psychotherapeut selber ist hingegen sein eigenes Instrument, und er kann sich am Ende einer Sitzung nicht keimfrei machen. Sicher gibt es auch Entlastungshilfen, und die Sekretärinnen der Therapiezentren entdecken rasch, dass sie nicht bloss da sind, um Texte zu schreiben, sondern damit sich Therapeuten bei ihnen auch etwas von den Spannungen und den Emotionen entlasten können, welche sie mit ihren Patienten erlebt haben.

Mit Recht rät Whitaker ausdrücklich von einem andern Mittel ab, nämlich dem, das alles mit nach Hause zu nehmen, um mit seinem Partner darüber zu reden. In der ihm eigenen farbigen Sprache sagt er uns, der Partner solle nicht zum Mülleimer werden, in welchem der Therapeut den Unrat entsorgt, welchen die Patienten über ihn ausgeschüttet haben.

Häufig spricht man eine Sitzung nochmals mit seinem Ko-Therapeuten oder einem Kollegen durch. Das mag zwar sehr nützlich sein, doch häufig ist es schade, jetzt erst verschiedene Dinge zu entdecken, welche man während des Zusammenseins mit der Familie hätte verwenden können. Man nimmt sich dann vielleicht vor, es das nächste Mal „aufzugreifen". Aber das nächste Mal ist es nicht mehr dasselbe, die Stimmung wird eine andere sein. Und so geht es dann von Sitzung zu Sitzung jeweils anders.

Schwieriger noch: Nicht selten fühlt man sich am Ende eines Gesprächs wirklich schlecht. Man ist aggressiv, bedrückt, unruhig, mutlos, was alles dazu führt, vor dem nächsten Gespräch Angst zu haben und die Familie am liebsten nicht mehr sehen zu wollen. Solche Situationen sind ein schlechtes Vorzeichen für die Fortsetzung der Behandlung. Achte ich jedoch hauptsächlich darauf, ein Gespräch so zu beenden, dass ich mich dabei wohl fühle, habe ich Chancen, diese Klippe zu vermeiden. Sehen wir zu, wie.

Wenn ich den Raum verlasse, um das Gespräch zu unterbrechen, ist mir all das, was mich im Verlaufe des Gesprächs störte, was schlecht lief und was ich schlecht vertrug, in meinem Geist noch ganz gegenwärtig. Gewöhnlich stelle ich fest, dass es auch dem Ko-Therapeuten so geht, und genau davon werde ich beim Schlusskommentar Gebrauch machen. Es wird mir dazu dienen, das System positiv zu konnotieren.

Die positive Konnotation

Die Methode der positiven Konnotation, wie sie in Mailand entwikkelt wurde, könnte falsch verstanden werden. Oft wird sie verwechselt mit der paradoxen Verschreibung des Symptoms, obwohl sie bloß deren Ergänzung darstellt. Viele Leute glauben, sie bestehe darin, der Familie etwas Angenehmes zu sagen, damit sie die bittere Pille annimmt, die man sie nachher schlucken lässt. Sie stellen aber ziemlich schnell fest, dass Kommentare von der Art „Sie sind eine sympathische, mutige und so weiter ... Familie" im Allgemeinen nur eine geringe Wirkung haben, wenn nicht gar sarkastisches Lächeln hervorrufen. Die Familien lernen schnell, dass für ihren Therapeuten „die ganze Welt so schön ist und alle so nett sind", und sie lassen es ihn auch spüren.

Das System oder den Indexpatienten positiv zu werten unterstreicht das Positive im Funktionieren des Systems oder im Verhalten des Patienten. Es stellt den Übergang von einer pathologischen Definition der Familie zur Aktivierung ihrer Kompetenzen dar. Wie Selvini gezeigt hat, verbündet man sich so mit dem System, was eine fast unverzichtbare Voraussetzung für die paradoxe Verschreibung darstellt. Damit wird deutlich gemacht, dass in ihrer Art des Funktionierens, welche man vielleicht negativ zu etikettieren Lust hätte, die Familie auch ihre Kompetenz offenbart. Es unterstreicht, dass das Verhalten des Indexpatienten nicht bloß nachteilig ist, sondern auch Ressourcen ans Licht bringt.

In diesem Sinne ist die positive Umdeutung nicht paradox. Sie ist das nur für jene Therapeuten, welche darin ausgebildet wurden, individuelle und familiäre Störungen ausfindig zu machen, und welche das Gefühl haben, gerade dann ihre Arbeit nicht zu tun, wenn sie etwas Positives sagen. Auch stellt sie keine unehrliche Manipulation dar, weil sie bloß zeigen möchte, dass das Glas, von dem man glaubte es sei halb leer, noch halb voll ist.

Von der therapeutischen Ethik her lässt sich eine positive Konnotation insofern vollkommen rechtfertigen, als sie nur dann annehmbar ist, wenn der Therapeut voll dahinter stehen kann. Würde ich nicht auch tatsächlich denken, was ich der Familie sage, könnte ich gar keine positive Umdeutung machen, sondern es wäre lediglich eine fade Schmeichelei, die auf lange Sicht keine Wirkung hätte.

Wenn schließlich die positive Umdeutung eine unabdingbare Voraussetzung der paradoxen Verschreibung darstellt, scheint sie in den meisten therapeutischen Situationen auch deshalb sehr nützlich zu sein, weil sie der Familie ein Bild ihrer selbst zurückspiegelt, das sie selber nicht wahrnehmen konnte.

Kommen wir nun zurück auf den Therapeuten, der eben das Zimmer mit einem Wust widersprüchlicher Gefühle verließ. Was wird er positiv konnotieren, wie wird er der Falle entkommen, ein fieser Schmeichler zu sein?

Die „böse" positive Umdeutung

Seit einigen Jahren wurde mir immer mehr bewusst, dass sich das, was mich während der Sitzung am meisten gestört hatte, sich am leichtesten und einleuchtendsten konnotieren lässt. Mit der Zeit entdeckte ich darin immer mehr Vorteile:

- Ich muss nicht nach dem suchen, was ich konnotieren werde, denn es drängt sich meinem Geist vordringlich auf, sobald ich den Raum verlasse und versucht bin, es zu verwerfen oder wegzustecken.
- Suche ich die positive Bedeutung dessen, was mir missfällt, wandle ich zuerst mich, bevor ich die Familie ändere. In der Tat verändere ich meine Sicht der Leute und versetze mich damit in die günstigsten Bedingungen, mit ihnen zu arbeiten. Wenn ich zu der Familie sage, „bei euch scheint Kritik offensichtlich eine Möglichkeit zu sein, etwas anzuregen und zu zeigen, dass man da ist", so führt die notwendige gedankliche Arbeit, um zu dieser Umformulierung zu kommen, dazu, die kritischen Bemerkungen der Mutter mit anderen Augen zu sehen. Die Mutter beginnt mir sympathisch zu werden. In etwa gibt sich der Therapeut damit selber eine positive Verschreibung!
- In unserem Beispiel veranlasste mich das auch, mir wirklich bewusst zu werden, wie wichtig die Erschöpfung dieser Frau war, damit sie die Unterstützung ihres Mannes für die heranwachsenden Kinder bekam, und wie die Handlung ihres Sohnes all das deutlich machte, auch wenn er sich dessen gar nicht bewusst war. In diesem Augenblick begann ich denn auch an die Verschreibung eines freien Wochenendes für die Mutter zu denken. Die persönliche Arbeit einer positiven Umdeutung dessen, was ich eben erlebt hatte, führte mich also unmittelbar zur daraus sich ergebenden Verschreibung, welche mit der vorherigen Konnotation in einem logischen Zusammenhang steht.
- Für die Familie ist meine Umdeutung echt, weil sie mit dem zusammenhängt, was sie selber eben erlebt hat, und sie zeigte mir, wie sie meine Reaktion darauf wahrnahm. Auch für sie ist die Verschreibung ist eine logische Folge davon.

- Die ständige Übung in der positiven Umdeutung dessen, was er jeweils eben erlebte, stellt für den Therapeuten das beste Mittel dar, sich einerseits von den Schlacken des Gesprächs zu befreien und sich anderseits ständig weiterzubilden. Es lässt ihn die Familien als funktionsfähiger und die Patienten als schöpferischer, erfinderischer und genialer sehen, als sie sich geben oder zeigen möchten.

Werde ich gefragt, wie ich meinen therapeutischen Stil charakterisieren würde, rede ich von „prozessorientierter" Therapie. Mit diesem zugegebenermaßen etwas schwerfälligen Ausdruck möchte ich betonen, dass ich mich auf den Prozess zu konzentrieren versuche, der mich zuerst selber betrifft, in den ich einbezogen bin und den zu verändern mir eher gelingen wird, wenn ich meine eigene Haltung verändere, statt es bei der Familie tun zu wollen. Es handelt sich nicht mehr um den Prozess einer „Übernahme der Verantwortung" durch den Therapeuten, sondern des beidseitigen Verantwortlichwerdens. (Im Kapitel drei des dritten Teils wird Verantwortung als die „Fähigkeit zu antworten" beschrieben werden.)

Gebrauch machen von dem, was stört

Wie man sehen konnte, leite ich meine positive Konnotation so ein, dass ich die negative Seite meiner Wahrnehmung zum Ausdruck bringe: „Was mich im Verlauf des Gespräches störte, war, dass jedes Mal, wenn jemand Trauer ausdrückte, kritische Kommentare aufkamen." Aus diesem Grunde nenne ich so etwas eine „böse positive Konnotation": Ich beginne also mit dem, was mir missfiel, und ziehe dann daraus eine positive Feststellung, indem ich die beiden Teile mit dem Wort „aber" verbinde. In unserer jüdisch-christlichen Kultur beginnt man gewöhnlich seinen Kommentar damit, dass man Blumen verteilt: Man sagt, was man geschätzt hat. Erst dann stellt man die Vase hin, all das nämlich, was nicht geht. Geht es nicht in dieser Reihenfolge, fragt sich der Gesprächspartner nicht selten: „Du sagtest mir, was gut war, aber ...?" Das ist nicht verwunderlich, denn seit der Schulzeit sind wir daran gewöhnt, am Ende des Schulzeugnisses zu lesen, „gut im Rechnen, aber mangelnde Aufmerksamkeit während des Unterrichts".

Die Bedeutung von „aber"

Der Psycholinguist Jean-Paul Bronckart machte mich darauf aufmerksam, dass der Gebrauch von „aber" in meinen Umdeutungen ungewöhnlich sei. Mehr als zwanzig Beispiele haben gezeigt, dass, wenn zwei Vorschläge durch ein „aber" miteinander verbunden sind, der erste in der Regel positiver, der zweite negativer ist. Ferner hat der Gebrauch des „aber" zur Folge, die Tragweite der vorhergehenden Aussage einzuschränken. Der Hörer bleibt dann mehr bei der zweiten Aussage hängen.

Schematisch könnte das so zusammengefasst werden:

Übliche Formulierung: +, aber -.
Positive Konnotation: -, aber +.

Es wird einem Therapeuten einleuchten, was an dieser Art der Formulierung von Interesse ist:

- Der Gesprächspartner ist verblüfft, wenn mit dem negativen Aspekt der Dinge begonnen wird.
- Es macht ihn hellhörig.
- Wenn er sich ehrlich zeigt, gewinnt der Therapeut Vertrauen, weil er Dinge zu sagen wagt, die nicht unbedingt angenehm sind.
- Der Angesprochene bleibt bei der positiven Konnotation, denn das „aber" lässt ihn teilweise die vorhergehende Aussage vergessen.

Diese andere Art der positiven Umdeutung geht theoretisch über eine Haltung hinaus, die eher der ersten als der zweiten Kypernetik angehört.

Zur Erläuterung kurz dies: In der ersten Kybernetik versucht der Therapeut als Beobachter, das Funktionieren des Systems zu verstehen, und will einen Input geben, welcher dessen Regeln verändert. Er bleibt aber außerhalb des Prozesses. In der zweiten Kybernetik hingegen ist der Beobachter beteiligt und bildet mit der Familie zusammen ein System. Sich offen zeigen und einbringen, seine Ansicht kundtun und damit die eigene Sicht des Systems und somit sich selber verändern, indem man sein eigenes Konstrukt von der Familie modifiziert, scheinen mir die besten Mittel dafür zu sein, sich als am Prozess direkt beteiligt wahrzunehmen. Andere Mittel sind die Beschäftigung mit dem eigenen Wohlbefinden, der Respekt vor den Kompetenzen der Familie, der Verzicht auf das Verstehenwollen. Es geht also mit anderen Worten um den Übergang von einer Optik der Fremdbeobachtung zu jener der Selbstbeobachtung, um dem System zurückzuspiegeln, wie man es wahrnimmt, ohne es anders zu bewerten, als es dies selbst tut.

Was den Schlusskommentar angeht, kann man feststellen, dass ich mit einer Aussage über die ganze Familie begann und mich einerseits als Therapeut und andererseits als Person situierte: „Ich war erstaunt ...". Diese Aussage ist eine *Feststellung*, ohne andere Bedeutung, als dass sie von mir stammt. Sie ist zufällig, und die Familie kann ihr ohne weiteres widersprechen.

Ich möchte auch darauf hinweisen, wie wichtig es mir ist, mehr das „ich" als das „ihr" zu benutzen. Hätte ich zuerst gesagt, „Ihr seid eine Familie, welche ...", hätte ich als Beobachter *über sie* gesprochen und wäre schnell zum Diagnostiker oder gar zum Richter geworden. Sage ich hingegen, „Ich war erstaunt ..." oder „Ich war berührt ..." oder „Ich fand es schwierig ...", definiere ich *mich,* lasse mich ein und nehme Anteil.

Was den Inhalt betrifft, gebe ich der vorherigen Erzählung der einzelnen Familienmitglieder einen anderen Rahmen und gleichzeitig eine Quittung für das, was sie mir damit gegeben haben. Gleichzeitig drücke ich meinen Respekt vor dem aus, was sie alles durchgemacht haben. Ich rede weder von Krise noch von Schuld, erkläre nichts, sondern stelle nur fest.

Sagt der Therapeut überhaupt nichts zu dem, was erzählt wurde, erwarten die Leute ursächliche Erklärungen. Verhält er sich wie eine Sphinx, die weiß ohne es zu sagen, es sei denn auf sibyllinische Art, ist es klar, dass die Leute Lust darauf bekommen zu wissen, was der Therapeut zu wissen scheint. Schweigt er aber, verbirgt er etwas, das man doch wissen möchte. Gebe ich hingegen schrittweise meine Sicht ihres Problems mit dem Hinweis wieder, dass das nur eine relative Bedeutung habe, werde ich selten danach gefragt, was ich denke. Dass trifft besonders auf den Schlusskommentar, aber auch für alle andern Etappen des Prozesses zu. Im Verlaufe des ganzen Gesprächs kommentiere ich immer wieder, was ich verstanden habe, lasse mich ein, fasse zusammen. Es scheint mir vor allem wichtig, während des Prozesses erfahren zu lassen, dass ich dank ihnen und mit ihnen und nicht allein für mich arbeite, damit ich ihnen dann ein abschließendes Urteil abgeben kann.

Mitarbeiten – arbeiten mit ...

Nach dieser getroffenen Feststellung über die ganze Familie konnotiere ich ihr Funktionieren positiv, um mich auch da wieder erneut persönlich einzubringen: „Ich arbeite gern mit Menschen, die sich zu behaupten wissen." Ich brauche lieber den Ausdruck „arbeiten mit" als „therapieren", denn ich glaube immer mehr, es sei besser, von Familiengesprächen und nicht von Familientherapie zu reden. Das wird später noch ausführlicher zur Sprache kommen. Hier begnüge ich mich mit dem Hinweis, dass außer dem Indexpatienten keines der Familienmitglieder gekommen ist, um vom Therapeuten etwas zu wollen. Alle sind hier, weil man sie darum gebeten hatte, und alle möchten, dass man den „Kranken" behandele. Für sich wollen sie keine Therapie. Es bringt deshalb nichts, ihnen etwas von Therapie, und noch weniger, von einer Indikation zu erzählen.

Noch grundsätzlicher muss man sich als Systemiker fragen, wieso man weiterhin einen Prozess mit „Therapie" bezeichnen soll, wenn man sich an einer anderen Epistemologie orientiert, welche den Indexpatienten nicht mehr als behandlungsbedürftigen Kranken betrachtet, sondern als ein kompetentes Mitglied der Familie, die ihrerseits kompetent ist. Noch mehr gilt das bei Institutionen, weil hier der Systemiker die einzelnen Familienmitglieder in die Rolle der Mitarbeiter bei der Behandlung jener Person versetzt, die zu behandeln man stillschweigend angenommen hat.

Das eben Gesagte kann in drei Schritten zusammengefasst werden, welche die familiäre Phase des Schlusskommentars ausmachen:

- Feststellung im Hinblick auf die Familie: „... zahlreiche schwierige Etappen ..."
- Positive Konnotation der Art und Weise, wie die Familie funktioniert: „... kritisieren ist stimulieren ..."
- Mein Micheinlassen auf die Familie: „... ich arbeite gern mit ..."

b) Die individuelle Phase

Nachdem ich mich zunächst an die Familie in ihrer Gesamtheit gewandt habe, komme ich auf ihren Sprecher zurück, welcher die Rolle des Symptomträgers übernommen hat, den Indexpatienten. Ich glaube, es ist in diesem Zeitpunkt wichtig, das Symptom ausdrücklich mit jenen Worten zu benennen, welche die Familie benutzt. Obwohl unsere Epistemologie uns dazu veranlasst, das Verständnis von Geisteskrankheit oder Normabweichung zu überdenken, ist es nicht an uns, die Familie dahin zu bringen, ihre eigene Epistemologie aufzugeben. Im Gegenteil: Wenn wir die Ihre akzeptieren, erhöht sich die Chance, dass sie unsere Epistemologie teilt.

Wenn in unserem Fall vom „Selbstmordversuch von Jacques", welcher „sterben wollte", gesprochen wird, greift man auf den Grund zurück, weshalb die Familie zum Gespräch kam. Die Worte „Selbstmord" und „sterben" dramatisieren die Situation auf eine natürliche Weise und wecken die Aufmerksamkeit für die nachfolgende Aussage über den Indexpatienten. Zwar betrifft „der neue schwierige Abschnitt" die Familie ebenfalls, aber die Rolle Jacques' erhält einen neuen Bezugsrahmen: Er ist der Älteste. Deshalb lässt sich jetzt sein Verhalten ohne Mühe positiv konnotieren: Er war es, der die Alarmglocke gezogen hat.

Die Pseudoerklärung

In meinem Schlusskommentar benutze ich häufig eine so genannte „Pseudoerklärung". Eben wurde gesagt, die Familien würden nach Ursachen suchen. Unsere Erklärung ihres Problems würde lediglich darauf hinauslaufen, sie daran zu hindern, dafür ihre eigene Erklärung zu finden. Trotzdem muss man etwas sagen, sonst werden einem Fragen gestellt. Was ich „Pseudoerklärung" nenne, erklärt eigentlich nichts, weil es nichts zu dem beiträgt, was die Familie ohnehin schon weiß. Es ist völlig klar, dass Jacques der Älteste ist. Sein suizidales Verhalten in den Rahmen seines Verhaltens als Ältester zu stellen ist allerdings nicht mehr so selbstverständlich, aber diese Pseudoerklärung (welche etwas zu erklären scheint, obwohl sie eine bloße Feststellung ist) stoppt den Prozess, welcher den Schuldigen oder die Ursache herausfinden soll und einen ganzen Rattenschwanz von Beschämungen und Entwertungen nach sich zieht. Wäre Jacques der Jüngste gewesen, hätte ich ebenso gut sagen können: „Die Position des Jüngsten ist in einer Familie nicht immer leicht." Was mich bei diesem Kommentar überrascht hat, ist die Erleichterung, welche man an den Gesichtern ablesen konnte und die häufig durch Kopfnicken noch zusätzlich bestätigt wurde. Ferner sehen sich die Eltern veranlasst, ihre eigene Geschwisterposition zu überdenken und dadurch ihren Sohn besser zu verstehen.

Wie man sieht, ist diese altersspezifische Feststellung nicht paradox, sondern stellt den Selbstmordversuch in einen positiven Rahmen. Oft fällt es Therapeuten schwer, in einem solchen Akt etwas Positives zu sehen. Mit Recht, denn sie spüren wohl, dass man den Selbstmord nicht befürworten und noch weniger paradox verschreiben kann.

In der Tat ist es nicht das Verhalten selber, das zu ermutigen ist, sondern seine Funktion, welches es im Familiengefüge hatte. Hätte ich paradox arbeiten wollen, was allerdings hier nicht der Fall war, hätte ich Jacques verschreiben können, auf der Hut zu bleiben und nicht davor zurückzuschrecken, weiterhin die Alarmglocke zu ziehen, wenn auch auf eine andere Art.

Meine Strategie ließe sich in Bezug auf den gesamten Kontext als paradox bezeichnen, auf den Notfall, das Risiko des Rückfalls, die mögliche Depression, die junge Ärztin und die Sozialarbeiterin. Es mag mindestens etwas Überraschendes an sich haben, ein Erstgespräch mit der Verschreibung eines Wochenendurlaubs für die Mutter zu beenden. Im Blick auf die Familie hingegen und in Anbetracht der Ohnmacht des Vaters sowie der tatsächlichen Erschöpfung der Mutter ist sie nicht paradox. Wahrscheinlich hat sie zwar alle erstaunt, doch belebt das Staunen meiner Kenntnis nach den Prozess am allerbesten.

Ausschliesslich den Indexpatienten positiv zu konnotieren bringt für ihn das Risiko mit sich, sich innerhalb der Familie noch isolierter zu fühlen, weshalb ich sein Verhalten mit jedem Einzelnen der Familienmitglieder verbinde und alle ausdrücklich beim Namen nenne.

Dieses Vorgehen habe ich von Jacqueline, der oben beschriebenen anorektischen Patientin, gelernt. In ihrem Text nannte sie ausdrücklich die Namen aller Familienmitglieder und sagte sinngemäß: „Was ich tat, tat ich für jeden von euch: für Papa, für Mama, für meinen Bruder, für meine Schwester …" Die Wirkung dieser Äußerung ging über all das hinaus, was ich hätte sagen oder tun können, um Bewegung in die Familie zu bringen. Ich habe diese Sitzung nie vergessen und entschloss mich, hier das gleiche Vorgehen zu benutzen, selbst wenn ich wusste, dass die Wirkung nicht die gleiche sein werde.

Zu unterstreichen, dass *jeder betroffen ist*, bestätigt auch, dass es alle angeht und sie deshalb auch in Zukunft wichtig sind. Die Tatsache, sie beim Namen zu nennen, verbindet sie mit dem Indexpatienten, stärkt aber auch das Bündnis mit dem Therapeuten, der sich darum bemüht, jedem etwas zu sagen, das ihn persönlich angeht. Betont man, wie wichtig jeder ist, kommt es selten vor, dass jemand sich weigert, an den späteren Sitzungen teilzunehmen.

Hier wird also deutlich, dass die *individuelle Phase* das Gegenstück zur familiären Phase darstellt.

- Feststellungen im Blick auf den Indexpatienten: „Neuer schwieriger Abschnitt", „Jacques ist der Älteste".
- Positive Konnotation seiner Funktion: „Die Alarmglocke ziehen".
- Einbezug aller in die Therapie: „Für ihn und für seine Brüder ...", „Für Mama ...", „Für Papa ..."

Das führt uns in direkt zur dritten Phase, zur Verschreibung, welche durch die zwei ersten vorbereitet wurde.

c) Die Verschreibung

Ich mache zwar nicht regelmäßig Verschreibungen, stelle aber meistens fest, dass sie das Bündnis mit dem Therapeuten und die Teilnahme am Prozess verstärken unter der Bedingung, dass sie alle Mitglieder der Familie einschließen. Ich möchte nochmals betonen, dass sie alle Familienmitglieder beim Namen nennen muss, weil sonst die Gefahr besteht, dass jene, die nicht genannt werden, sich weniger wichtig, ja sogar ausgeschlossen fühlen.

Dieses Mal entschied ich mich, alle an der Ausarbeitung der Verschreibung zu beteiligen. In anderen Fällen lege ich sie ihnen einfach vor, ohne sie um ihre Zustimmung zu bitten. Das wiederum hängt ab vom Klima der Sitzung und von der Art und Weise, wie ich mich wahrgenommen fühle. Bestimmte Familien wie diese hier brauchen ein Mindestmaß an Komplizenschaft mit dem Therapeuten, um sich ihrerseits angenommen zu fühlen. Sie an der Verschreibung zu beteiligen ist eine andere Art, ihnen Wertschätzung zu bekunden. Besonders diese Familie hier war ja mit dem Gefühl des Scheiterns und der Inkompetenz gekommen.

In anderen Situationen erwartet die Familie vom Therapeuten, dass er sich als beruflich kompetent erweise und wisse, was er tut und wohin er will. Wieso soll man dem nicht entgegenkommen? Für paradoxe Verschreibungen ist es besser, nicht zu diskutieren und sogar die Sitzung sofort zu beenden, wenn die Verschreibung erfolgt ist. Ein guter Teil ihrer Wirksamkeit ist mit dem Überraschungseffekt verbunden, und jede Diskussion läuft Gefahr, Erklärungen nach sich zu ziehen, welche wieder entwerten, was soeben verschrieben wurde. Das Paradox verblüfft. Lassen wir ihm diese Qualität.

Wie immer die Verschreibung sein mag, wichtig ist, dass sie klar und genau ist. Auch muss die Aufgabe einfach sein, damit Aussicht besteht, dass sie ausgeführt wird. Auch soll sie gut verständlich sein, woraus sich auch das Interesse ergibt, zur Überprüfung der Verschreibungen anschließend die Videoaufzeichnungen noch einmal durchzugehen.

Die Familie als Beobachterin

Wie bei dieser Familie, spreche ich häufig von „einem Experiment, um das ich Sie bitte". Damit zeige ich einmal mehr, dass ich die Familie als Mitarbeiterin verstehe, die zweckdienliche Informationen zur Verfügung stellt, welche bei der weiteren Arbeit hilfreich sein können. Das scheint mir vor allem in einer Institution wichtig zu sein, wenn man die Zusammenkunft wie eine Bitte um Mitarbeit bei der Behandlung des Indexpatienten definiert hat. Wir werden im Kapitel drei des dritten Teils darauf zurückkommen.

Nach meinem Konzept muss eine Aufgabe, welche ich der Familie stelle, für diese nicht das Ziel haben, etwas zu lernen. Darin unterscheidet sie sich von der Verschreibung eines bestimmten Verhaltens. Die jetzige Aufgabe ist es nicht, sie dazu anzuleiten, wie sie ohne die Mutter Wochenenden im Ferienhaus verbringen sollen. Es geht um drei Dinge:

- Sie eine Situation erfahren zu lassen, die sie noch nicht kennen.
- Sie in die Lage von Beobachtern ihres eigenes Verhaltens zu versetzen, und zwar in einem genügend bekannten Kontext, der nicht zu beunruhigend ist, aber es ermöglicht, nachher mit ihnen zusammen zu sehen, was er über ihr Funktionieren an den Tag bringt.
- Schließlich soll zwischen den Sitzungen genügend Druck aufrechterhalten blieben: Alle sollen daran denken, das Wochenende, an welchem sie ihre Erfahrungen machen, dafür zu benutzen, sich vorher und nachher zu fragen, welche Veränderungen sich in ihren Gewohnheiten daraus ergaben. Befürchtungen und

Hoffnungen werden unbemerkt die Rolle jedes Einzelnen wandeln.

Ganz kleine Veränderungen

Wie man vermuten kann, baute ich meine Verschreibung auf einer geringfügigen Veränderung der Rolle jedes Einzelnen auf. Die *Mutter* war seit jeher immer da, und man konnte für alle Fälle auf sie zählen. Ihr ein freies Wochenende einzuräumen scheint einem alten Wunsch zu entsprechen, den zu erfüllen sie bis jetzt keine Gelegenheit gehabt hatte. Der *Vater* wird wahrgenommen und stellt sich dar wie einer, der einerseits nie da ist und anderseits nicht so recht weiß, wie er mit den Kindern zurechtkommen soll. Es wird sich zeigen, ob diese Wahrnehmung stimmt. Die *Kinder* schließlich werden sich anders zu helfen wissen müssen, wenn die Mutter nicht da ist, um sich entweder mit ihnen zu zanken oder alles für sie zu machen.

Gewiss ist diese Veränderung der Rollen gering und nur für kurze Zeit, aber man kann sich davon erhoffen, sie werde zu einem Anfang für bedeutsamere Veränderungen. Die Katastrophentheorie von Thom zeigt, dass „eine geringfügige Änderung in einem unstabilen Zustand eine Diskontinuität erzeugen kann, die eine größere Veränderung zur Folge hat". 1914 war es das Attentat von Sarajevo, das als in sich geringfügiges Ereignis eine Reihe von Reaktionen auslöste, welche zunächst in den Ersten Weltkrieg mündeten, aus dem sich später der Zweite und – ist es Ironie des Schicksals? – die bekannten jüngsten Ereignisse von Sarajevo ergaben.

Falls sich das Bild des Vaters im Verlauf des Wochenendes auch nur ein wenig verändern sollte, wird das eine Reihe von Reaktionen nach sich ziehen, sodass es für die Familie „nie mehr sein wird wie vorher". Einmal mehr hat Asimov (1991) mit dem Titel *Das Ende der Ewigkeit* (welch schönes Paradox!) eine zutreffende Metapher gefunden. Ich muss seinem allfälligen Leser das Vergnügen überlassen, es selber zu entdecken, und verrate nur, dass der Autor von den NMV, den *notwendigen Mindestveränderungen,* schreibt. Dieser Ausdruck scheint vollkommen das zu treffen, was ich mir erhoffe: Eine derart kleine Veränderung einzuführen, dass die Familie sich dadurch nicht in die vom Therapeuten gewünschte Richtung hin orientiert fühlt (was verhaltensmäßig, behavioristisch wäre) und die dennoch bedeutsam genug ist, um sich in einer für die Familie unerwarteten Weise zu verallgemeinern.

Schließlich sei noch erwähnt, dass im vorliegenden Beispiel die Aufmerksamkeit vom Jugendlichen auf Vater und Mutter verschoben wurde. Wenn ich im Verlaufe der Sitzung die ehelichen Unstimmigkeiten bearbeitet oder auch nur aufgedeckt hätte, wäre das nicht möglich gewesen, denn unausgesprochen hätten sich die Eltern in der Rolle von Angeklagten sehen müssen. Das hätte ihre am Beginn der Sitzung spürbaren Schuldgefühle und deshalb auch die Abwehr und den so genannten Widerstand dagegen verstärkt. Doch eigentlich gibt es gar keinen Familienwiderstand, sondern lediglich ungeschickte Therapeuten.

Die Mutter derart in den Vordergrund zu stellen hat im Gegensatz dazu alle Chancen, angenommen zu werden, obwohl dadurch der Selbstmordversuch des Jugendlichen in einen ganz anderen Zusammenhang gerät. Diese Maßnahme geht in die Richtung dessen, was die Mutter im Verlaufe des Gesprächs ausdrücklich gewünscht hatte, und liegt somit in ihrem Interesse, dass nämlich das, was sie bis jetzt geleistet hat, anerkannt werde.

Um mit dem Kommentar des Sitzungsabschlusses zu Ende zu kommen, möchte ich fünf Regeln aufstellen, von denen ich mich jeweils leiten lasse, welches auch immer mein Kommentar sein möge:

1. Ich beschäftige mich dem eigenen Wohlbefinden: Ich erhole mich während der Sitzung; ich konnotiere die Familienmitglieder positiv, und ich versetze mich dadurch in die Lage, Lust auf die Fortsetzung der Arbeit mit der Familie zu bekommen.
2. Ich spiegle der Familie meine Meinung zurück: Ich gehe von Fragen zu Aussagen über; ich schließe mich persönlich mit ein; ich biete ihnen einen Inhalt an, der ihre Situation in einen neuen Zusammenhang bringt.
3. Ich überrasche die Familie und bringe sie zum Staunen: Das geschieht durch die Herstellung eines andern Bezugsrahmens, die Konnotation und die Verschreibung.
4. Ich halte ihre Aktivität aufrecht, indem ich sie beteilige und ihnen eine Aufgabe gebe.
5. Ich übernehme nicht die Verantwortung für die Familie: Die Abstände zwischen den Sitzungen sind lang, und ich betrachte alle als Mitarbeiter.

Der Abstand zwischen den einzelnen Sitzungen

Die Mailänder Schule führte die Idee und die Praxis ein, die Sitzungen jeweils im Abstand von vier oder mehr Wochen anzusetzen. Das nennen sie „lange Kurztherapien". Lang sind sie, weil sie sich fast über ein Jahr erstrecken, kurz, weil sie nur aus etwa zehn Sitzungen bestehen. Außer bei akuten Krisen gehe ich ebenfalls so vor.

Der Sinn von ungefähr vierwöchigen Abständen ist vielfältig (siehe Kapitel eins im ersten Teil dieses Buches):

- Die Zeit reicht dafür aus, dass in der Familie etwas passieren kann.
- Falls etwas Wichtiges eintritt, kann die Familie nicht bis zur nächsten Sitzung warten, um vom Therapeuten eine Lösung zu erfragen, sondern wird vielmehr dazu gezwungen sein, ihre eigene Lösung zu finden, was ja schließllich das Ziel der Therapie ist.
- Die Familie hat nicht das Gefühl, „übernommen zu werden", worüber sich übrigens viele häufig beschweren. Und das entspricht meiner Absicht, im Therapeuten nicht jenen zu sehen, der die Verantwortung übernimmt und Probleme löst.
- Die vier Wochen gestatten es der Familie, die jeweilige Verschreibung auszuprobieren und vor der nächsten Sitzung die Konsequenzen daraus zu ziehen.
- Schließlich kann der Therapeut die Entwicklung der Familie in der Zeit beobachten, was meistens auch sein eigenes Bild der Familie verändert.

Wer nun noch das Ende der Geschichte kennen möchte, dem bin ich es zu guter Letzt schuldig.

C) Fortsetzung und Ende der Gespräche

Als die Familie einen Monat später wieder kommt, sind alle entspannt und in vertrauensvoller Stimmung. Sie haben die Aufgabe ausgeführt, was für den Vater und die Jungen gut gelaufen ist. Doch die Mutter kam am Samstagmorgen ins Chalet, um Pierre für das Training im Basketball abzuholen. Dieser hingegen weigerte sich mitzugehen (die Verschreibung hat er gut verstanden). Die Mutter, wütend darüber, sich für nichts auf den Weg gemacht zu haben, beschloss, die Nacht im Chalet zu verbringen.

Dass die Mutter es nicht lassen konnte, am Samstag zu kommen, wurde nicht weiter kommentiert. Stattdessen wird man sich lange beim Spaß auf, welchen „die Männer" an ihrer neuen Erfahrung hatten. Die Verschreibung soll auch weiterhin aufrechterhalten werden, und man betrachtet es als wichtig, diesmal ein Wochenende zu wählen, an dem die Mutter nicht zu kommen „gezwungen" ist.

Anschließend machen sich die Eltern Gedanken über Erziehungsprobleme mit den Söhnen, vor allem mit Jacques: Ausgang, Mitarbeit im Haushalt, Ordnung im Zimmer usw., mit einem Wort über Probleme, wie sie alle Eltern mit Jugendlichen kennen. Als Jacques gefragt wird, ob er immer noch Selbstmordgedanken habe, wird er verlegen und antwortet ziemlich schnell, das sei „eine alte Geschichte, von der man nicht mehr sprechen muss".

Es ist interessant, zu bemerken, dass der diesmal von der Familie selber zur Sprache gebrachte Inhalt die Feststellung und die Umdeutung im Sinne von „Adoleszenz als schwieriger Lebensabschnitt" der vorangehenden Sitzung zu bestätigen scheint. Auch war es wichtig, auf den Selbstmordversuch zurückzukommen, um zu zeigen, dass man das Problem nicht unter den Tisch fallen ließ, als ob man sich für den Indexpatienten nicht mehr interessieren würde. Die Antwort von Jacques scheint darauf hinzuweisen, dass er als Sündenbock der Familie abgedankt hat. Die Tatsache jedoch, dass die Eltern auf die Schwierigkeiten mit ihm zurückkommen, deutet darauf hin, dass sie seine Demission noch nicht angenommen haben und deshalb Gefahr besteht, dass er seine Rolle wieder aufnimmt.

Am Ende der Sitzung wiederholt man nochmals die Verschreibung und unterstreicht positiv die Anstrengungen jedes Einzelnen. Den Kindern wird für ihre Teilnahme gedankt, und es wird angekündigt, die nächste Sitzung sei für die Eltern allein, weil diese über Erziehungsprobleme zu sprechen wünschten. Während es den Anschein macht, die Eltern seien mit dieser Entscheidung zufrieden, sind die Kinder enttäuscht.

Drei Wochen später entdecken mich Jacques und seine Mutter zufällig in einer Gaststätte. Ich hatte sie nicht gesehen. Sie kommen zu mir, um Guten Tag zu sagen. Die Mutter nimmt die Gelegenheit wahr, um mir mitzuteilen, dass alles gut gehe. Einzig Jacques sei wütend darüber, an der nächsten Sitzung nicht teilnehmen zu können: „Er ist so neugierig, er muss immer über alles auf dem Laufenden sein." Jacques lächelt, aber es scheint ihm nicht wohl zu sein. Ich halte wie abgemacht an der nächsten Sitzung fest.

Die Entscheidung für Elterngespräche ohne die Kinder war insofern logisch, als Erziehungsprobleme im Vordergrund standen. Sie hatte auch den Vorteil, eine strukturelle Veränderung herbeizuführen, indem Eltern und Kinder deutlich voneinander getrennt wurden. Im Verlauf des Gesprächs hat sich auch gezeigt, dass eine mögliche Definition des Problems in der zu großen Nähe von Jacques zu seiner Mutter bestand, was den Vater und die anderen Kinder auf jene Distanz hielt, wie sie von Jacques und der Mutter reguliert wurde.

Ein kurzer Ausschnitt aus dem Gespräch soll zeigen, wie das Thema bearbeitet wurde.

(1) Mutter: „Es macht mir ungeheuer Spaß, Jacques zu necken. Das macht ihn wütend, und er benimmt sich dann ganz komisch."

(2) Therapeut: „Wie necken Sie ihn denn?"

(3) Mutter: „Ich mag es, ihn unerwartet ins Knie zu kneifen. Dann geht er in die Luft."

(4) Therapeut: „Ich weiß nicht, ob ich es mit fünfzehn gemocht hätte, dass man mich so kneift. Im Allgemeinen lieben es Jugendliche nicht besonders, gereizt zu werden."

(5) Mutter: „Aber ich mag das und habe keine Lust, es zu lassen." *(trotziges Lachen)*

(6) Therapeut: „Dann sollten Sie vielleicht einen anderen finden, den Sie ins Knie kneifen können."

(7) Mutter: „Auf keinen Fall meinen Mann." *(mit einem breiten Lachen)*

(Schweigen.)

(8) Therapeut *(zum Vater gewandt)*: „Falls Sie Töchter hätten, glauben Sie, diese möchten von Ihnen ins Knie gekniffen werden?"

(9) Vater: „Ich weiß es nicht, ich habe ja keine Töchter, doch schließlich glaube ich eher, nein."

(10) Mutter *(wieder ernst geworden)*: „Aber das ist doch ganz was anderes."

Als die Mutter ihre erste Äußerung (1) machte, war ich überrascht. Meine Frage „Wie necken Sie ihn?“ (2) ist die Reaktion des Überlebens für den Therapeuten, wie sie immer dann nützlich ist, wenn man aus dem Konzept gerät. Die Mutter zieht ihren Gewinn daraus (3). So greife ich denn zu meiner bevorzugten Strategie: Ich beschäftige mich mit mir (4), und die Antwort erfolgt spontan. Doch die Mutter gibt sich nicht geschlagen und baut ihren Vorsprung aus (5). Der Austausch beschleunigt sich und beginnt einer Tennispartie zu gleichen. Ich versuche, familiäre Zirkularität einzuführen (6). Aber sie kontert mit einem perfekten Gegenschlag, und ich riskiere, einen Punkt im „Herrendoppel“ zu verlieren (7). Ich fange mich wieder und blicke den Vater an, der, wie ich, nicht so recht weiß, was er denken soll. Das veranlasst mich zur Frage (8), welche mir im Moment harmlos zu sein schien. Häufig, wenn ich nicht mehr weiß, was fragen oder sagen, greife ich zu dem, was ich den *zirkulären Blick* nenne: Ich höre auf, jenen anzuschauen, mit dem ich gerade in eine Eskalation verwickelt bin, und suche Hilfe, indem ich die anderen anschaue (8). Überraschenderweise findet man in diesem Augenblick immer eine Frage oder eine Antwort, mit der man aus der Eskalation aussteigen kann.

Erst als ich das Videoband dieser Sitzung nochmals anschaute, wurde ich gewahr, dass die Frage gar nicht so harmlos war. Indem ich mir den Vater mit einer Tochter vorstellte, erlaubte ich es der Mutter, sich in die Rolle als Tochter mit ihrem eigenen Vater hineinzufantasieren, und das umso mehr, als ich vorher davon gesprochen hatte, wie ich mich als Fünfzehnjähriger gefühlt hätte. Die Nekkerei, welche auszuüben sie weiterhin für sich beanspruchte, schien ihr ohne Zweifel nicht mehr so harmlos zu sein, nachdem sie wieder ernst geworden war und sagte, das sei doch keineswegs dasselbe (10).

Das erste Ergebnis ist für den Augenblick, dass sich sowohl der Vater als auch der Therapeut aus der Affäre gezogen haben. In Wirklichkeit wechselt die Mutter daraufhin selber das Thema. Vor allem aber lässt sich denken, dass auf lange Sicht die Mutter ihren Sohn auf andere Weise necken wird, als ihn körperlich zu reizen, selbst wenn das „doch ganz was anderes“ ist. Was immer er während des Gesprächs macht und wie geschickt er auch ist, wird der Therapeut im Austausch, wie gerade zu lesen war, immer überrascht. Versucht er, den Stärkeren zu spielen, läuft er sehr wohl Gefahr, nicht immer Gewinner zu sein. Lässt er sich hingegen in Bezug auf den Inhalt gehen, um sich auf den Prozess zu konzentrieren, also auf das, was er am besten kennt, indem er erprobte Techniken wie die Zirkularität in Gang setzt, hat er einige Chancen, selbst dann den Verpatzer wieder gutzumachen, wenn er im Augenblick nicht genau weiß, wie es dazu kam.

Hier erkennt man die gute, alte Technik des Judo wieder: Die Kraft des Gegners ausnutzen, statt sie zu kontern. Das setzt voraus, sich mit sich selber und seinem Wohlbefinden zu befassen, um in der Lage zu sein, am besten die einem vertrauten Weisen des Intervenierens anzuwenden. In diesem Paargespräch geht es nicht darum, Punkte gutzumachen. Wenn die Mutter diesen Bereich wählt, um mir die Stirn zu bitten und mit meiner Hilfe ihren Mann herauszufordern, bedeutet das naturgemäß, dass das Thema für sie zentral ist. Es ist wichtig, dass die von ihr verwendete Energie nicht verloren geht, sondern für sie in der Folge zu einer Ressource werden kann. Sie soll also nicht als Verliererin, sondern *informiert* aus der Unterhaltung hervorgehen.

Nachdem die Information „ein Unterschied ist, der einen Unterschied macht" (ich weiß, dass ich mich wiederhole), steigt die Mutter mit einer Information aus dem Gespräch aus, denn ihren Sohn zu reizen ist „zu einem Unterschied" geworden. Diese Information wird sie künftig im Umgang mit ihrem Sohn anwenden können. Auch der Vater erhält eine Information: Seine Frau „reizt" lieber ihren Sohn als ihn. Von nun an kann er der Frage, welchen Platz sein Sohn neben seiner Frau habe, nicht mehr ausweichen.

Diese Sitzung schloss mit einer Sequenz, von der früher im Zusammenhang mit dem Badezimmer schon die Rede war (siehe oben, Punkt 5). Wie dort gesagt wurde, reagierte der Vater damals so, dass er genauere Regeln aufstellte. Ohne Zweifel hängt das mit dem zusammen, was diskutiert wurde. Vielleicht hatte es für den Vater auch mit der erhaltenen Information zu tun. So oder so war es das Ergebnis des Prozesses, der in der Sitzung in Gang gekommen war und sich in der Zeit zwischen den Sitzungen fortgesetzt hatte.

Nach fünf Sitzungen wurden die Gespräche beendet. Die drei letzten fanden mit den Eltern allein statt. Von Sitzung zu Sitzung nahm der Vater deutlicher seinen Platz ein und zeigte es durch das, was er in der jeweiligen Sitzung berichtete. Die Mutter störte das nicht. Ganz im Gegenteil, sie schien sicherer zu sein, selbst wenn sie ihren spitzen Humor nicht lassen konnte. Die Entscheidung, die Sitzungen zu unterbrechen, wurde im Zusammenhang mit den Sommerferien gemeinsam mit den Eltern getroffen. Die Möglichkeit, im September wieder anzurufen, „wenn Sie es möchten" – und nicht, „falls es wieder schlecht geht" –, blieb offen. Sie riefen nicht mehr an.

Häufig ist das Beste der Feind des Guten. Oft machen Langzeittherapien wieder zunichte, was die ersten Sitzungen erbracht hatten. Will man zu viel daraus machen, hindert das die Familien daran, ihre eigenen Kompetenzen wiederzuerlangen. Diese Familie hatte schnell gezeigt, dass sie imstande war, Veränderungen zweiter Ordnung (Watzlawick 1972) zu erreichen. Besonders die Eltern brachten in den Elterngesprächen Material, welches zeigte, dass sie die Sache wieder in die Hand genommen hatten und der Vater seinen Platz wieder oder überhaupt erst gefunden hatte. Zudem waren die Probleme, welche zu den Gesprächen geführt hatten, gelöst: Der Sohn war nicht mehr suizidgefährdet, und es war keine Rede mehr davon, ihn in einer Institution unterzubringen.

Mit Gesprächen weiterzufahren hätte bedeutet, „sie zu übernehmen", das heißt, ihnen stillschweigend die Botschaft zu vermitteln, nicht kompetent zu sein und einen Therapeuten nötig zu haben, um weiterleben zu können. Selbstverständlich waren nicht alle ihre Probleme gelöst. Jacques machte immer noch Schwierigkeiten, im Besonderen was das nächtliche Wegbleiben betraf; beim Paar zeigten sich immer noch Unstimmigkeiten; die Mutter blieb weiterhin bissig und manchmal aggressiv; der Vater war noch längst kein idealer Vater. Doch mit welchem Recht etikettieren wir Familien als problematisch, deren Sohn sich in der Adoleszenz befindet, wenn das Paar Spannungen hat, die Mutter angriffig und der Vater häufig abwesend ist? In dem Maße, wie eine Familie all das nicht mehr als problematisch beschreibt, sagt sie uns auch, dass sie auf ihre eigenen Ressourcen zählen kann, um mit jenen Lebensabschnitten umzugehen, die das Schicksal aller Familien sind. Jener Therapeut, welcher ähnliche Schwierigkeiten nicht auch von seiner eigenen Familie her kennt, werfe den ersten Stein!

2. Chaos und Komplexität

Utopisches Plädoyer für das Chaos

Die intellektuelle Trauer, die mich am stärksten berührte, war eindeutig der Tod von Albert Camus. Die affektive Trauer hingegen betraf den Hinschied von Jacques Brel. Camus irrte auf der Suche nach Sinn hin und her, um sich als Fremden wiederzufinden. Brel suchte den gefühlvollen und warmherzigen Andern und stieß lediglich auf Engherzigkeit. Hätten sie weiter gelebt, hätten sie uns vielleicht zu jenem Verständnis des Chaos verholfen, wie Michel Serres es intuitiv hatte. So hoffte ich es wenigstens. Doch sie wurden von anderen abgelöst: Atlan verblüffte uns damit, dass er infrage stellte, was „Zwischen dem Kristall und dem Rauch" offen blieb. Prigogine zwang uns dazu, nach Strukturen zu fragen, die jenseits ihres Gleichgewichts sind. René Thom seinerseits verwickelte uns radikal in seine Katastrophen, welche die Form eines Schwalbenschwanzes annahmen. Und was soll man vom Big Bang sagen, der aus dem Chaos auftauchte?

Chaos, Nichts, Unordnung, Zufall, zunächst als Verleugnungen des Vernünftigen geächtet, sollen nun Wertträger, hermeneutische Grundlagen, vielleicht sogar Lotsen für einen neuen Quantensprung des menschlichen Geistes werden? So nahe beieinander und gleichzeitig so unterschiedlich diese geschmähten Vokabeln auch sein mögen, könnten sie uns vielleicht doch etwas vom Geheimnis unseres menschlichen Seins und Wirkens offenbaren. Chaos bedeutet nicht Unordnung, sondern Nichtordnung. Unordnung ist der Zustand von etwas, das vorher in Ordnung war. Nichts ist Nichtsein, dessen Seinsvermögen noch zu entdecken ist. Zufall ist ein Ereignis ohne ersichtlichen Zusammenhang und trotzdem empfänglich dafür, zum Organisationsprinzip zu werden.

Aus all diesen Begriffen wähle ich den vom Chaos aus, denn er birgt das größte Potenzial an Kreativität und Unvorhersehbarkeit. Doch macht er nicht auch am meisten Angst und schien immer verfemt zu sein, denn außer einigen verpönten Dichtern hat ihn niemand besungen? Der Zufall wäre dann der homophile Liebhaber des Chaos, und das verkehrte Paar könnte uns in seinen Bann ziehen, während wir bis jetzt glaubten, in Vernunft und Gesetz geborgen und gut aufgehoben zu sein. Das Paradox wäre das uneheliche Kind, welches im Leben der Menschen die Logik, die Tochter der Wissenschaft und des gesunden Menschenverstandes, an der Nase herumführt.

Weit mehr Fragen überfallen mich als Antworten. Wer kann noch behaupten, das Leben sei Ordnung, Vernunft, Logik, Vorausschau, höchstes Gesetz und Organisation? Lässt sich das, was Prigogine von der Physik sagte, nicht auch auf die Wissenschaften vom Leben anwenden, dass sie sich bislang mit der Untersuchung dessen zufrieden gaben, was ihren Prämissen entsprach, aber alles beiseite ließen, was diese als falsch erwies, den größten Teil nämlich? Ist denn unser Alltagsleben beherrscht von Ordnung, Methode, Vernunft, oder ist es das Chaos, welches uns in seinen Strudel reißt und das wir durch unsere Stundenpläne, Vernunftsgründe, Aufgaben, Rückversicherungen, durch unseren Stolz und unseren Ehrgeiz – in einem Wort, durch unsere knauserige Borniertheit zu steuern, einzudämmern und zu beschwichtigen versuchen? Haben wir uns wirklich so weit weg von diesem ursprünglichen Chaos entfernt, oder stellt dieses vielmehr den Boden dar, auf welchem wir stehen, auch wenn er ständig unter unseren Füßen nachgibt, den wir uns als tragfähig vorstellen, während wir in der Luft hängen bleiben? Sind wir nicht davon überzeugt, der feste Boden lasse sich erfassen, obwohl das nur eine Illusion ist? Träumen wir nicht unablässig davon, das Chaos sei unserm Geist unterworfen, während er dagegen rebelliert?

Welcher Aufwand wird doch betrieben, um dem Chaos zu entkommen! Lasst uns ordnen, kontrollieren, beherrschen, organisieren, auswerten, überwachen, berechnen, statistisch erfassen, auf dass die Vernunft triumphiere! Verständlicherweise wollte Kant ihren Sockel sichern: Die Vernunft wankte, aber niemand wollte es zur Kenntnis nehmen. Sollte man etwa den Punks dankbar sein, dass sie Ende der Siebzigerjahre die Philosophie des *no future* entwickelt haben? Sicher ahnten sie nicht die Tiefe ihres Slogans und konnten nicht ermessen, dass es nicht nur darum ging zu erklären, es gäbe keine Zukunft, sondern dass sie gerade mit dieser Erklärung ihre mögliche Gestaltung ankündigten.

Zuzugeben, dass wir im Chaos leben und dass unser Bemühen, es zu zähmen, scheitern muss, bedeutet vielleicht den Anfang der Weisheit. Dann wird im alltäglichen Chaos das Unvorhersehbare vorhersehbar. Der Schizophrene versucht im Wahn, wo alles möglich, aber auch alles erklärbar ist, das Chaos zu beherrschen. Der Drogenabhängige will aus seinem Chaos ausbrechen, findet sich jedoch nur in den Ketten der Abhängigkeit wieder. Auch wir versuchen zu „normalisieren", das heißt, zur Ordnung zurückzuführen, einzuebnen, was uns übersteigt, den Engeln der Phantasie, des Unvorhersehbaren, der unablässigen Bewegung die Flügel zu stutzen. Man könnte hier an Wim Wenders erinnern. Oder an das *Wunder von Mailand* von de Sica. Stellt denn das Chaos, welches bis vor kurzem in den Ostländern herrschte, immer wieder benachteiligte Familien zerstört, das Leben des Vagabunden prägt, bloß widerwärtige Anormalien dar, welche man verbergen, zurückdrängen, ausrotten muss, damit wieder Regel und Ordnung einkehren? Oder stellen diese im Gegenteil den lästigen Auswuchs, die entzündete Pustel, die schwärzliche Pestbeule dar, die samt und sonders durch ein menschliches Funktionieren hervorgerufen werden, welches auf Ordnung, Methode, Unterordnung abzielt und alles unter Verschluss bringen will, was an das Chaos erinnert, auf dem wir leben wie Hiob auf seinem Misthaufen?

Chaos verband ich immer mit Scheitern, Zerfall, Wahnsinn, weil wir es doch allgemein so betrachten. Wenn es aber etwas anderes wäre? Zum Beispiel der Humus, auf welchem die Orchidee wächst, die Lebensquelle, welche wir suchen, ohne sie zu sehen, jener Dünger, welchen man lange Zeit verachtete, ohne zu wissen, dass er das Leben ermöglicht? Meine Aussage reicht noch weiter: Wie die Verwesung, das Vermodern der Blätter, das unterirdische Brodeln kann das Chaos Quelle von Leben, Schöpfertum und Erneuerung sein. Es wäre ein Irrtum, es bloß als schädlich zu betrachten und alles zu unternehmen, um es zu bekämpfen und in Schranken zu weisen. Es wurde versucht, das Chaos vom Kind fern zu halten, doch kommt es mit dem Spiel wieder zum Vorschein. Das Chaos sollte aus der Wissenschaft verbannt werden, doch kommt es mit den Phänomenen wieder, welche weitab vom Gleichgewicht sind. Wir wollten in unserem Leben seinem Einfluss entrinnen, doch es konfrontiert uns mit geistigen Störungen. Die Frage sollte also nicht mehr sein: „Wie kann man das Chaos ausschalten?“, sondern vielmehr: „Wie kann man sich mit ihm zusammentun?“ Wie lässt sich sein ganzer Reichtum aus diesem fruchtbaren Boden ziehen? Wie kann seine Wahrheit sich offenbaren? Wie können wir ihm ermöglichen, unsere Entwicklung zu fördern?

Um dem Chaos zu entkommen, versuchte man es mit der Herrschaft von Ordnung und Kontrolle. Die Ordnung befindet sich im Geist des Menschen, nicht in der Natur. Wer hat schon jemals ein natürliches Feld gesehen, auf dem von selbst eine Monokultur heranwächst oder welches gerade Furchen und Gräser von gleicher Größe aufweist? Sicher wurde die Ordnung als ein Mittel erfunden, um uns der Verwirrung zu entwinden, welche das Unvorhersehbare, Unerwartete und nicht Kontrollierbare hervorruft. Doch was jeweils für den Augenblick nötig war, haben wir für immer eingerichtet. Die sich unmittelbar ergebende schöpferische Ordnung wurde eingesperrt in die sterile Ordnung von Raum und Zeit. Fragen Sie Drogenabhängige, ob denn alle ihre Schwindelgefühle nur schlecht seien. Suchen Sie sich einen wohl gepflegten Garten, der es mit dem herbstlichen Unterholz aufnehmen kann.

Als sie es mit der Ordnung versuchten, ließen sich die Menschen offenbar durch die Kontrolle als eine Art Überordnung oder Ordnung-über-den-andern verführen. Schaffen wir zuerst Ordnung, und dann lasst uns kontrollieren, bewerten, abschätzen, um endgültig jene Nichtordnung auszuschliessen, welche das Chaos darstellt. Während der ersten dreißig Jahre nach dem Zweiten Weltkrieg bot Italien ein Bild von Chaos, Unordnung und gefährlicher Schlamperei der Roten Brigaden. Ist Italien aber jetzt nicht gerade jenes Land, welches uns durch den Reichtum seiner Kreativität und die Originalität seiner Entwürfe in Staunen versetzt? Die Japaner, welche als Meister von Kontrolle, Produktion, Leistungsfähigkeit gelten, holen sich Italiener, die ihre Autos zeichnen. Sie haben damit Erfolg, während sie gleichzeitig bei ihren Jugendlichen mit einer Selbstmordwelle konfrontiert sind. Es stimmt, dass das Einhalten von Ordnung die Produktivität erhöht hat. Aber ist es nicht so wie bei den von der Monokultur geprägten Feldern, dass man sie durch Düngemittel und Insektizide retten muss, gerade weil man die Unordnung und das Chaos des Brachlandes verachtete?

Ich möchte hier für die Rehabilitierung des Chaos in den Humanwissenschaften werben. Wäre es nicht besser, sich mit ihm vertraut zu machen, statt ihm auszuweichen? Ließe sich nicht sein kreatives Potenzial nutzen, statt zu versuchen, es zu bändigen? Sind, anders gesagt, die mentalen Störungen nicht verzweifelte Versuche, das Chaos aus unserem Leben zu verbannen, während man so gut mit dem Chaos leben könnte, würde man es sich zum Verbündeten machen? Ist es nicht häufig das Paradox, welches uns trotz allen Bemühens der Vernunft bestimmt? Auf jeden Fall antwortet das Kind umso viel besser auf das Paradox, „du bist zu klein, um das zu tun", als auf den Befehl, „nun, da du groß bist, kannst du mir helfen ...". Und wir selber, können wir nicht besser jene Herausforderungen annehmen, welche Paradoxien darstellen, als Anordnungen?

Wer Autos herstellt, muss die Produktion organisieren, einen genauen Plan befolgen, Fließbänder für die Montage vorsehen und alles genauestens überprüfen in der Hoffnung, das Endprodukt entspreche den Erwartungen des Kunden. Kaufe ich einen Wagen, erwarte ich vom Hersteller, dass er so weit wie möglich das Chaos ausgeschlossen habe. Der Mensch jedoch ist keine triviale Maschine. Leben bedeutet, unaufhörlich mit dem Unvorhersehbaren konfrontiert zu sein, einmalige Lösungen zu treffen, seinen Ablauf den kleinlichen Alltäglichkeiten anzupassen. Wieso sollte man also das Chaos bekämpfen, statt davon zu profitieren? Wieso nicht Vorteile aus dem Humus der Widersprüche ziehen, damit unser Leben blühen kann? Wie können wir uns im Chaos zurechtfinden, um darin den uns zuträglichen Platz zu finden? Während fünf Jahrhunderten haben die Stoiker die Philosophie der griechisch-römischen Welt geprägt. Sie erfanden das Wort *System*. Ihre Ethik bestand darin, dass jeder Mensch im großen Ganzen, im System, seinen Platz finde, was nicht weit weg vom Gedanken ist, sich im Chaos eine Nische einzurichten.

Die Übernahme unserer Klienten – und weshalb nicht auch von uns selber? – in der Perspektive des Chaos zu überprüfen weitet den Horizont. Wie könnte der Schizophrene versuchen, sein Chaos auszuleben, statt es durch seinen Wahn zu verleugnen? Ich denke gerade an jenen psychotischen Patienten, der mir voller Stolz verkündete, die Nacht breche nun herein, weil er der Sonne den Untergang befohlen habe. Das tat er unbeirrt jeden Tag. Gibt es ein schöneres Beispiel einer nutzlosen Kontrolle?

Was soll der Versuch, unseren Therapien eine bestimmte Ausrichtung zu geben, nachdem Chaos und Zufall uns als Komplizen unaufhörlich unerforschte Wege eröffnen? Natürlich sind wir zu klug, zu streng und zu kontrollierend, um uns solchen Verirrungen hinzugeben. Aber vielleicht enthalten diese Verirrungen dennoch Lösungen, welche keine Logik uns jemals bringen könnte. „Abirren" bedeutet übrigens, sich (vom rechten Weg) fern halten oder (von den gebahnten Pfaden) entfernen.

Sicher machte der Mensch immer Sprünge und gab Töne von sich. Aus seinen chaotischen Geräuschen und Bewegungen wurden der Gesang und der Tanz geboren. Sie, die Leserinnen und Leser, werden mir von ihrer Gestaltung, Anordnung und Regelmäßigkeit erzählen. Versetzt uns jedoch der Künstler nicht gerade dann ins Staunen, wenn er zur Leichtigkeit des chaotischen Sprungs zurückfindet? Ist es nicht das Übermaß an Strenge, das ihn daran hindert, sich dem Tanz hinzugeben? Sich mit dem Chaos vertraut machen: ja, es in einen Käfig stecken: nein.

Auf dem Weg zu einer Theorie

Was Sie soeben gelesen haben, wurde in einer chaotischen und schlaflosen Nacht zu Papier gebracht. Ich wage es, den Text mit seinen Übertreibungen und Unschärfen preiszugeben, weil er meiner Ansicht nach auch gut veranschaulicht, wie das Chaos in unserem Leben sich offenbart und die in ihm verborgene erneuernde Kraft zeigt. Ich konnte mir damals nicht vorstellen, wohin mich dieser Text noch führen würde.

Wieso Chaos? Ich weiß es nicht, oder doch? Ich hatte das Wort in einer Unterhaltung über Michel Serres aufgefangen, und es fesselte mich, weil ich den Eindruck hatte, es fasse etwas zusammen, an dem ich seit über zehn Jahren immer wieder gearbeitet hatte. Als ein wenig später die Frage nach der Komplexität lebender Systeme aktuell zu werden begann, schlug ich für einen Kongress in Quebec den Titel *Chaos und Komplexität* vor. Die Abfolge von chaotischen Zufällen ließ mich mehrere Texte entdecken, von denen ich bisher nichts ahnte und die sich als „Chaostheorie" darboten.

Seit dem Ende der Siebzigerjahre griffen einige Physiker, Psychologen, Meteorologen und Mathematiker und andere diesen befremdlichen Begriff wieder auf, um damit eine Reihe von Phänomenen zu untersuchen, die bis dahin von der wissenschaftlichen Welt vernachlässigt oder als Anomalien ohne besondere Bedeutung betrachtet worden waren. Was diese Sonderlinge – als solche wurden sie von ihren Kollegen betrachtet – begeisterte, erstreckte sich von Wolkenformen über Wirbel im Wasserlauf der Flüsse bis hin zu den hervorragenden grafischen Gestaltungen von Mandelbrot und dem „Schmetterlingseffekt", das heißt dem Einfluss, welchen der Flügelschlag eines Schmetterlings in Peking einen Monat später auf das Wetter in New York haben kann.

Die Störgeräusche bei Radiosendungen, der Einfluss, den das Verhalten des Besitzers auf die Lebensdauer eines wieder aufladbaren Rasierapparates hat oder wie Populationen von Seidenspinnern sich entwickeln, sind andere Themen dieser Forscher, die sich nicht scheuen, von „einer neuen Wissenschaft" zu sprechen. Der Ausdruck ist sicher zu stark. Denn statt um eine neue Wissenschaft handelt es sich eher um eine neue epistemologische Entwicklung. Es ist keineswegs so, dass sie die Beiträge der Systemtheorie und des Konstruktivismus leugnet. Vielmehr stellt sie deren innovative Erweiterung dar. Einige nannten sie übrigens „Dynamik nichtlinearer Systeme".

Die Vertreter dieser neuen Weltsicht – die Chaoten oder Chaotologen – führten bald einen neuen Wortschatz in die Wissenschaft ein, wobei bestimmte Begriffe einen sehr poetischen Beiklang haben: „Wirbel", „aleatorische Verläufe", „Fraktale", „seltsame Attraktoren", „sensitive Abhängigkeit der anfänglichen Bedingungen" sind einige der verwendeten Ausdrücke. Früher befasste man sich unter Umständen mit der Art und Weise, wie sich das Chaos in Ordnung verwandeln ließe. Jetzt hingegen untersucht man die Hin- und Herbewegungen vom Chaos zur Ordnung und von der Ordnung zum Chaos, wie es Briggs u. Peat (1997) in *Die Entdeckung des Chaos. Eine Reise durch die Chaos-Theorie* großartig veranschaulichten. Wer sich auf das Abenteuer dieser neuen Welt einlassen will, findet in diesem und im Werk von Gleick (1990), *Chaos – Die Ordnung des Universums*, geschrieben von amerikanischen Wissenschaftsjournalisten, eine ausgezeichnete Einführung, voll von Verheissungen. Das Buch des Belgiers David Ruelle (1992), des Vaters des „fremden Attraktors", mit dem Titel *Zufall und Chaos* ist ein jüngeres und beachtliches Beispiel dafür, wie man jedem Leser schwer verständliche Theorien nahe bringen kann. Dieses Werk hat mich denn auch eindeutig am meisten fasziniert.

Was die Komplexität betrifft, sind die *Introduction à la pensée complex* von Edgar Morin (1990) und *La modélisation des systèmes complexes* von Jean-Louis Le Moigne (1990) zu empfehlen. Ein Grundlagenwerk stellt das Buch *L' antoorganisation, de la physique an politique* dar, ein Sammelband des Kolloquiums von Cerisy von 1981 (Dumouchel et Dupuy 1983), welches dem Schaffen von Henri Atilan gewidmet war. Ich hoffe, diese Literaturangaben werden mich davon entlasten, mehr über die Chaostheorie sagen zu müssen, was übrigens den Rahmen dieses Kapitels ohnehin sprengen würde. Hingegen möchte ich jetzt zeigen, wie bestimmte gedankliche Ansätze in Bezug auf psychosoziale Interventionen erneuert und verlebendigt werden könnten, wenn man eine chaostheoretische Sicht in sie integrieren und für sie nutzbar machen würde.

Vorher noch ein letztes Wort über die Chaostheorien: Einige Theoretiker bevorzugen den Ausdruck „deterministisches Chaos". Das scheint ein klarer Widerspruch in sich zu sein. Ist denn das Chaos, Ort des Unvorhersehbaren, nicht gerade das Gegenteil von Determinismus, dem eigentlichen Platzhalter der Vorhersehbarkeit? Der Widerspruch ist jedoch nur scheinbar. Der Ausdruck will unterstreichen, dass bei einer Reihe von Phänomenen den chaotischen Phasen, deren Ablauf naturgemäß unvorhersehbar ist – und nur deshalb entsteht Chaos – Phasen folgen, deren Ablauf vorhersehbaren und deshalb vorherbestimmten Regeln gehorcht.

Ist es nicht oft in Therapien auch so? Oft folgen auf konfuse, ordnungslose und schwer verständliche Phasen solche, in denen originelle Lösungen auftauchen, welche für die Situation spezifisch, also zutreffend und nützlich sind. Tatsächlich taucht dann aus dem Chaos eine unerwartete Selbstlösung auf, welche es dem System erlaubt, sich neu zu organisieren.

Chaos und Komplexität in der therapeutischen Intervention

Verschiedene Mittel, das Chaos zu vermeiden

Beeinflusst vom Management in der Industrie, hat sich die Mode, mithilfe von Zielen, Klassifikationen und Evaluationen zu arbeiten, auch in den Gesundheits- und Sozialdiensten mehr und mehr durchgesetzt. Damit sollte die psychosoziale Arbeit für die Verwalter rational durchschaubarer werden, nachdem sie sich zu oft ihrer Kontrolle entzog. Man wollte damit bei jenen Berufen, welche sich häufig mit Lebenssituationen zu befassen haben, in denen das Chaos am häufigsten auftritt, Rationalität einführen.

Verschiedene der eingesetzten Mittel, um das Chaos zu reduzieren, sind ohne Zweifel gerechtfertigt – jedoch um welchen Preis? Das sei etwas näher betrachtet.

Rationalisierung

Für eine rationalistische Sicht ist es wichtig, den Verhaltensweisen einen Sinn zu geben, eine Funktion für die Symptome zu finden, unseren Interventionen Inhalte und Zielvorgaben zuzuweisen. Es ist klar, dass der Rationalismus nicht nur eine Erbe des Managertums, sondern unserer ganzen westlichen Kultur ist, welche immer von der Notwendigkeit bestimmt gewesen zu sein scheint, die Dinge zu verstehen. Besonders in der Psychologie bescherten uns die von der Psychoanalyse gelieferten Instrumente die Illusion, jeder Akt habe einen Sinn und es sei Sache des Therapeuten, diesen zu entdecken. Wenn sogar Wortspiele und Witze sich erklären lassen, ist es klar, dass nichts in unseren alltäglichen Verhaltensweisen zufällig sein kann. Sätze wie „Es ist nicht zufällig, dass ..." oder „Er macht das wegen ..." sind in unseren Gesprächen so geläufig geworden, dass wir es schon gar nicht mehr merken. Vom unverbesserlichen Träumer, der er einmal war, ist der Therapeut allmählich zum Introspektor („Hineinschauer") mutiert und ist als solcher sowohl ein Erbe von Sherlock Holmes wie von Sigmund Freud: „Suchen Sie das Tatmotiv" wurde ersetzt durch „Finden Sie die Absicht heraus".

Klassifizierung

Die Art und Weise, wie wir Situationen angehen, mit denen wir uns zu befassen haben, ist ebenfalls an das wissenschaftliche Denken gebunden, welches bis in die Mitte des zwanzigsten Jahrhunderts vorherrschend war: Für den Wissenschaftler ist alles erklärbar und hat Gesetzen zu gehorchen, selbst wenn diese noch nicht entdeckt sein sollten. Um glaubwürdig zu sein, mussten auch die Forscher der psychosozialen Wissenschaften versuchen, es ebenso gut zu machen wie die so genannten exakten Wissenschaften. Werden in den Vereinigten Staaten nicht deshalb die psychosozialen Wissenschaften „weiche Wissenschaften" genannt, um ihren Mangel an Strenge und Stichhaltigkeit zu unterstreichen? Und wie soll man denn glaubwürdig sein, ohne die Mathematik einzusetzen? Es wurde deshalb für die weichen Wissenschaften wichtig, zu klassifizieren, einzuteilen, zu messen, zu testen, Prognosen zu stellen.

Zu Beginn des zwanzigsten Jahrhunderts entwickelten die beiden Psychologen Alfred Binet und Théodore Simon im Auftrag des französischen Erziehungsministeriums ein Instrument, welches das intellektuelle Niveau von Schulkindern testet – den IQ (Intelligenzquotienten). Das war ohne Zweifel der augenfälligste Versuch, die menschliche Intelligenz durch Messung zu „objektivieren". Heute weiß man, wie viel an Gültigkeit man ihm zuschreiben kann. Welch eine eindrückliche Anstrengung der Klassifikation! Psychiatrische Krankheitsbilder der Persönlichkeitsstörung, Psychose, Neurose oder eher psychosozialen Einteilungen wie verhaltensauffällig, abnormal, sozioaffektiv, unangepasst, drogensüchtig, delinquent ... gestatten die Gruppierung von verschiedenen Klientelen, die Schaffung spezieller Dienste für die einzelnen Pathologien, das Erstellen von Statistiken, die endlich die so sehr erwünschte Validität aufweisen. Damit kann dem Chaos der individuellen Besonderheiten ausgewichen werden.

Voraussagbarkeit

Viele diese Klassifizierungen sind offensichtlich einigermaßen gesichert: Wenn jemand das Etikett „delinquent" erhalten hat, lässt sich voraussehen, dass er wieder verbrecherische Handlungen begehen wird. Und es ist nicht nur die psychosoziale Fachkraft, die diese Prognose trifft, sondern die betroffene Person selber, weil sie in eine Kategorie eingeteilt wurde, nach der es voraussehbar wird, dass sie von neuem solche Handlungen begehen wird. Man kann sich sogar bis zur Idee versteigen, dass es für eine Person vom Moment an, wo ihre Handlung scheinbar vorhersehbar ist, vielleicht sogar wünschenswert wird, dass es so ist, denn es ist ja offenbar im Voraus so bestimmt: Die persönliche Verantwortung der Person ist in gewisser Weise ausgelöscht, und sie kann die Verantwortung abschieben an die persönliche Lebensgeschichte, die psychosozialen Bedingungen, die Familie, die Persönlichkeit, die Erbanlagen, kurzum: an ihr Schicksal.

Beobachtung

Auch in der Familientherapie gehen alle Arbeiten, die sich noch an der ersten Kybernetik inspirieren, in die gleiche Richtung: Der Beobachter bleibt außerhalb des Systems und trägt seinem eigenen Einfluss auf den Prozess keine Rechnung. Als Beweis dafür führe ich an, dass man nach wie vor Kinder in Institutionen oder in Schulen unter Beobachtung stellt, psychiatrische Patienten testet, Sozialarbeiter mit Nachforschungen und Berichten beauftragt. Man tut so, als wären wir nicht von vornherein selbst an den Interaktionen beteiligt, als wäre das beobachtete Subjekt nicht beobachtet – als verlöre man wertvolle Informationen oder beginge nicht mehr wieder gutzumachende Irrtümer, wenn man unmittelbar in einen Prozess der Veränderung eintreten würde. Falls Beobachtung oder Abklärung zum Ziele haben, der Unterbringung in einer Institution oder Zwangsmaßnahme zuvorzukommen, umso besser. Aber immer noch zu häufig führen sie in einer ausgeklügelten Weise dazu, die betreffende Person oder ihre Familie auszugrenzen.

Wir vergessen auch, dass das, von dem wir glauben, es sei eine beobachtete Tatsache, das Ergebnis einer erst im Nachhinein erfolgten Festlegung ist. Sobald eine Klassifizierung vorgenommen wird, führt sie unweigerlich zu einer Auswahl von Handlungen, welche die Theorie bestätigen. Ich nenne das „das Vergessen-des-Im-Nachhinein", was besagen will, dass wir vergessen, wie viele unserer Feststellungen im Nachhinein (*a posteriori*) getroffen wurden und im Wesentlichen die vorgefasste (*a priori*) Theorie bestätigen, mit deren Hilfe wir ein Phänomen beobachtet haben. Ein Beispiel von Aristoteles kann das verständlicher machen.

Theoriebildung

Für Aristoteles hatte jedes Ding seinen festen Platz in der Naturordnung. Wurde es von diesem entfernt, kam es erst zur Ruhe, wenn es seinen vorherigen Platz wieder gefunden hatte. Auf diese Weise erklärte Aristoteles das Fallen von festen Körpern. Hebt man also einen Stein auf und lässt ihn los, fällt er mit zunehmender Geschwindigkeit, denn er hat es eilig, seinen anfänglichen Platz wieder einzunehmen. Ausgehend von dieser theoretischen Vorannahme des richtigen Platzes in der Ordnung der Dinge, ließ sich auch auf andere Bereiche schließen. Ein Pendel zum Beispiel besteht aus einem

Stein, welcher von einer Schnur gehalten wird. Beobachtet man seine Bewegung, lässt sich in Anwendung dessen, was man im Vornhinein annahm, sagen, dass nämlich der Stein um jeden Preis wieder auf den Boden zurückwill, wo er hingehört. Allerdings wird er durch die Schnur daran gehindert, welche ihn in der Luft hält. Er wehrt sich dagegen, weshalb er Pendelbewegungen ausführt. Nach einer gewissen Zeit hält das Pendel schließlich in seinen Bewegungen inne, was ohne Zweifel mit der Ermüdung des Steines zusammenhängt, welcher mit immer weniger Erfolg gegen die Schnur kämpft, die ihn daran hindert, den ursprünglichen Platz wieder zu finden. Hört die Bewegung auf, befindet sich der Stein in der seinem natürlichen Zustand am nächsten befindlichen Lage, und das lässt sich als Zustand des Gleichgewichts bestimmen. Der Begriff des Gleichgewichts bezieht sich also bei Aristoteles auf den möglichst richtigen Platz in der Naturordnung.

Beim Lesen haben Sie wahrscheinlich über die Naivität einer solchen Erklärung gelächelt. Und trotzdem herrschte sie bis Galilei und vor allem bis Newton vor, als dieser die Schwerkraft fand. Über zwanzig Jahrhunderte hinweg waren die Menschen mit dieser Erklärung zufrieden, welche heute sogar ein Kind zum Lachen bringt.

Und trotzdem, haben wir denn nicht immer noch eine aristotelische Sicht der Störungen und Pathologien, mit denen wir uns als Therapeuten zu beschäftigen haben, beibehalten (Korzybski 1941)? Haben wir nicht ein viel zu großes Vertrauen in unsere Theorien? Versuchen wir nicht immer wieder, unsere Klienten unseren Theorien anzupassen, statt unsere Theorien deren Wirklichkeit gemäß zu gestalten?

Kontrolle

Die naiven Theorien, von denen eben die Rede war, wurden durch eine strenge experimentelle Überprüfung widerlegt. Die Autos sind dank der Produktionskontrolle verlässlicher geworden. Das Familienbudget kann durch die Kontrolle der Ausgaben im Gleichgewicht gehalten werden. Daraus ergibt sich der Eindruck, Kontrolle sei ein gutes Mittel, um die Qualität einer Theorie, einer Arbeit, einer Lebensweise zu sichern. Das ist sicher nicht ganz falsch. Ein Problem ergibt sich jedoch aus einem Übermaß an Kontrolle oder aus ihrer schlechten Anwendung. Als Therapeuten bekommen wir häufig den verschwiegenen oder ausdrücklichen Auftrag, unsere Klienten zu kontrollieren. In bestimmten Grenzfällen erweist sich das als durchaus notwendig. Aber zu leicht vergisst man, dass unsere Klienten keine Maschinen, keine Kostenvoranschläge, keine Theorien, sondern lebendige Wesen sind, die über ihren eigenen Willen und ihre eigenen persönlichen Mittel der Kontrolle verfügen. Jedes Mal, wenn wir einen Klienten kontrollieren, hindern wir ihn daran, die Mittel zu finden, es selbst zu tun. Leider genügt es nicht, mit der Kontrolle aufzuhören, damit der Kontrollierte sie selber übernimmt.

Ein als psychotisch bekannter Mann hatte häufig spektakuläre und aggressive Ausbrüche, die er selber als „Kontrollverlust" bezeichnete. Die übliche Gegenmaßnahme bestand in Verwahrung, Isolation und medikamentöser Behandlung, was für ihn jedes Mal seinen Kontrollverlust bestätigte, nachdem ja nun andere die Kontrolle für ihn übernahmen. Eine Krankenpflegerin, welche ihn betreute, vollbrachte eine bemerkenswerte Arbeit, indem sie mit ihm zusammen all die Mittel zusammenstellte, die ihm zur Verfügung standen, um jeweils seine Umgebung zu warnen, wenn er spürte, dass wieder ein Kontrollverlust drohte. Das Gleiche wurde anschließend mit der Familie getan. Zwar verschwanden die Krisen nicht völlig, aber der Glaube, sie seien „unkontrollierbar", wurde allmählich untergraben. Der Klient begann wieder Vertrauen in sich selber zu bekommen. Und seine Familie konnte ihre Rolle besser sehen, welche sie im Zusammenhang mit den Krisen hatte.

Jemanden kontrollieren ist schwierig und oft unwirksam. Kontrolle ist sowohl für den Klienten wie für die Fachperson meistens peinlich. Wenn wir uns bewusst werden, dass der immer größere Umfang der Krankheitsgeschichten mehr der Kontrolle durch die Fachpersonen dient als der Übermittlung von Informationen und dass bestimmte Therapeuten mehr als ein Drittel ihrer Zeit damit verbringen, Akten zu füllen, sind wir berechtigt, den Wert solcher Kontrollinstrumente infrage zu stellen.

Auswahl

Wie wir gesehen haben, geben uns die Theorien das Gefühl, bestimmte Verhaltensweisen unserer Klienten voraussehen zu können. Doch bewirken sie noch mehr, weil wir nicht von außen die Beobachter dessen sind, was wir beobachten, sondern eingebunden in die Prozesse, an welchen wir teilnehmen, wie es die Kybernetik zweiter Ordnung gezeigt hat: Durch unsere Einteilungen, Diagnosen, Etikettierungen und Kontrollen greifen wir in den Prozess der Auswahl und der Erweiterung der Symptome ein.

Diesen Etikettierungsvorgang kann man konstruktivistisch „verstehen", das heißt ihn einerseits bewerten und andererseits widerlegen. Schon früher hatten Soziologen den Vorgang kritisiert, unter ihnen besonders Goffman (1980) und Rosenthal in seinem Buch *Pygmalion im Unterricht.* Als erster hat Korzybski (1941) die aristotelische Sicht, von welcher wir geprägt sind, kritisiert und vorgeschlagen, zu einer nichtaristotelischen überzugehen und sich für „vielseitige (polyspekulative) Wirklichkeiten" zu interessieren, wie sie van Vogt (1953) in seinem Sciencefictionroman *Le monde des non-A* (Die Welt der Nicht-A) veranschaulicht hat. Prigogine und Seengers (1979) kritisierten die Begriffe der Voraussehbarkeit, Wiederholbarkeit und der allgemeinen Gesetze und meinten, sie würden die Wissenschaft daran hindern, eine bestimmte Anzahl von Phänomenen zu untersuchen, welche bis jetzt als wissenschaftlich bedeutungslos betrachtet wurden. Unwissenschaftlichkeit wurde auch den ersten Theoretikern des Chaos vorgeworfen, weil sie sich mit für die Wissenschaft völlig uninteressanten Dingen beschäftigten.

Zurückkommend auf die Therapie, soll zwar jetzt noch nicht vorweggenommen werden, was im ersten Kapitel des dritten Teils beschrieben wird. Es sei lediglich festgehalten, dass wir als Therapeuten auch zum Auswahlprozess bezüglich des Symptoms beitragen. Stört ein Kind in der Schule, ist es lediglich ein Störenfried. Sobald es aber von psychosozialen Fachleuten untersucht wird, wird es klassifiziert, z. B. als POS, das heißt zum Kind, welches von einem „psychoorganischen Syndrom" befallen ist.

Vorläufige Zusammenfassung

Unser Bedürfnis, zu verstehen und zu erklären, veranlasst uns, Theorien zu bilden (oder zu vertreten), welche uns den Eindruck oder die Illusion vermitteln, mindestens teilweise die Verhaltensweisen unserer Klienten vorauszusehen, und den Auftrag und die Aufgaben rechtfertigen, welche wir durch die Unterzeichnung unserer Arbeitsverträge angenommen haben.

Das führt uns dazu, gewisse Handlungen auszuwählen, welche die Theorie bestätigen und ihnen im Nachhinein Gültigkeit verleihen. Damit erhöhen wir die Wahrscheinlichkeit der vorausgesehenen Handlung. Später laufen wir Gefahr, die Verantwortung für die Kontrolle zu bekommen.

Wir nehmen teil am Prozess der Auswahl und der Erweiterung des Symptoms und tragen auf diese Weise häufig dazu bei, gerade das zu produzieren, was wir vermeiden wollten. Wir decken unser Chaos zu, statt es zu vollziehen.

Einige Möglichkeiten, das Chaos wieder zu entdecken

Diese Überlegungen sind nicht neu und hatten ihren Erfolg besonders zwischen dem Mai 1968 und dem Beginn der Siebzigerjahre. Allerdings waren sie nur von zeitlich begrenztem Einfluss, weil sie ständig an die Grenzen ihrer praktischen Anwendbarkeit stießen. Im günstigsten Fall betrachtete man sie als ein erstrebenswertes Ideal, im vollen Wissen, dass man sich diesem nur annähern, es aber nicht erreichen konnte, wollte man nicht Gefahr laufen, den Boden unter den Füßen zu verlieren. Seit dem Beginn der Achzigerjahre habe ich mich immer wieder mit Fragen von Äquifinalität, Selbstrückbezüglichkeit, Autopoiese und Zielgerichtetheit beschäftigt. Dabei haben die Autoren Bateson, Prigogine, Stengers, von Foerster, Maturana und Varela sowie die konstruktivistischen Theorien, wie Watzlawick sie präsentiert, mein Denken befruchtet. Schließlich markierte ein Buch über die Äquifinalität, welches ich im Anschluss an einen Kurs von einer Studentin erhielt, einen entscheidenden Wendepunkt in meiner Arbeitsweise.

Nicht zielen

Zen in der Kunst des Bogenschießens ist ein kleines Buch, welches in den Vierzigerjahren vom deutschen Philosophen Eugen Herrigel (1948) geschrieben wurde. Er hielt sich zehn Jahre in Japan auf, um sich mithilfe des Bogenschießens mit dem Zenbuddhismus vertraut zu machen. Glauben Sie jetzt nicht, ich hätte mich zum Zenbuddhismus bekehrt, selbst wenn das vielleicht sehr interessant gewesen wäre. Ich fand aber in diesem Werk einen Leitfaden, der es mir ermöglichte, die Prinzipien, von denen ich eben gesprochen habe, miteinander zu verbinden und meiner Art, mit Familien und menschlichen Systemen zu arbeiten, eine neue Ausrichtung zu geben.

Der Zenmeister vertraut am Anfang seiner Einweihung Herrigel einen Bogen an und fordert ihn auf, zu schießen und die Mitte der Scheibe zu treffen. Wie zu erwarten war, traf er sie nicht, was zum eigentlichen Ausgangspunkt in den Überlegungen unseres Philosophen wurde. Versucht man die Mitte der Scheibe zu treffen, was ist dann am wahrscheinlichsten: dass man trifft oder im Gegenteil danebenschießt? Eine Antwort ist nicht nötig. Denn jedermann weiß, dass die besten Schützen bei den Olympischen Spielen nur sehr selten ihren Pfeil in die Mitte der Scheibe bringen, auch wenn sie mit den ausgeklügelsten Bogen ausgerüstet sind, Sichtgeräte haben und über andere Werkzeuge verfügen, die es ihnen erlauben, die Spannung des Bogens zu verändern. Liegt da nicht eine erste Metapher vor, die für unsere Alltagsarbeit bedeutsam sein kann?

Bei unseren Interventionen sind wir es gewohnt, entweder sehr genaue oder sehr allgemeine Ziele festzulegen. Ein allgemeines Ziel wäre zum Beispiel, Veränderung zu bewirken. Doch wurden wir darin ausgebildet, möglichst genaue *Zielvorstellungen* zu definieren, bevor wir uns auf eine Intervention einlassen. Es wurde uns auch geraten, Hypothesen zu bilden und zu versuchen, diese zu verifizieren. Nimmt man die Metapher vom Bogenschießen wieder auf, könnte man folgern, dass wir unser Ziel umso weniger erreichen, je genauer unsere Zielvorstellung ist. Trotzdem fahren wir in unserer Arbeit damit fort zu glauben, dass wir unser Ziel nur deshalb nicht erreichen, weil wir es zu unklar bestimmt hatten.

Das Bedürfnis der Zielvorgabe wurde mit Bestimmtheit direkt aus der Arbeit in Industriebetrieben übernommen, besonders wegen der spektakulären Erfolgen welche der Taylorismus und die Fließbandarbeit in der Automobilindustrie erreichen konnten. Doch gerät zu oft in Vergessenheit, dass wir keine Autos, also Massen aus Stahl, herstellen, die weder denken noch wollen können, sondern dass wir mit menschlichen Wesen arbeiten, die ihre eigenen Geschichten, Erfahrungen, Gefühle, Emotionen, ihren Willen, ihre Entscheidungs- und Organisationsfähigkeit, in einem Wort, ihre Verantwortlichkeiten haben.

Seit ich mit andern Menschen arbeiten, die ebenso wie ich denken, verstehen, wollen, entscheiden, organisieren, riskiere ich nicht nur, meine Ziele nicht zu erreichen, wenn ich sie zu genau fasse. Ich setze mich auch der Gefahr aus, jene nicht mehr wirklich zu erreichen, mit denen ich arbeite, sondern ihrer Wirklichkeit etwas überzustülpen, das nur meine eigene Wirklichkeit widerspiegelt. Jedes Mal, wenn ich für eine Familie ein Ziel festlege, hindere ich sie daran, ihre eigenen Ziele zu bestimmen.

Während unserer Ausbildung wurden wir dazu angeleitet, Ziele festzulegen, *Hypothesen* zu überprüfen, also „auf kohärente Art“ zu arbeiten und „zu wissen, auf was man hinauswill“. Hypothesen zu bilden ist typischerweise ein analytisches Unterfangen. Angesichts der komplexen Problematik menschlicher Systeme ist man versucht, die Zahl der Variablen zu verringern, indem man eine Hypothese wählt, welche es erlaubt, bestimmte Aspekte aus der Ganzheit auszuwählen. Im Rahmen einer analytischen Untersuchung ist dieses Vorgehen vollkommen gerechtfertigt, weil der Forscher dazu gezwungen ist, seine Aufmerksamkeit auf einen Aspekt des von ihm untersuchten Phänomens zu lenken.

Die andere Rechtfertigung des Hypothetisierens besteht darin, dass es sich schlussendlich nur um Hypothesen handelt, welche durch die Ergebnisse der Untersuchung selber außer Geltung gesetzt werden können und so zur Formulierung neuer Hypothesen führen und so weiter. Das Problem und der Unterschied bestehen darin, dass die Familienmitglieder keine Versuchstiere in einem Laboratorium sind und ihrerseits Hypothesen formulieren. Sofern diese sich zum Teil aus den unseren herleiten, werden sie in gewisser Weise den Verlauf der Gespräche beeinflussen. Das kann uns dazu führen, Hypothesen zu bestätigen oder zu verwerfen, die mit der Eigendynamik der Familie nichts mehr zu tun haben, wohl aber mit jener Dynamik, die während des Gesprächs zwischen der Familie und dem Therapeuten entstanden ist. Man wird mir entgegenhalten, dass, weil diese Dynamik durch die Familie erzeugt wurde, sie ein Bild dessen abgibt, wie die Familie funktioniert. Das stimmt. Meine Hypothesen bergen aber das Risiko, die Dynamik des Gesprächs in eine Richtung zu lenken, welche viel mehr mit meiner Problemsicht und meinen persönlichen Werten zu tun hat als mit den Mitteln, welche die Familie einsetzen kann, um ihr Problem zu lösen.

Loslassen

Die Begegnung mit einem Schauspieler, der regelmäßig an Improvisationswettkämpfen teilnimmt, hat mich vor einigen Jahren, als weiteres Erlebnis stark geprägt. Vielleicht wissen Sie, dass sich solche Improvisationwettkämpfe so abspielen, dass die Jury ein bestimmtes Thema vorgibt, mit dem sich zwei oder mehr Schauspieler nach einer minimalen Vorbereitungszeit und für eine festgelegte

Dauer auseinander zu setzen haben. Mein Gesprächspartner, ein ausgezeichneter Improvisator, sagte mir, dass sein Trainer ihm eines Tages geraten habe, loszulassen, d. h., sein Spiel dem Gegner nicht aufzuzwingen, sondern sich vielmehr vom Spiel tragen zu lassen und nicht zu versuchen, das Gegenüber zu destabilisieren. Das habe er als Wende in seiner Laufbahn erlebt. Er gewann viel mehr Spiele als vorher, denn seine Offenheit für das, was passierte, ließ ihm viel mehr Möglichkeiten der Innovation, Kreativität und Wendigkeit offen. Dieses Loslassen war allerdings keineswegs leicht, bedeutete es doch, sich ohne genauen Plan, ohne im Voraus überlegte Strategien und ohne Hilfe einer bestimmten Taktik tragen lassen, ohne zu wissen, wohin.

Während ich ihm zuhörte, kam mir ein Text von Bateson(1982) aus dem Anhang seines Buches *Geist und Natur* in den Sinn, wo er vom Konservatismus der Universitäten und ihrem Veralterungsprozess spricht. „Kurz gesagt, Konservatismus wurzelt in *Kohärenz* und *Vereinbarkeit*, und diese gehen einher mit dem, was ich oben *Strenge* im geistigen Prozeß nannte. Genau hier müssen wir nach den Wurzeln des Veraltens suchen. Und das Paradoxon oder Dilemma, das uns verwirrt und aufbringt, wenn wir uns darauf einlassen, das Veralten zu korrigieren oder dagegen zu kämpfen, ist einfach die Furcht, Kohärenz, Klarheit und Vereinbarkeit, ja sogar *geistige Gesundheit* einzubüßen, wenn wir das Veraltete fahren lassen“ (S. 269).

Zunächst hat mich dieser Text sehr überrascht, ja schockiert. Bis anhin gehörte auch ich zu jenen, welche glaubten, eine Psychotherapie müsse sich durch Strenge, Kohärenz und Klarheit auszeichnen. Ich blätterte zu früheren Seiten des gleichen Buches zurück und entdeckte im Abschnitt *Von nichts kommt nichts* Folgendes: *„Bereitschaft* kann dazu dienen, Bestandteile des Zufälligen auszuwählen, die dadurch zu einer neuen Information werden. Es muß aber immer ein Vorrat an zufälligen Erscheinungen verfügbar sein, aus dem die neue Information gemacht werden kann ... Im Gegensatz zur Epigenese und Tautologie, auf denen die Welten der Reproduktion beruhen, steht der gesamte Bereich der Kreativität, der Kunst, des Lernens und der Evolution, in dem die andauernden Prozesse der Veränderung *sich vom Zufälligen nähren* ... Daß Organismen neue Mutationen sammeln, liegt außerhalb des Zufälligen, und genau dort gelangt das stochastische Lernen zu seinen Lösungen“ (S. 63, 65).

Will man diesen Aussagen von Bateson folgen und auf die Psychotherapie anwenden, ist es notwendig, dass sich im Verlaufe einer Therapie immer ein „Vorrat an zufälligen Erscheinungen" bemerkbar machen kann. Man wird nun einwenden, der Zufall manifestiere sich zur Genüge und man müsse überhaupt nichts machen, damit er noch stärker in Erscheinung trete. Dennoch bewirken unsere Hypothesen, Gesprächsschemata, zielgerichteten Fragen, theoretischen Vorannahmen, unser Bedürfnis nach Klarheit und Stringenz, dass wir ständig versucht sind, den Zufall so weit wie möglich auszuschalten, weil er wie ein Unfall erlebt wird, dessen Eintreten tunlichst vermieden werden muss.

Loslassen bedeutet, seine theoretischen Konstrukte in der Kleiderablage zurückzulassen, um sie erst beim Hinausgehen wieder in Empfang zu nehmen. Man stürzt sich ins Wasser, ohne zu wissen, wohin man will, weiß aber, dass man sehr gut schwimmen kann, und ist überzeugt davon, irgendwo zu landen. Diese Überzeugung entsteht nicht nur aus der Kompetenz des Therapeuten, sondern auch aus jener der Familie. Ich komme später immer wieder darauf zurück.

Das Unbenennbare benennen

Ein letzter entscheidender Einfluss kam von Whitaker. Jedermann kannte diesen wenig orthodoxen und sehr provokativen Therapeuten. Er zögerte nicht zu sagen, „nach meiner Theorie sind alle Theorien schlecht". Die meisten finden seine Interventionen genial, versuchen allerdings nicht, sie selber zu benutzen, weil sie sich sagen, man müsse ein Whitaker sein, um das zu können. Whitaker hat trotzdem sein Verständnis von Therapie im *Handbook of family therapy* von Gurman und Kniskern (1981) selber beschrieben. Unter anderem ist es nach ihm für den Therapeuten wichtig, „dem Namenlosen einen Namen zu geben", was wörtlich meint, das „Unnennbare zu benennen". Hielten wir ein zu genaues Ziel im Auge und achteten zu streng auf die Struktur des Gesprächsablaufes, würden wir es kaum je wagen, das Unnennbare zu benennen. Wir nehmen zu oft die möglichen Reaktionen, Folgen und Vorwürfe voraus, welche die Enthüllung dieses Unnennbaren nach sich ziehen könnte. Häufig sind wir auch durch die Regeln der Familie selber so gebunden, dass das für sie Unnennbare auch von uns nicht ausgesprochen wird. Unsere eigene Angst vor Provokation führt dazu, dass vieles nicht gesagt werden kann und somit wenig Aussicht auf Veränderung besteht. Sicher liegt das Unbenannte ganz nahe beim Chaos. Was dann, wenn das Chaos Ursprung von Kreativität würde ...?

Verschiedene Mittel, das Chaos zu nutzen

Zunächst ein paar Aussagen der Chaostheorie.

Interesse an Unordnung und an Nebensächlichem

Wie schon gesagt wurde, sind die Chaotiker besonders an dem interessiert, was nicht bekannten Gesetzen gehorcht, zum Beispiel an Strudeln und Wirbeln auf der Oberfläche eines Flusses. Auch in der Therapie sind wir oft verwirrt, wenn während einer Sitzung oder bei der Übernahme einer Familie unerwartet Turbulenzen auftreten. Wieder ist mit Bateson zu sagen, die Information sei ein Unterschied, der einen Unterschied mache. Unruhe und Aufregung während der Sitzung – jemand will hinausgehen, ein Kind lässt ein Spielzeug fallen, ein Wort wird auf unübliche Art gebraucht, Lachen oder unbeherrschter Zorn bricht aus – werden von uns oft als chaotisch empfunden, sind jedoch Ereignisse, die zu jenen Informationen werden könnten, welche einen Unterschied machen. In der Supervision erlebte ich häufig, wie Therapeuten bei Zwischenfällen dieser Art gleichsam erstarrten, sich unwohl fühlten und nur darauf warteten, dass sie vorübergehen, um endlich den Faden wieder aufzunehmen mit dem Satz: „Kommen wir nun auf das zurück, wo wir eben waren." Das kurzfristige Chaos ist ausgeschaltet, man hat die Kontrolle wieder und kann nun das ansteuern, worauf man hinauswill. Die Sitzung geht weiter.

Achtsamkeit gegenüber dem, was am Anfang da ist

Die herkömmliche Physik gründet unter anderem auf dem Postulat, dass die gleichen Ursachen die gleichen Wirkungen erzeugen. Damit sichert sie die Wiederholbarkeit eines Experimentes. Die Chaotiker haben aber entdeckt, dass eine ganz kleine Veränderung der Eingangsbedingungen in kurzer Zeit wesentliche Veränderungen im Ergebnis hervorrufen kann. Das trifft sich übrigens mit der Katastrophentheorie von René Thom (1979), welcher gezeigt hat, dass ein katastrophales Ereignis durch ganz geringfügige Veränderung der Bezugsvariable ausgelöst werden kann. Während einer Sitzung lässt sich mit Erstaunen feststellen, wie eine kleine Veränderung in ihrem Ablauf am Schluss zu entscheidenden Veränderungen führen kann.

Begeisterung für nicht vorhergesehene Folgen
Für Vertreter der Chaostheorie sind die nicht vorausgesehenen Folgen häufig das Wichtigste. Der Unterschied zwischen einer Verhaltensverschreibung und einer systemischen Verschreibung liegt für mich darin, dass die Erstere wirksam sein kann; wenn sie sorgfältig und genau ausgeführt wird, soll sie das erwartete Ergebnis haben, während im Idealfall eine systemische Verschreibung nie an das vorausberechnete und vorhersehbare Ziel gelangen sollte. Sie wäre sonst nicht mehr systemisch, sondern würde eben zu einer Verhaltensverschreibung.

Ich bin ziemlich rasch über diese verschiedenen Aussagen der Chaostheorie hinweggegangen, weil eine Theorie nie vollkommen auf Lebendes angewendet werden, sondern höchstens Gleichförmigkeiten (Isomorphismen) mit ihm aufweisen kann. Angesichts ihrer biologischen, phylogenetischen, umweltbedingten, historischen und kulturellen Aspekte und als Folge unablässig stattfindender Interaktionen ist die Komplexität des Lebendigen in der Tat viel größer, als es für die Mehrzahl physikalischer Phänomene der Fall ist. So geschieht es denn sehr häufig, dass wir mit Verhaltensweisen konfrontiert sind, welche wir theoretisch, prognostisch und statistisch als unerklärlich beurteilen. Ab und zu können wir zwar annehmen, sie ließen sich erklären, wenn wir über eine angemessene Theorie verfügten und alle Nebenumstände kennen würden. In anderen Fällen jedoch erscheinen sie wirklich als chaotische Wirrnisse, weshalb wir dann auch dazu neigen, sie nicht zu beachten. Und doch sind es häufig gerade diese unerklärlichen Verhaltensweisen, dank welcher Veränderungen eintreten, sei es durch fluktuierende Bewegungen, welche sie im Funktionieren des Systems hervorrufen, sei es durch daraus entstehende Weichenstellungen, woraus sich Veränderungen ergeben können.

Meine Grundprinzipien
Die Überlegungen zu Herrigel, Bateson und Whitaker hatten mich dazu geführt, den Zufall in der Therapie nach Möglichkeit auszunutzen. Da ich wie alle anderen auch ein Sicherheitsbedürfnis habe,

suchte ich Prinzipien zu formulieren, mithilfe deren ich mich einerseits absichern konnte, ohne andererseits gleichzeitig den Einbruch des Zufalls zu verhindern. Ich gelangte schließlich zu folgender Formel für die Begegnung mit Klienten:

> „Es gibt da eine Person oder eine Familie, die eines oder mehrere Probleme hat. Diese äußern sich im Leiden, in interaktionellen Störungen und Pathologien,
>
> welche jedoch niemand wirklich kennt, sodass er in der Lage wäre, sie auf zutreffende Art auszusprechen,
>
> sonst hätte man ja die Lösung oder die Lösungen bereits finden können,
>
> nachdem das Problem durch das Funktionieren des Systems hervorgerufen wurde und deshalb von seinem Wesen her die Lösung in sich trägt, und zwar wieder durch das Funktionieren des Systems und in Abhängigkeit von seinen grundlegenden Paradigmen,
>
> selbst wenn zur Zeit niemand in der Lage ist, diese Lösung zu finden, weil sie nicht auf der Ebene der Personen, sondern auf der Ebene des Systems liegt."

Bei diesem Stand meiner Überlegungen drängten sich mir allmählich auch die folgenden zwei Postulate auf:

- Das Postulat der angemessenen, d. h. zutreffenden Information: „Die wesentliche Information kommt vom System, um dorthin zurückzukehren."
- Das Postulat der Kompetenz:

> „Ein System kann nur die Probleme haben, zu deren Lösung es selbst in der Lage ist."

Das Entscheidende ist also, dass nur das System selber jene Kompetenz hat, das Problem zu lösen, mit dem es konfrontiert ist. Deshalb besteht die Rolle des Therapeuten nicht darin, zu verstehen oder nach Lösungen zu suchen, sondern Prozesse zu aktivieren, damit das System seine eigene Lösung finde bzw. seine Selbstlösung hervorbringe.

Natürlich kann ein System mit einem Problem konfrontiert sein, welches es nicht selber geschaffen hat: Krankheit, Unglücksfall, Arbeitslosigkeit, Tod usw. Es wäre aber in diesem Fall richtiger, von einem Ereignis zu sprechen, wörtlich von „dem, was sich tut, was geschieht". Es ist der Eintritt des Ereignisses, dass für eine Familie etwas zum Problem werden kann oder auch nicht. Alle Familien durchleben mehr oder weniger schwierige Erfahrungen mit Ereignissen, welche aber nicht unbedingt zu Problemen führen müssen. Wie sie als System darauf reagieren, ist, unabhängig von der Ursache, an die Art und Weise ihres Funktionierens gebunden. Dieses sowie die Organisation und die familieneigenen Regeln machen es aus, dass ein Ereignis zum Problem wird. Es findet sich denn auch wieder im Funktionieren, in der Organisation und in den Regeln.

Es ist klar, dass die Redewendung „ ein Problem stellt sich „ nicht gleichbedeutend ist mit der Redewendung „jemand ist einem Problem oder Ereignis ausgesetzt „. Wenn ein Problem *sich stellt*, ergibt es sich aus der Aktivität des Systems selber. *Tritt* hingegen *ein Ereignis ein*, so hängt das von Faktoren ab, welche außerhalb des Systems liegen. Mit dieser Aussage bleibe ich diesseits der Position von Maturana und Varela (1987), deren Idee von der „operationellen Schließung" den Unterschied zwischen dem, was durch das System hervorgebracht wird, und dem, was von seinem Umfeld kommt, übersieht.

Es ist hier weder der Ort noch die Zeit, die praktischen Konsequenzen dieser Postulate zu entwickeln. Ich begnüge mich damit, als Anregungen zum Weiterdenken einige Regeln vorzuschlagen, welche es erlauben, den Prozess innerhalb einer Familie in Gang zu bringen.

Regeln zur Aktivierung des Prozesses

1. Beschäftigen Sie sich als Therapeut mit dem Prozess. Die Familien sollen sich mit dem Inhalt befassen.
2. Versuchen Sie nicht, die Dinge zu verstehen: Die Familie wird es können. Im Übrigen wird ein Problem nicht dadurch gelöst, dass man es versteht.
3. Seien Sie nicht ständig darauf aus, Informationen zusammenzutragen, sonst wird die Familie umso mehr unternehmen, sie Ihnen zu geben. Bringen Sie die sachgerechte Information in Umlauf, nämlich jene, welche von der Familie kommt und zu ihr zurückkehrt.

4. Verfolgen Sie nicht eine bestimmte Spur, sonst laufen Sie Gefahr, an jenen vorbeizugehen, welche eine Öffnung bewirken und Veränderung ermöglichen. Wenn Sie den Verdacht haben, versehentlich eine Spur zu verfolgen, verlassen Sie sie sofort. Man könnte sonst glauben, es handle sich um Ihre Hypothese.
5. Stellen Sie Fragen, die für Sie *keinen* Sinn haben. Vielleicht haben sie einen für die anderen. Falls sie nicht wissen, weshalb Sie eine Frage stellen, wissen es diese vielleicht.
6. Vermeiden Sie jede Abwertung, Beschämung oder Beurteilung. Man wird Sie dann ebenfalls nicht entwerten.
7. Seien Sie misstrauisch gegenüber Ihren eigenen Hypothesen. Die anderen haben sie sicher bereits vor Ihnen aufgestellt, was ihnen offenbar auch nicht half, etwas zu ändern.
8. Bitten Sie sie um Hilfe, wenn Sie nicht mehr weiterwissen. Dadurch wird sich das Spiel umkehren, das Familien und Klienten in der Regel mit den Fachleuten spielen. Ein zirkulärer Blick wird Ihnen zeigen, wer Ihnen helfen kann.
9. Die einzige Person, welche sie ändern können, sind Sie selber. Beschäftigen Sie sich deshalb mit Ihrem eigenen Wohlbefinden.
10. Alles, was bisher gesagt wurde, unterliegt der obersten Regel der Ehrlichkeit. Sagen, erfragen und tun Sie nichts, was Sie nicht selber billigen können. Die Lügen sind viel zu hinderlich.

Auf den ersten Blick mag es sehr leicht erscheinen, diese Anweisungen zu befolgen. Wenn ich sie jeweils erläutere, meinen oft viele, sie liefen darauf hinaus, dass der Therapeut „machen kann, was er will". Mitnichten. In Ausbildungsgruppen und bei Supervisionen, an denen ich beteiligt war, wurde man sich dessen jeweils rasch bewusst.

Statt sich mit den zahlreichen Rettungsringen abzusichern, welche wir für gewöhnlich zu unserer Verfügung haben, handelt es sich im Gegenteil darum, das Zufällige anzunehmen, sich auf das Chaos hin zu öffnen, das Ereignis zu wagen, ohne andere Instrumente zur Hand zu haben als unsere Kompetenz, Erfahrung, unser Lebenswissen und Können. In diesem Sinne wenden sich die obigen Forderungen mehr an erfahrene Therapeuten und nicht an Anfänger. Sie drücken eine Geisteshaltung und Seinsweise aus, welche den Kompetenzen der Familie mehr Platz lässt als den therapeutischen Regeln und Gesetzen, dem Respekt vor den Klienten mehr als der professionellen Autorität, den schöpferischen Interaktionen mehr als programmierten Interventionen.

Statt die Ausbildung zu erleichtern, stellen sie an diese größere Anforderungen. Um das beträchtliche Wagnis eingehen zu können, dass Autopoiese, Selbstorganisation und Selbstlösung sich verwirklichen, muss man besonders gut vorbereitet sein.

Lesen Sie immer und immer wieder die Grundlagentexte. Üben Sie und arbeiten Sie mit den Instrumenten Zirkularität, Kontextualisierung, positive Konnotation, vielgerichtete Parteilichkeit, Provokation, mit Genogrammen und den Grenzen zwischen den Generationen und allem andern, das zu erwähnen ich sicher vergessen habe. Schauen Sie immer wieder ihre Video- und hören Sie Ihre Tonbandaufnahmen an, um ihre „gelandeten Treffer" zu entdecken und herauszufinden, was sie zusätzlich hätten tun können. Wie man sieht, ist das weit entfernt von der Empfehlung, einfach „irgendetwas zu machen". Im Gegenteil ist es außerordentlich anspruchsvoll, vergleichbar mit dem Virtuosen, der ständig seine Grundübungen wiederholt, um beweglich zu bleiben und sich die Freiheit der Improvisation nehmen zu können.

Die Kybernetik zweiter Ordnung löst die erster nicht auf, sondern baut auf ihr auf, erweitert sie und gibt ihr die volle Reife. Es kann keine Rede davon sein aufzugeben, was vor 1980 geschrieben wurde. Allerdings verändert sich mit der Kybernetik zweiter Ordnung unsere Sicht der durch viele historische und wirtschaftliche Abenteuer veränderten familiären Wirklichkeit. Wir sind jetzt keine außen stehende Beobachter mehr, sondern befinden uns mit den Spielern auf dem Feld, und da geht es nicht um Analyse, sondern um Spiel. Um gut spielen zu können, ist selbstverständlich ein ständiges Training nötig.

Diese Überlegungen münden in die Feststellung ein, dass es nicht mehr darum geht, die Familie wie ein Lebewesen im Laboratorium zu studieren, das man beobachten, klassifizieren oder sezieren kann. Man muss mit ihr in Interaktion treten. Dieser Wechsel in der Haltung ist nicht leicht. Ich bin überrascht zu sehen, wie viele Artikel oder Mitteilungen auf Kongressen überzuckert sind mit Kybernetik zweiten Ordnung oder Autopoiese, während die Autoren in ihrer Haltung trotzdem jene bleiben, die wissen, prognostizieren, verstehen, die gute Lösung suchen und auch entdecken, mit einem Wort: schwer daran arbeiten, nicht nur die Familie, sondern auch ihre Kolleginnen und Kollegen zu verblüffen.

Die folgenden Behauptungen werden jenen Recht geben, welche von den eben formulierten Regeln erschreckt sind.

1. Es ist leichter, Informationen zusammenzutragen, als sie in Umlauf zu bringen. Wer sammelt, häuft für sich an, was unseren Eigentum- und Aneignungsinstinkt befriedigt. In Umlauf bringen hingegen bedeutet, die Informationen der und für die Familie wieder zu Verfügung zu stellen.
2. Es ist leichter, Hypothesen aufzustellen, als sich auf einen ungewissen Prozess einzulassen. Die Hypothese wird vom Therapeuten konstruiert, während sich der Prozess aus den Interaktionen mit der Familie ergibt.
3. Es ist leichter, zu verstehen, als zu aktivieren. Etwas in Bewegung zu bringen beruht zum Teil darauf, das Potenzial der Familie zu mobilisieren. Das ist notwendigerweise insofern frustrierend, weil es nicht sofort ein sichtbares Ergebnis zeitigt.
4. Es ist einfacher, seine eigene Spur zu verfolgen, als es der Familie zu ermöglichen, ihre eigene zu entdecken. Auf meiner Spur weiß ich oder glaube mindestens zu wissen, wohin ich will. Ich habe meine Karten und verstehe sie zu benutzen. Mit der Spur der Familie hingegen bin ich wenig vertraut, und es scheint mir oft, als würde sie überhaupt nirgendwohin führen. Ich muss ihren Kompetenzen vertrauen – doch dazu bin ich nicht ausgebildet worden.

Schließlich ist es leichter, zu mogeln, als ein ehrliches Spiel zu spielen. Meistens wissen zwar die Familien nicht, dass wir schummeln und so Spannungen und Krisen ausweichen. Spielen wir hingegen ehrlich, ist kaum anzunehmen, dass wir dafür sofort belohnt werden. Früher arbeitete ich viel vor und nach der Sitzung. Nun arbeite ich hart während der Sitzung.

Schlussbemerkung

Statt eine Therapie oder die Bereitschaft zur „Übernahme des Falles“ anzubieten, welche die Familie beide Mal der Verantwortung enthebt oder mich als Agent der Veränderung auftreten lässt, schlage ich eine Arbeit vor, die im Wesentlichen darauf beruht, Information in Umlauf zu bringen, was auf eine „Nichtübernahme des Falles“ hinausläuft. Ich handle im Wesentlichen als *Aktivator* des familiären Prozesses. Das führte mich mit der Zeit dazu, eine Therapie zu entwickeln, welche ich *prozesshaft* nenne, weil es um die Aktivierung des Prozesses geht. Selbst wenn die Mitglieder der Familie es meistens nicht wissen, verfügen sie doch über einzigartige Elemente zur Lösung ihrer besonderen Probleme. Indem die ihnen zur Verfügung stehende Information ans Licht kommt, sind sie in der Lage, ihre *Eigenlösung* herauszuarbeiten. Statt sie als eine pathologische oder dysfunktionale Familie zu betrachten, bringe ich ihre eigene Kompetenz an den Tag in der Hoffnung, sie bräuchten künftig keinen Therapeuten mehr, um den Prozess weiterzuführen.

3. Vom suizidalen Chaos zur Kompetenz der Familien

Für einen Notfallpsychiater ist es nie leicht, bei der Aufnahme eines suizidgefährdeten Patienten das Risiko des Rückfalls abzuschätzen. Wenn dieser behauptet, er hätte nicht sterben wollen, heißt das noch nicht, dass er die Wahrheit sagt. Bedauert er, dass es ihm nicht gelungen sei, heißt das noch nicht, dass er es wieder versuchen wird. Die Entscheidung, einen Patienten zu entlassen oder nicht, schließt eine ethische Dimension ein, welche nicht vernachlässigt werden kann. Kommt noch eine gesetzliche Bestimmung dazu, wie es in Nordamerika der Fall ist – der Selbstmord eines Patienten kann dem Therapeuten als Kunstfehler angelastet werden –, wird die Entscheidung schwer und beängstigend.

Ferner erwartet man vom beigezogenen Psychiater, dass er den Notfalldienst so schnell wie möglich von diesem lästigen Patienten, „welcher nicht wirklich krank ist", befreie, indem er ihn entweder entlässt oder psychiatrisch hospitalisiert. Natürlich kann man sich gegen solche Regeln quer stellen und weigern, ihnen Beachtung zu schenken. Doch ist das einerseits wirkungslos und andererseits sehr verunsichernd. Man kann aber auch überlegen, ob die sehr einengenden Regeln sogar zu Quellen der Innovation werden könnten.

In einem solch belastenden Kontext konnte ich im Verlaufe der Zeit eine einfache und wirkungsvolle Art der Intervention entwickeln – innerhalb von drei Jahren kam es zu keinem einzigen Rückfall –, selbst wenn es nicht immer leicht war, sie anzuwenden.

Ein systemisches Vorgehen ist nicht identisch mit Familientherapie. Im Notfalldienst trägt es dem Kontext des Therapeuten ebenso Rechnung wie der Kompetenz des Patienten und der Tatsache, dass dieser und seine Umgebung jene Information besitzen, aus welchen eine Lösung entstehen kann. Statt einer langen Abhandlung soll ein konkretes Beispiel meine Vorgehensweise verdeutlichen.

Ein dornenvolles Problem ...

Albert wird von seinem siebzehnjährigen Sohn zum Notfalldienst gebracht. Der Sohn war am Abend früher als vorgesehen nach Hause zurückgekehrt und traf den Vater mit einem Gewehr in der Hand an. Nach einem kurzen Handgemenge gelang es ihm, den Vater zu entwaffnen und ihn zu überzeugen, mit ihm auf die Notfallstation zu gehen. Albert hatte ein paar Worte hinterlassen, worin er erklärte, er wolle ein Ende machen, um nicht mehr allen zur Last zu fallen. Auch bat er darum, man möge ihm verzeihen.

Als ich ihn begrüße, hat er bereits Tränen in den Augen, was seinem behäbigen und sicheren Aussehen eigentlich widerspricht. Vor anderthalb Jahren verließ ihn seine Frau nach achtzehnjähriger Ehe. Schon ein Jahr vor der Trennung hatte er damit gedroht, sich zu erschießen. Einen ersten Selbstmordversuch unternahm er, als der jüngere Sohn (zwölf Jahre) vor einem Jahr beschloss, in einer anderen Stadt bei der Mutter zu wohnen. Vor drei Monaten nahm Albert eine sehr intensive Beziehung zu einer Freundin auf, doch verließ diese ihn vor zwei Wochen, nachdem seine fünfzehnjährige Tochter ihrerseits einen Selbstmordversuch unternommen hatte. Die Freundin zog den Abbruch der Beziehung vor, bevor sie sich in die Situation einer Familie verwickelte, welche sie überfordert hätte.

Albert kann die Scheidung immer noch nicht akzeptieren. Der Selbstmordversuch seiner Tochter und der Bruch mit seiner Freundin nahmen ihm die letzten Hoffnungen. Die Tochter verließ ihn nach ihrem eigenen Selbstmordversuch, um ebenfalls bei der Mutter zu leben. Diese hatte am gleichen Abend ihren Exmann angerufen, um ihn auf jede nur mögliche Art zu beschimpfen und ihm vorzuwerfen, er sei ein unmöglicher Ehemann gewesen, hätte keine Verantwortung auf sich genommen und sei unfähig, die Rolle des Vaters wahrzunehmen. Als Krönung des Ganzen schlägt er sich mit finanziellen Schwierigkeiten herum und neigt zu Alkoholismus. Er fühlt sich schuldig und für alles verantwortlich. Auch macht er sich Vorwürfe, den Selbstmord verpasst zu haben. Er will nichts als nach Hause zurück, um sich diesmal mit Sicherheit umzubringen.

Kein Argument scheint ihn zu erreichen. Erst als ich ihm sage, so könne ich ihn nicht gehen lassen, reagiert er aggressiv: „Ich spinne nicht. Sie haben kein Recht, mich hier zu behalten. Das bringt überhaupt nichts."

Ähnliche Situationen mit unterschiedlichen Formen und Tonlagen gibt es im Notfalldienst jeden Tag, und der Psychiater ist ziemlich hilflos.

Diese Menschen zwangsweise zu hospitalisieren ist nichts anderes, als ihnen zu ermöglichen, ein Stück zurückzuweichen, um dann mit umso größerem Anlauf das nächste Mal besser zu springen. Es ist ja wenig wahrscheinlich, dass die Gegebenheiten des Problems sich in wenigen Tagen verändern werden. Sie zu entlassen, indem man ihnen Antidepressiva verschreibt und einen Termin im Ambulatorium vermittelt, vermindert das Risiko ebenfalls nur geringfügig. Wie auch immer, das eine wie das andere trägt zur Verschärfung des Problems bei, indem das eine die Personen zu Kranken erklärt, die unfähig sind, sich selber zu helfen, und das andere im Nachhinein ihren Suizidversuch rechtfertigt.

... FÜR WEN?

Sehen wir uns nun die Sache unter einem anderen Blickwinkel an: Wer hat eigentlich das Problem? Nicht der Patient, denn er hat ja schließlich seine Lösung gefunden: Er will sterben, und alles wird vorbei sein. Der Therapeut hingegen befindet sich in einer unbequemen Lage, was immer er auch tut: Hospitalisiert er den Patienten, trifft er ihn ein paar Tage später wieder mit dem gleichen Problem an. Lässt er ihn gehen, bleibt er mit der Angst zurück, es werde in mehr oder weniger kurzer Zeit zu einem erneuten Versuch kommen.

Genau diese unbequeme Situation ist es, die etwas von einer Doppelbindung an sich hat, die mir das erste Element zu einer Lösung liefern wird. Es sei daran erinnert, dass die Doppelbindung (*double bind*) ein komplexes Beziehungsschema, das heißt eine zwischenmenschliche Situation, darstellt, welches widersprüchliche wechselseitige Verstrickungen und miteinander unverträgliche Positionen einschließt.

Wie ich auch schon ausgeführt habe, kann man als Therapeut einem Patienten am ehesten dann helfen, wenn man sich zunächst mit sich selbst beschäftigt. Bei der Doppelbindung verfügt jener, von dem sie ausgeht, über die Lösung. In unserem Fall hat der Patient die Macht, mich aus der Falle zu befreien. Diese Überlegungen führten mich dazu, eine Strategie zu entwickeln, welche ich mit den nötigen Anpassungen bei solchen Situationen jeweils einsetze. Ich schildere dem Patienten meine Situation, indem ich ihm sage, ich selber hätte ein ernsthaftes Problem und würde eine strafrechtliche Verfolgung riskieren, wenn er mir nicht helfe.

Zurück zum Gespräch

Therapeut: „Ich nehme schwerwiegende berufliche Risiken auf mich, wenn ich Sie entlasse. Denn ich bin nicht sicher, dass Sie es nicht nochmals tun werden. Andererseits bin ich mit Ihnen einig, dass nichts dadurch gelöst wird, wenn ich Sie hier behalte. Für Sie sieht es nach ‚Strafe', statt nach Behandlung aus. Ich will Ihnen gerne glauben, wenn Sie mir sagen, dass Sie es nicht wieder tun wollen. Ich vertraue Ihnen, dass Sie es ehrlich meinen. Aber nichts beweist mir, dass Sie nicht in ein paar Tagen Ihre Meinung wieder ändern werden. Ich bräuchte also eine etwas sicherere Garantie."

Es folgt ein längerer Austausch, welcher sich nicht mehr um die Gründe für den Selbstmord dreht, sondern bei dem der Patient nach Mitteln und Wegen sucht, mich davon zu überzeugen, dass er den Versuch nicht wiederholen werde. Um die Sache noch zu komplizieren, lege ich Wert auf die Tatsache, als *Person* keine eigene Meinung darüber zu haben, ob sein Selbstmord gerechtfertigt sei oder nicht, dass ich aber in meiner *beruflichen Rolle* alles daransetzen müsse, ihn daran zu hindern.

Dieser ganze Gesprächsabschnitt stellt eine Metakommunikation über unsere beiderseitigen Rollen und die Beziehungsdefinition dar: Ich bin nicht ein Arzt, welcher einen Kranken behandelt und Lösungen findet, sondern eine Fachperson, welche ein kompetenter Partner darum bittet, ihm eine Lösung zu verschaffen. Aus dem passiven und abhängigen Patienten wird ein aktiver und kompetenter Partner.

Üblicherweise verspricht ein Patient zu diesem Zeitpunkt, für eine mehr oder weniger lange Zeit keinen weiteren Selbstmord zu versuchen. Ich weise diesen Vorschlag zurück, indem ich ihm sage, dass ich an seiner Stelle keine solchen Versprechungen machen würde, weil ich weiß, dass sie mich zu nichts verpflichten, wenn ich einmal beschlossen habe, mich umzubringen.

Die längste Zeit erzählt er dann spontan von Leuten aus seiner Umgebung, die ihm gleichsam als Sicherheitsgarantie dienen könnten. Ich nehme den Ball auf und schlage ihm vor, für den kommenden Tag alle jene auf die Station einzuladen, die von seinem Versuch betroffen waren, sei es, weil sie sich einmischten, sei es, weil sie befürchten, er könnte es wieder tun, sei es schließlich, weil sie genügend Vertrauen in ihn hätten, um ihm als Gewährspersonen zu dienen.

Dieses Vorgehen hat mehrere Vorteile:

- Der Patient, bisher passiv, muss nun selber aktiv Schritte unternehmen, um aus der gegenwärtigen Situation herauszukommen.
- Er weiss in der Regel besser als der Therapeut, wer ihm helfen kann, damit er nicht wieder anfängt, aber auch, wer davor Angst hat, er könnte es doch wieder tun.
- Indem er alle Leute anruft, mobilisiert er sie und sich, denn er muss ihnen erklären, weshalb ihre Anwesenheit bei dieser Zusammenkunft wichtig ist.
- Damit löst er im Voraus eine Dynamik aus, denn jedermann wird sich über diese Zusammenkunft und darüber, was er sagen wird und was von ihm erwartet werden wird, Gedanken machen. Zudem löst der Telefonanruf des Patienten meistens eine Lawine anderer Telefonate aus. Jedermann nimmt seinerseits Kontakt mit andern auf, um mit ihnen darüber zu diskutieren.
- Die Tatsache, dass der Patient selber Vorkehrungen trifft, gibt der Zusammenkunft eine andere Bedeutung: Nicht der Therapeut lädt die Leute ein, um sie in die Sache hineinzuziehen, es ist der Patient, der sie darum bittet, ihm zu Hilfe zu kommen.

Drei Bemerkungen

1. Häufig sagt man mir, diese Strategie lasse sich in der Praxis nicht verwirklichen, weil man gar keine Zeit hätte, die Familie zu empfangen. Das ist eine gute Entschuldigung dafür, den Kontext zu vergessen. Aus diesem Grund spare ich in meinem Arbeitsplan systematisch eine Stunde aus, um mit den Familien jener Personen in Kontakt zu kommen, mit welchen ich notfallmäßig zu tun habe. Braucht es die Zeit nicht, ist mir die freie Stunde innerhalb eines belasteten Arbeitstages sehr willkommen.
2. Anfänglich bestellte ich die Familie jeweils selber ein, was viel Zeit beanspruchte und mich zwang, die Leute über den Suizidversuch zu informieren und vollumfänglich ihre Reaktionen aufzufangen. Zudem musste ich oft hart verhandeln, um ihre Teilnahme zu erreichen. Seitdem ich die Patienten darum bitte, selber anzurufen, gewinne ich Zeit und erreiche als Vorteil, dass sie die Mitglieder ihrer Familie persönlich benachrichtigen und mit ihnen über ihr Kommen verhandeln. Damit ist die Hälfte der Intervention bereits geschehen.
3. Wie die Erfahrung zeigt, wissen die Patienten sehr wohl, wer einzuladen ist und wer da mitspielt. Auch bleiben dem Therapeuten Fragen erspart, für die er nur äußerst selten eine Antwort hat. Sollte im vorliegenden Fall der Sohn bei der Zusammenkunft der beiden Generationen, die vor ihm da waren, dabei sein? Sollte auch die Freundin kommen, welche immerhin durch ihren Telefonanruf, mit dem sie ihm ankündigte, dass sie ihn verlassen wolle, der auslösende Faktor gewesen war? Wenn der Therapeut solche Fragen beantwortet, wird dadurch das relevante System willkürlich eingeschränkt. Die Antworten des Patienten hingegen sind wertvolle Informationen und lassen den Therapeuten das Vertrauen wahrnehmen, das man in den Patienten setzt.

Die Ressourcen der Familie

Ich treffe mich also mit jenen Familienmitgliedern, welche Albert, der auf der Notfallstation bleibt, zusammengerufen hat. Meistens erfolgt die Zusammenkunft noch am gleichen Tag, seltener am Tag danach. Ich verlange nicht systematisch, dass alle kommen, erkundige mich aber nach den Gründen, weshalb Einzelne nicht da sind. Jedes Mal bin ich jedoch sehr überrascht zu sehen, wie es den Patienten gelingt, ihre Familie zusammenzubringen.

Albert war sehr aktiv. Im Ganzen kommen elf Personen: seine Eltern, beide in den Sechzigern, vier Brüder und drei Schwestern, sein siebzehnjähriger Sohn und ein Arbeitskollege, welcher ihm in den letzten paar Monaten sehr viel geholfen hatte.

Nachdem ich mich bei allen dafür bedankt habe, dass sie sich so rasch einfinden konnten, lege ich das Ziel der Zusammenkunft dar, eine Antwort auf die Frage: Kann Albert nach Hause entlassen oder muss er für eine bestimmte Zeit psychiatrisch hospitalisiert werden? Anschließend bitte ich alle einzeln, sich unter Angabe ihres Platzes in der Familie vorzustellen und zu sagen, in welcher näheren oder entfernteren Beziehung sie mit dem Patienten stehen.

Diese Phase ist wichtig, um den Puls der Familie zu fühlen, die Atmosphäre etwas zu entspannen und mit jeder Person ein Bündnis herzustellen. Das ist umso wichtiger, als der Druck bald wieder ansteigen wird. Zu häufig nimmt man an, man bringe die Familie in eine schwierige Lage, wenn man sie während einer Krise hinzuzieht. Im Gegensatz dazu glaube ich, es geht darum, eine vertrauensvolle Atmosphäre zu schaffen, die gewährleistet, dass die wirklichen Gefühle gelebt werden können.

Nach dieser Vorstellungsrunde fange ich damit an, die Information in Umlauf zu bringen, indem ich die Frage in den Raum stelle, wer eine Ahnung davon gehabt habe, der Patient könnte einen Selbstmordversuch unternehmen, mit wem sie selber darüber gesprochen hätten, was sie unternahmen, um ihn daran zu hindern, was der Auslöser gewesen sei usw.

Bei Albert vermuteten es alle und hatten Angst davor. Untereinander sprachen sie zwar darüber, doch wagte es niemand, mit Albert direkt darüber zu reden aus Furcht, etwas auszulösen. Albert ist der Älteste der Familie, auf den man immer zählen, der feste Felsen, auf den man sich stützen konnte. Ihn jetzt dermaßen am Ende zu sehen bringt alle aus der Fassung. Nachdem nun er es ist, der die andern braucht, weiß man nicht so recht, wie ihm helfen oder wie mit ihm reden, denn in dieser Familie war man es nicht gewohnt, seine Gefühle zu äußern.

Albert ist über alles, was er da hört, sehr erstaunt. Seine Brüder bestätigen einhellig, dass sie mit ihm über nichts anderes als über „Jagd und Fischfang“ zu sprechen wagten. Dieses Thema wird im Verlaufe des Gesprächs noch mehrmals aufgenommen, um zu bedauern, dass man es in der Familie nie gelernt hätte, seine Gefühle zu äußern. Die siebenundsechzigjährige Mutter, eine zarte und schüchterne Frau, bringt das Thema auf den Punkt: Wenn sie nochmals könnte, würde sie ihre Kinder nicht mehr gleich erziehen, sondern ihnen gestatten, ihre Gefühle mitzuteilen. Diese mütterliche Erlaubnis wird sich im weiteren Verlauf des Gesprächs als äußerst wichtig erweisen.

Die Beteiligung des Therapeuten

Alle haben etwas zu sagen. Man beginnt sich in einer vertrauensvollen Atmosphäre zu entspannen. Dadurch wird es auch möglich, das zu benennen, was jeder und jedem auf der Zunge und im Herzen brennt, von dem man aber niemals gesprochen hätte, wenn nicht der Therapeut den Mut gehabt hätte, damit anzufangen, nämlich mit der Angst vor dem Tod.

Üblicherweise führe ich das Thema so ein: „Ihr seid alle zusammengekommen, weil Albert beinahe gestorben wäre. Wäre das Glück nicht auf der guten Seite gewesen, würde er nicht mehr hier sein, ihr wäret jedoch auch zusammen – im Leichenzimmer. Ich denke, dass Albert ein Problem hat: Er glaubt, es wäre für alle besser, wenn er stürbe. Weil er aber noch unter uns weilt, habt ihr alle die gute Gelegenheit, ihm das zu sagen, was ihr heute an seinem Sarg gesagt hättet, wenn er tatsächlich gestorben wäre. Ihr hättet dort sagen können, was euch das ausmacht und was er für euch wirklich bedeutete. Ich weiß, das ist sehr schwierig und peinlich. Doch denke ich, es ist das Beste, was ihr im Augenblick für Albert tun könnt. Wer möchte etwas dazu sagen?“

Selbstverständlich ist diese Frage hart und löst beinahe immer Tränen aus. Aber wie Whitaker sagt, muss man das Namenlose zu benennen verstehen, damit das *Unsagbare gesagt* werden kann.

Ich halte es für unentbehrlich, den Tod von vornherein beim Namen zu nennen. Alle denken daran, aber niemand wagt, es zu sagen. So ist es denn die Aufgabe des Therapeuten, den Anfang zu machen und so den Kontext des Gesprächs zu definieren. Auch ist es sehr wichtig, das Gespräch als eine Hilfe für den Therapeuten zu erklären und nicht als ein Tribunal, bei dem man herauszufinden versucht, wer der Schuldige ist und wer mildernde Umstände vorzubringen hat.

In der Tat stellt sich der Patient sehr häufig vor, dass niemand mehr zu ihm halte, er allen zur Last falle und deshalb sein Tod auch für die anderen nur eine willkommene Erlösung sein könne. Zu erfahren, was es bei den andern hervorgerufen hätte, wäre sein Selbstmord gelungen, ist ohne Zweifel eine der besten Bremsen, um spätere Versuche zu verhindern. Zudem hat jedermann Gelegenheit, seinen Emotionen freien Lauf zu lassen, indem das gesagt werden kann, was man nie zu tun gewagt hätte, wenn der Therapeut nicht die Gelegenheit dazu geschaffen hätte. Dieses Vorgehen ist also ein ausgezeichnetes Mittel, um Information in Umlauf zu bringen.

Es ist zwar selten, dass alle sich äußern oder sagen, was sie im Tiefsten fühlen. Aber jedes Mal sagen mindestens eine oder zwei Personen etwas, das den Patienten ganz besonders berührt. Wie auch immer, schon die Tatsache, an diese Frage zu denken, hat eine unmittelbare therapeutische Wirkung für jedes Familienmitglied.

Einer der Brüder findet bewegende Worte:

> „Ich hätte nie mehr auf die Jagd gehen können, wenn Albert tot wäre. Im Herbst wussten alle, dass es ihm schlecht geht, man hatte auch Angst, aber niemand wagte, darüber zu reden. Sicher werde ich in Zukunft über anderes reden als nur über Jagd und Fischfang."

Die alte Mutter bekräftigt dies und sagt, es sei wahr, dass sie die Kinder so erzogen hätte, und es sei schade, und wenn sie es noch einmal von vorne anfangen könnte … Darauf sagt eine der Schwestern: „Wäre er gestorben, wäre das für mich, wie wenn man einen Teil von mir selber weggenommen hätte. Ich würde nie mehr die Gleiche sein." Und eine andere Schwester: „Du erinnerst dich sicher noch daran, als mein Kind gestorben ist. Das war schrecklich. Wenn du gestorben wärest, glaube ich, das wäre noch schlimmer."

In diesem Moment ergreift Albert das Wort. „Ich möchte eine Erklärung abgeben: Ich werde nie mehr versuchen, mich umzubringen. Ich entdecke, was ich wusste, aber woran ich nicht mehr glaubte, nämlich, was ich euch wert bin und die Kraft, die es mir gibt, eine Familie wie die unsere zu haben. Ich bleibe zwar der Älteste, aber ich werde nicht mehr der Felsen sein, auf den man sich abstützt, ich weiß, dass ich zerbrechlich bin, und wage es euch zu sagen, aber ich weiß auch, dass ich auf euch zählen kann."

Der Unterschied, der einen Unterschied macht

Nach derartigen Äusserungen ist das Wesentliche gesagt. Was die Kommunikation innerhalb der Familie blockierte, ist ausgeräumt. Alle Familienmitglieder, nicht nur der Patient, beginnen sich zu verändern. Die Regel von „Jagd und Fischfang" ist ernsthaft infrage gestellt. Trotzdem schien es mir in diesem Fall angebracht, das Gespräch durch einen Schlusskommentar und ein Ritual zusammenzufassen.

Nachdem ich draussen die Schlussintervention vorbereitet habe, komme ich in die Sitzung zurück und sage Folgendes: „Dem, was Albert eben gesagt hat, gibt es nicht viel hinzuzufügen. Trotzdem möchte ich sagen, dass es mich zum Beginn der Sitzung gestört hat, als man von ‚Jagd und Fischfang' sprach, doch nachher war ich von der Wärme und der Qualität dessen, was ihr habt sagen können, beeindruckt. Als Ältester sah Albert keine andere Möglichkeit mehr, wie er seine Rolle hätte ändern können. Er brauchte diesen Versuch, um den ganzen Reichtum eurer Familie wieder zu finden. Es war vielleicht nicht das geeignete Mittel dazu, aber das Ergebnis ist der Mühe wert. Ich muss euch nun fragen, ob ihr an das glaubt, wozu Albert sich verpflichtete, und ob er eurer Ansicht nach heute Abend die Klinik verlassen kann."

Alle stimmen dem zu. Dann fahre ich fort: „Ich möchte euch noch um etwas bitten. Heute haben wir Donnerstag. Wäre Albert jetzt tot, hättet ihr euch am Samstag zu seiner Beerdigung versammelt. Die Beerdigung ist das Fest des Todes. Ich möchte, dass ihr euch am Samstag zusammenfindet, um das Fest des Lebens zu begehen und miteinander ein festliches Mahl zu halten." In diesem Augenblick unterbricht mich Albert: „Ich werde dieses Fest organisieren, und nachher möchte ich jeden von euch in gewissen Abständen wieder sehen."

Diese Verschreibung hat den Sinn, auf der „analogen" Ebene zu besiegeln und fortzuführen, was auf der „digitalen" Ebene gesagt und erlebt wurde. Ich sah später Albert fünf- oder sechsmal einzeln und konnte dabei erfahren, dass das Fest ein Erfolg war und er später jedes seine Geschwister einzeln besuchte, was ihnen ermöglichte, sich Dinge zu sagen, welche vorher nie ausgesprochen worden waren. Vor allem betraf dies den jüngsten Bruder, der behindert ist und mit dem er praktisch überhaupt nie geredet hatte.

Albert hatte sich auch ein Buch gekauft mit dem ungefähren Titel *Ihr Wille findet für alles eine Lösung,* wie man es an Bahnhöfen verkauft. Er las darin jeden Tag zehn Seiten und notierte alles, was er nicht verstand, in ein kleines Heft. Dieses brachte er bei jeder Sitzung mit und bat mich jeweils, ihm zu erklären, was er nicht verstand.

Er unterbrach die Arbeit während eines Monats und fing zu malen an, ein Traum, von dem er nicht mehr geglaubt hatte, ihn je verwirklichen zu können. Nach Jahren der Abwesenheit kehrte er zudem zurück in den örtlichen Hockey-Club, um ehrenamtlicher Trainer für die Jüngeren zu werden. Anderthalb Jahre später sah ich ihn wieder, sehr aufgeräumt, als er zu einer Reise aufbrach. Er war Gewerkschaftsdelegierter seiner Firma geworden und ging zu einem Gewerkschaftskongress.

Abschluss

In solchen Situationen ergänzen sich Familienzeit und individuelle Zeit oft sehr harmonisch. Nochmals Bateson: „Die Information ist ein Unterschied, der einen Unterschied macht." Die Art und Weise, wie wir ein Gespräch führen, macht einen Unterschied auf zwei Ebenen: Einerseits erlaubt sie, den Emotionen Raum zu geben, und andererseits verankert sie die angekündigten Veränderungen mit einem Ritual.

Drei Sätze sollen ausreichen, um zusammenzufassen:

- *Er* (der Patient) ist kompetent für sein Problem und kann es selber aktiv lösen.
- *Ich* (der Therapeut) bin im Wesentlichen dafür da, den Prozess in Gang zu bringen, auf dass Information zirkulieren kann, auch wenn ich es zunächst bin, welcher ein Problem hat.
- *Die Familie* schließlich besitzt die Information darüber, was den Unterschied zwischen Tod und Leben ausmacht.

Kurze Zeit, nachdem ich diese Familie gesehen hatte (Ende 1988), traf ich zu einer leidenschaftlichen Unterhaltung mit Christian Côté zusammen, welcher an der kanadischen Universität Laval seit Jahren Systemtheorie unterrichtet. Wir unterhielten uns über die jeweilige Bedeutung, welche dem Prozess und dem Inhalt zukommt. Ich erzählte ihm, wie ich dahin gekommen sei, mich so viel wie möglich auf den Prozess zu konzentrieren, um im Gegenzug die Inhalte zu vernachlässigen. Häufig würde ich mich sogar ganz bewusst bemühen, nicht zu verstehen, was man mir sage, um aufmerksamer für das sein zu können, was geschieht. Als Beispiel schilderte ich ihm die Familiensitzung, wie sie eben beschrieben wurde.

Im weiteren Verlauf der Diskussion erklärte ich ihm auch, ich nähme in derartigen Gesprächen meine Rolle so wahr, dass der Prozess aktiviert werde, um in erster Linie Information darüber zirkulieren zu lassen, was geschehen war und was man tun könne, damit es sich nicht wiederhole. Das sei mir wichtiger, als Auskünfte über die Familie und die Vorgeschichte des Klienten zusammenzutragen.

Ich betonte also die Wichtigkeit, sich in einem solchen Gespräch nicht mit vorgefassten Hypothesen zu beschäftigen, sondern einzig mit Strategien, welche den Prozess aktivieren. Das setze selbstverständlich ein großes Vertrauen in die Fähigkeit des Systems voraus, seine eigenen Probleme zu lösen. Aber dieses Vertrauen zahle sich immer aus, denn die Leute zeigten sich auf der Höhe, indem sie sehr viel bessere Formulierungen beisteuerten, als sie der Therapeut hätte finden können. Man denke nur an die Formel von „Jagd und Fischfang", welche vom Indexpatienten aufgegriffen werden konnte, um der Sitzung einen Abschluss zu geben.

In diesem Moment nahm mich mein Gesprächspartner beim Wort und sagte: „Aber du konntest dich trotzdem nicht mit dem Inhalt nicht befassen, was den Tod angeht zum Beispiel." Ich begriff nicht sofort, aber er nahm alle Sequenzen nochmals durch, die um dieses Thema kreisten, den Selbstmord selbstverständlich, aber auch meine Frage an die Familie, die Jagd und den Fischfang, bei welchen es um den Tod von Tieren geht.

Während ich Christian Côté zuhörte, wurde mir bewusst, dass das Todesthema tatsächlich der rote Faden des ganzen Gesprächs war. Aber in keinem Augenblick war mir das bewusst gewesen, noch weniger hatte ich versucht, es auszuschöpfen. Beim Lesen haben Sie möglicherweise die gleiche Hypothese gehabt, aber das hängt damit zusammen, dass ich meine Erzählung so präsentieren musste, dass der Leser mir in dem folgen konnte, worum es mir hauptsächlich ging.

Ich arbeite während der Gespräche hart, aber nicht, um zu verstehen. Ich aktiviere den Prozess, interessiere mich aber nicht für den Inhalt. Das ist eine wohl überlegte, aber oft schwierige Haltung, denn man serviert uns ja häufig besonders verlockende Inhalte auf dem Silbertablett. Vergessen wir jedoch eines nicht: Wenn die Mitglieder der Familie etwas zwar als das zentrale Problem bezeichnen, jedoch damit die Lösung nicht finden können, bedeutet das, dass es offenbar doch nicht das entscheidende Thema darstellt.

Piaget sagte anlässlich seines 75. Geburtstages im Fernsehen sinngemäß: „Jedes Mal, wenn Sie einem Kind etwas beibringen wollen, hindern Sie es daran, es selber zu entdecken." Für die Systemtherapie würde ich das so paraphrasieren: „Jedesmal, wenn sie das Problem verstehen, hindern Sie die Familie daran, es selber zu entdecken." Selbstverständlich gibt es Inhalte, sicher sind sie oft spannend und machen auch vieles verständlich. Doch was nützen sie der Familie, wenn es darum geht, sich zu verändern? Anders gesagt: Ist das, was den Therapeuten interessiert, um zu verstehen, bedeutsam für die Familie, um zu leben?

Dritter Teil: Prozess

1. Der Prozess der Zuschreibung – oder Wie jemand zum Indexpatienten wird

Fragt man nach den Zusammenhängen, welche ein Individuum mit jenen Systemen verbinden, welche es sowohl betreffen wie erklären, es konstruieren und ebenso durch seinen Beitrag konstruiert werden (von Glasersfeld 1988), bietet uns das Symptom einen ausgezeichneten Weg des Verstehens an. Es ist deshalb nur logisch, dass sich die Therapeuten seit den Anfängen der familientherapeutischen Bewegung für die Regeln des Systems, die Rolle des Individuums und die Funktion, welche das Symptom im System erfüllt, interessierten.

Von Anfang an war mir in meiner Praxis daran gelegen, das Symptom als eine Botschaft zu verstehen, welches uns mindestens so gut Auskunft über das Funktionieren des Systems wie über das Funktionieren des Individuums gibt. Ich sah mich veranlasst, zum besseren Verständnis des Symptoms drei Ebenen zu unterscheiden: die semantische, die syntaktische und die pragmatische. Diesen Ebenen entsprechen drei Fragen: Was zeigt das Symptom? Wem zeigt es das und nach welchen Regeln? Mit welchem Ergebnis tut es das?

In der Folge neigte ich allmählich eher dazu, nicht mehr nach der Funktion des Symptoms zu forschen, sondern stattdessen zum *Symptom der Funktion* überzugehen. Ich begann also das Symptom als Signal einer Störung einer oder mehrerer für das Überleben der Familie notwendigen Funktionen zu lesen. Die Botschaft, welche sich aus dem Symptom herauslesen lässt, informiert uns ebenso über das Individuum, welches sein Träger ist, wie über das Funktionieren des Systems selber und schließlich auch über den Therapeuten, der es entziffert und ihm einen Sinn gibt. Deshalb gab ich auch jene Art des Hypothetisierens auf, die etwa in dem Sinne formuliert, dass es Personen gibt, „die etwas machen, um ...", und ging über zu den Hypothesen hinsichtlich der Funktion oder der Funktionen, welche der Therapeut als für das System problematisch betrachtet (Ausloos 1986a, c).

Parallel dazu suchte ich in Theorien über das Individuum nach Konzepten, welche mit einer systemischen Sicht der Familie vereinbar sind. Das führte mich schließlich zum Nachdenken über den Begriff der Finalität und zu folgender Definition des Symptoms: Das Symptom ist „das Ergebnis der Unvereinbarkeit individueller und familiärer Ziele zum Zeitpunkt, in dem es auftritt" (Ausloos 1981, 1983). Im Zuge der gleichen Überlegungen versuche ich neuerdings, den Prozess genauer zu fassen, welcher zum Auftreten eines Symptoms führt und den ich jetzt beschreiben will.

Der Prozess der Indexierung

Wenn wir für gewöhnlich mit den bereits fertig verpackten Symptomen konfrontiert werden, sind die Bestimmung des Indexpatienten und seine Etikettierung schon erfolgt. Die Inszenierung ist abgeschlossen. Doch wie kam es dazu? Wie verläuft der Prozess, der zur Bezeichnung eines Indexpatienten, zur Isolation des Symptoms sowie zur Pathologisierung der Familienproblematik führt?

Behandelt man das Thema unter dem Gesichtspunkt, welche Funktion ein Symptom habe, ist man versucht, eine Art innerer Notwendigkeit des Systems anzunehmen, welche das symptomatische Verhalten hervorruft, um eine bestimmte und zum Überleben des Systems nützliche Funktion zu erfüllen. In dieser Sichtweise steckt eine finalistische und deterministische Versuchung, die einen Systemiker nicht befriedigen kann. Hinzu kommt, was Rostand sagt: „Die Systeme befinden sich nicht in der Natur, sondern einzig im Geist der Menschen." Ebenso wenig, wie man es sich erlauben kann, von einem familiären Unbewussten zu reden, will man nicht die logischen Ebenen durcheinander bringen, kann man annehmen, dass das System oder die Familie, welche lediglich Konzepte sind, ein Ziel haben können. Sonst bräuchte es so etwas wie ein systemisches Parlament, welches beschließen würde, ein Symptom sei nötig, um eine Funktion zu erfüllen. Das Symptom müsste dann einem Mitglied des Systems übertragen werden, welches schließlich wohl oder übel diese Rolle auf sich zu nehmen hätte, auch wenn sie es teuer zu stehen käme.

Der Prozess der Selektion und Erweiterung

Es ergibt sich eine vollkommen neue Sicht, wenn man davon ausgeht, dass das Symptom nicht schon von Anfang an existierte. Zuerst gab es nur eine Familie, welche mit Schwierigkeiten, Spannungen, inneren und äußeren Antrieben nicht mehr fertig wurde. Sei es nun zufällig oder aufgrund von inneren und äußeren Determinanten, führt in einer solchen Lage eine aus einer unendlichen Vielzahl möglicher Verhaltensweisen zu Ergebnissen, welche das System üblicherweise nicht erzeugt oder die es nicht hervorgebracht hätte, wenn es nicht zu sehr aus dem Gleichgewicht geraten wäre. Diese von einem Mitglied des Systems gezeigte Verhaltensweise wird ausgewählt und von den anderen Mitgliedern des Systems als auffällig privilegiert. Folglich wird sie sich gehäuft wiederholen und verstärken, einesteils wegen der Reaktionen, welche sie hervorruft, anderenteils weil sie für ihren Träger und für die anderen Mitglieder des Systems einen bestimmten Sinn bekommt.

Es ist wichtig, zu sehen, dass dieses Verhalten anfänglich nur zufällig und beiläufig war und in einer ersten Phase durch das Spiel der Interaktionen ausgewählt wurde, um später, durch das System verstärkt dank des Mechanismus positiver Rückkoppelung („positiven Feedbacks"), gehäuft aufzutreten. Ich nenne das den Prozess von „Auswahl und Erweiterung".

Ein paar Beispiele mögen das veranschaulichen:

a) Jean wird von seinen Eltern in die Sprechstunde gebracht, weil er stottert, was sie schon seit langem beunruhigte. Die Schule empfahl ihnen eine Therapie. Jean ist sechs Jahre alt. Gleich zu Beginn des Gesprächs betont die Mutter, sie frage sich, ob da nicht die Vererbung mitspiele, weil der Bruder ihres Mannes unter dem gleichen Sprachfehler leide. Die Eltern erzählen, sie hätten immer befürchtetet, Jean könnte das gleiche Problem bekommen. Seit dem ersten Stammeln des Kleinkindes haben sie mit wachsendem Erschrecken festgestellt, dass das Problem tatsächlich vorhanden zu sein schien. Man kann sich die Szene gut vorstellen: Als der Säugling, wie alle andern Säuglinge auch, mit seinem ersten „B-a-ba" beginnt, sind Verdoppelungen unausweichlich, durch welche so etwas wie „Ba-ba-ba" entsteht. Wohl für die meisten Eltern ist das überhaupt nicht beunruhigend und scheint ihnen für einen Säugling vollkommen normal zu sein. Bei den Eltern von Jean hingegen tauchte rasch die Frage auf: „Wird auch er ein Stotterer werden wie sein Onkel?" Von da an wird man versuchen, das Kind seine Laute wiederholen zu lassen, jedoch mit der Auflage, dass es die gleichen Silben nicht über Gebühr wiederhole. Dadurch konzentriert man sich selektiv auf ein Verhalten, welches sich bald verstärken wird, da das Kind ziemlich schnell realisiert, dass seine Eltern jedes Mal sehr unruhig werden, wenn es zu sprechen beginnt. Diese Unruhe wird Verdoppelungen begünstigen, und das Stottern hat gute Aussicht, sich fest einzurichten. Wie ich es anderswo schon öfters sagte, trägt man dazu bei, das Symptom zu fixieren, wenn man sich ständig auf das Symptom konzentriert. Ein Prozess von dieser Sorte macht also aus einem anfänglich zufälligen und banalen Verhalten des Kleinkindes etwas Besonderes, welches infolge eines positiven Feedbackprozesses gehäuft auftritt.

b) Elise ist eine junge Frau von fünfunddreißig Jahren, Sekretärin der Schulleitung. Sie wurde in einem manischen Zustand psychiatrisch hospitalisiert, nachdem man sie im Zimmer eines Motels gefunden hatte, wo sie alle Hähne aufgemacht hatte. Daraufhin befragt, was sie im Motel tat, bricht sie in ein lautes Lachen aus und sagt, es sei eine Selbsttherapie gewesen, wofür das Motel ein geeigneter Ort sei. Einmal hospitalisiert, zeigt sie das üblicherweise enthemmte Verhalten von manischen Patienten. In ihren wortreichen Schilderungen kehrt oft die Feststellung wieder, ihr Gatte sei kein Mann, sie glaube, er sei homosexuell, sie hätten seit Jahren keine sexuellen Kontakte mehr gehabt und sie habe nun Lust darauf, ihr eigenes Leben zu leben. In den Gesprächen mit dem Mann bestätigt dieser die selten gewordenen sexuellen Kontakte des Paares und beschreibt seine Frau als eine „Kind-Frau", die sich selbst in Anwesenheit von Freunden auf seine Knie setze und häufig ganze Abende lang an ihrem Daumen lutsche. Mit der Zeit habe er die Verantwortung für das Familienleben, die Küche und die Erziehung ihrer jetzt elfjährigen Tochter übernommen. Weil es aber nicht die erste manische Phase seiner Frau sei, habe er sich zur Scheidung entschlossen.

Schaut man sich die Lebensgeschichte von Elise genauer an, erfährt man, dass sie die Tochter eines geschiedenen Paares, einer depressiven Mutter und eines Alkoholikers, ist. Sie musste immer allein mit sich zurechtkommen, und mit viel Kraftaufwand schaffte sie es schließlich, Direktionssekretärin zu werden. Bald nach der Heirat übernahm ihr Mann bewusst mehr und mehr die Haushaltung, was sie ihm gerne überließ. Auf diese Weise konnte sie bei ihrer Arbeit eine ausgezeichnete und dynamische junge Frau sein, und gleichzeitig zu Hause und in der Ehe die kleine verwöhnte Tochter spielen. Außer in der manischen Phase hat sie sich über diesen Zustand nie beschwert.

In den vergangenen Jahren konnte ich wiederholt feststellen, dass manisch-depressive Patienten (nach DSM III eine bipolare affektive Krankheit) während der manischen Phase mit viel Aufhebens das sagen, was sie sich während der normalen Phase nicht getrauen und weswegen sie in der depressiven Phase Schuldgefühle haben (Ausloos 1985). Auch da wurden zufällige Verhaltensweisen in kindlichen Spielen, welche man bei allen Paaren antreffen kann, von beiden Partnern als etwas Besonderes ausgezeichnet. In der Folge verstärkten sie sich, um schließlich eine Lage zu schaffen, in der einzig ein so zerstörerisches Symptom, wie eine manische Krise, es gestattet, vom eigentlichen Problem zu reden. Unglücklicherweise schenkt niemand derartigen Schilderungen genügend Aufmerksamkeit. Man nennt sie verrückt, und allem Anschein nach sind sie es auch. Auf den Rückfall ins Schweigen folgt die Depression.

c) Der achtzehnjährige Stefan ist ein schüchterner und verschlossener Junge. Er möchte zwar gern ausgehen, doch die Eltern sind dagegen, weil sie sich Sorgen machen, es könnte ihm etwas zustoßen. Vor allem haben sie Angst vor Drogen. Sie geraten deshalb mit Stefan immer wieder in Streit, und dieser flüchtet dann gewöhnlich auf sein Zimmer. Immer mehr verbringt er dort seine ganze Zeit. Die Eltern zeigen sich sehr besorgt darüber, dass er sich einschließt. Sie besprechen das auch zusammen, es beschäftigt sie immer mehr und kehrt ständig auch in den Gesprächen des Paares unter sich wieder, nachdem sich die beiden nach fünfundzwanzig Ehejahren kaum mehr miteinander ausgetauscht hatten. Das eher nebensächliche und zufällige Verhalten, sich nach einem Streit mit den Eltern in sein Zimmer zurückzuziehen, was bei beliebigen anderen Jugendlichen auch vorkommt, wird als auffällig ausgewählt und durch die Unruhe der Eltern verstärkt.

Dieser Prozess von Auswahl und Verstärkung ist also im Wesentlichen durch positive Rückkoppelungen gekennzeichnet, was zur Häufung des ausgewählten Verhaltens führt. Das kann sowohl mit der persönlichen Geschichte des Symptomträgers als auch mit den Interaktionen des Systems, in welchem die Person lebt, zusammenhängen. Anfänglich sind es häufig Ängste, Befürchtungen, Bedenken, welche die Fixierung auf ein bestimmtes Verhalten entstehen lassen.

Ich möchte ausdrücklich betonen, dass meiner Ansicht nach das Symptom zum Zeitpunkt seines Auftretens keine Funktion erfüllt. Weil man jedoch in Fachkreisen feststellte, dass man ihm im Zeitpunkt der Beratung und Therapie eine Funktion zuschreiben kann, beging man den Irrtum, anzunehmen, diese Funktion sei bereits beim ersten Auftreten vorhanden gewesen. Anfänglich handelte es sich aber nur um ein beiläufiges Verhalten neben einer Reihe von anderen Verhaltensweisen, die ebenfalls hätten entweder problematisch werden oder banal bleiben können. Es gibt nichts Normaleres, als dass ein Jugendlicher sich auf sein Zimmer zurückzieht, sei es um zu meditieren, sei es um zu schmollen, sich einsamen Vergnügungen hinzugeben, ein Buch zu genießen oder seine Lieblingsmusik zu hören. Erst wenn dieses Verhalten als erstaunlich, bizarr, beunruhigend oder sonstwie bezeichnet wird, beginnt es ein Faktor im Beziehungsfeld des Familiensystems zu werden.

Jetzt wird es als etwas Besonderes im Rahmen sonstiger Verhaltensweisen hervorgehoben, und zwar in Abhängigkeit von der Geschichte der Person, ihrer Rolle im System und den in der jetzigen Phase seiner Existenz wirksamen Zielsetzungen. Selbstverständlich ist dieser Prozess nicht völlig bewusst. Die Wiederholung des Verhaltens wird entweder verstärkt oder abgeschwächt durch die Mitglieder des Systems, und das wieder in Funktion der Geschichte, der Organisation, der Funktionsregeln sowie der besonderen systemeigenen Zielsetzungen. Weil sowohl die Mitglieder des Systems wie die betreffende Person diese Verhaltensweise privilegieren, fixieren sie sich auf das Symptom und tragen so dazu bei, das Verhalten als symptomatisch zu verfestigen.

Erst jetzt beginnt das beunruhigende und auffällige Verhalten eine Funktion zu erfüllen. Anhand der geschilderten drei Beispiele lässt sich Folgendes sagen: Die Eltern von Jean, welche sich außerstande fühlten, ihre elterliche Rolle zu erfüllen, fixieren sich auf die Angst. Der Mann von Elise, von dem man später erfuhr, dass er zur Zeit, als er seine Frau kennen lernte, selbstmordgefährdet war, gewinnt an Sicherheit. Die Eltern, deren übergroße elterliche Sorge um Stefan schließlich ihre Paarbeziehung zerstört hatte, erhalten wieder ein Gesprächsthema.

Der Prozess der Kristallisation und Pathologisierung

Erfüllt ein symptomatisches Verhalten einmal eine Funktion, bekommt es im organisatorischen Rahmen des Systems seinen Platz und nimmt an der persönlichen Ökonomie der Person teil, die jetzt zum Indexpatienten wird. Daraus ergibt sich eine zweite Phase, die ich den Prozess der „Kristallisation und Pathologisierung" nenne. In der Tat kristallisiert sich das herausgehobene und verstärkte Verhalten von einem bestimmten Zeitpunkt an und beginnt zu einer Gewohnheit zu werden, macht einen Teil im Leben des Subjekts aus und stellt ein Mittel dar, ihm innerhalb des Systems eine Identität zu verleihen.

Ich rede von Kristallisation, weil der Prozess der Rückkoppelung sich jetzt umkehrt, indem aus einer eine Zeit lang positiven nun eine negative Rückkoppelung wird. Würde nämlich das Symptom verschwinden, hätte das etwas Erstaunliches und Abnormales an sich und würde die Umgebung dazu veranlassen, sich Fragen zu stellen und dadurch dem Symptom neuen Auftrieb zu geben. Denn die Funktion des Symptoms ist nun zum integralen Bestandteil des Systems geworden. Das negative Feedback schützt das Symptom und zielt darauf ab, sein Verschwinden zu verhindern.

Es sind also nicht die homöostatischen Mechanismen des Systems, welche zur Auswahl des Symptoms und zum Indexpatienten führten, sondern ein eher nebensächliches Verhalten der Person, das verstärkt und herausgehoben wurde bis zum Punkt, wo es zum Bestandteil des homöostatischen Funktionierens geworden ist. Man könnte einen Vergleich mit der Biologie wagen: Wird eine Zelle von einem Virus befallen, hat nicht die Gastzelle den Virus dazu eingeladen, sich bei ihr zu vermehren, doch haben ihre Eigenschaften es dem Virus ermöglicht, sie zu kolonisieren und zu einer Festung zu machen, von wo aus er seine Attacken reiten kann.

Die Pathologisierung ist zweifelsohne an die Tatsache gebunden, dass sich das Subjekt mit seinem symptomatischen Verhalten zunehmend schlecht und in eine Lage versetzt fühlt, in der es den Forderungen des Familienlebens nur auf Kosten der eigenen Lebensziele genügen kann. So gesehen, stellt das Symptom einen Kompromiss dar, welcher es der Person erlaubt, der Unvereinbarkeit ihrer eigenen, individuellen Ziele mit denen der Familie zu entkommen.

Es sollte jedoch nicht vergessen werden, dass die Pathologisierung nicht bloß mit der Familie zusammenhängt, sondern auch mit allen vorhandenen sozialen Kontrollinstanzen und dem Gesundheitswesen. Stefan kann zwar von seiner Familie mehr und mehr als Sonderling betrachtet werden, wenn er zu erzählen anfängt, die Leute auf der Straße würden ihn beobachten, weil sie ihm schlecht wollen. Erst als man bestätigt, er sei psychisch krank, ist er wirklich pathologisiert.

Therapeutische Folgerungen

Hat das System zum Auftreten des Symptoms das Seine beigetragen, sollte es auch zu seinem Verschwinden beitragen können. In der Tat tritt nicht jedes beliebige Symptom in jeder beliebigen Familie auf. Denn die Prozesse, welche wir eben beschrieben haben, beinhalten, dass sich zu einem gegebenen Moment das Symptom verfestigt, einen Sinn und eine Funktion innerhalb des familiären Systems bekommt, sonst hätte es sich gar nicht als Symptom bilden können. Meine Überlegungen zu Äquifinalität und Selbstrückbezüglichkeit führten zum bereits bekannten Postulat: *Ein System kann kein Problem haben, das zu lösen es nicht auch in der Lage ist.*

Geht man von diesem Postulat aus, nimmt man selbstverständlich von Anfang an Bezug auf die Kompetenzen der Familie und ist bereit, sie zu nutzen: Zusammen werden die Mitglieder der Familie das entflechten können, zu dessen Verflechtung sie beigetragen haben. Ein zweites Mal zitiere ich sinngemäß, was Jean Piaget anlässlich seines 75. Geburtstages im Fernsehen sagte: „Jedes Mal, wenn Sie einem Kind etwas beibringen wollen, hindern sie es daran, es selber zu entdecken.“ Und auch dies sei wiederholt: Meine Rolle als Therapeut besteht nicht darin, die Probleme der Familie zu lösen, sondern ihr zu helfen, die Lösung selber zu finden. Es geht nicht darum, dass ich verstehe. Sie sollen verstehen. Es ist nicht am Therapeuten, in einem Heuhaufen nach einer Stecknadel zu suchen, nachdem er gar nicht wissen kann, ob eine solche drin steckt. Er befindet sich eher in der Lage des Anthropologen, welcher bei jenen Menschen, die er studieren möchte, Erzählungen sammelt, ohne genau zu wissen, was es zu sammeln gibt, noch was das jenen bringt, denen er begegnet. Auch in der Therapie passiert dies analog nicht notwendigerweise durch das Verstehen des Sinnes oder der Funktion des Symptoms.

Uns ist es wichtig, einen Rahmen zu schaffen, innerhalb dessen wir das zur Zeit blockierte Funktionieren des Familiensystems beleben können, damit die Familie erneut die ihr zur Verfügung stehenden Kompetenzen einzusetzen in der Lage ist und Unvorhersehbares sich ereignen kann. Es ist jetzt nicht der Ort, einzeln die Instrumente aufzuzählen und zu beschreiben, welche der Therapeut dafür verwenden kann. Es sei lediglich nochmals darauf hingewiesen, dass es vor allem um das Zirkulieren von Information, die Suche nach den Stärken und Kompetenzen der Familie und um die willentliche Abstinenz des Therapeuten gegenüber jeder bestimmten Zielsetzung seinerseits geht.

Schluss

Im Sinne eines Schlusses und der Zusammenfassung möge man mir erlauben, eines meiner Steckenpferde, die Etymologie, zu reiten. Drei französische Wörter hatten am Anfang die gleiche Bedeutung: *accident* („Zufall"), *occasion* („Gelegenheit"), die beide aus dem Lateinischen stammen, und *symptôme* („Symptom") aus dem Griechischen. Alle drei bedeuten wörtlich „das, was zusammenfällt mit …". Es ist wohl *Zufall,* dass ein nebensächliches Verhalten ausgewählt wird, dass *bei Gelegenheit* der Reaktionen, welche der Zufall auslöst, als etwas Besonders hervorgehoben wird und sich schließlich in Form eines *Symptoms* kristallisiert. Sicher ist das Individuum dessen Träger, aber nur anlässlich einer Reihe von zufälligen und unvorhersehbaren Umständen innerhalb des Interaktionsspiels kann sich ein Verhalten als Symptom herausbilden. Schließlich ist das Symptom sowohl für das System wie für das Individuum eine Gelegenheit zur Veränderung, allerdings unter der Bedingung, auf einen Rahmen zu treffen, innerhalb dessen ein therapeutisches System entsteht, selbst wenn auch das nur zufällig ist.

Ein letztes Wort über den Therapeuten als Individuum und Person. In seiner Rolle ist er es sich schuldig, kompetent und in der Lage zu sein, das Gespräch zu führen, Information in Umlauf und den Austausch über nicht Gesagtes in Gang zu bringen. Aber es ist nicht an ihm, Lösungen zu produzieren. Er kann nur der Anreger eines Prozesses sein, für den die Familie verantwortlich ist.

Nachbemerkung

Erst nach dem Erscheinen dieses Artikels (1990) bekam ich Kenntnis von dem Buch *Die psychotischen Spiele in der Familie* (dt. 1992), in welchem Mara Selvini Palazzoli und ihre Kolleginnen und Kollegen das Modell eines Prozesses mit sieben Stadien vorschlagen, um in umgekehrter Reihenfolge das Spiel zu rekonstruieren, welches bei der Entwicklung einer Psychose am Werk ist. 1991 publizierte Giuliana Prata den Artikel „Du jeu symétrique du couple au jeu psychotique de la famille" *(Vom symmetrischen Paarspiel zum psychotischen Familienspiel)*. Der interessierte Leser möge die Ähnlichkeiten mit und Unterschiede zu unserer Konzeptualisierung der Geburt des Symptoms selber nachprüfen.

2. Von einigen krank machenden Prozessen[1]

Seit 1989 arbeitete ich mit Familien von jungen Schizophrenen. Ungefähr fünf Jahre vorher begann ich mit einer Gruppe von Familientherapeuten des Zentrums Levant in Lausanne damit, Familien mit Heroinabhängigen zu untersuchen. Noch früher beschäftigten mich Familien von Delinquenten. Diese verschiedenen Untersuchungen führen mich keineswegs zur Annahme, bestimmte Typen von Familien würden bestimmte Pathologien hervorrufen. Ich tendiere vielmehr zur Idee, dass gewisse grundlegende Mechanismen in allen Familien vorhanden sind. Sind diese Familien verstört, erschöpft oder ihrem Sinn entfremdet, sind die Türen für ganz unterschiedliche Störungen offen. So kann es sein, dass für eines oder mehrere Mitglieder schließlich Drogenabhängigkeit, Depression, Magersucht, Psychose, Verhaltensstörungen u. a. entstehen. Das hängt meiner Ansicht nach mehr mit dem Lebenskontext und mit Ereignissen, vielleicht auch mit dem biologischen Bereich zusammen als mit der familieneigenen Dynamik. Unter Kontext verstehe ich den Sozialstatus, das kulturelle Milieu, die unmittelbare Umgebung, die Einflüsse von Schule und Beruf usw. Als Ereignisse werden die starken Zeiten im Familienleben (Geburt, Tod, Einwanderung, Umzug, Trennung und Scheidung, Arbeitslosigkeit, Bankrott, Unfall usw.), aber auch die individuellen Lebensverläufe jedes einzelnen Mitgliedes, sein Platz in der Geschwisterreihe, der Einfluss der Gleichaltrigengruppe und noch anderes mehr verstanden.

Zu dieser Position gelangte ich, nachdem ich feststellte, wie wenig Spezifisches es im Funktionieren der Familien von Delinquenten oder von Heroinabhängigen gab. Bestärkt wurde ich darin

1 Dem Text liegt ein Vortrag aus dem Jahre 1994 zugrunde.

zusätzlich, als ich die englischen Arbeiten über *expressed emotion* (Vaughn a. Leff 1976) kennen lernte, welche zeigen, dass die sichersten Hinweise für die Voraussage eines Rückfalls bei einem Schizophrenen kritisch-entwertende Bemerkungen und die affektive Überbesetzung in der Familie sind (Ausloos 1993b; Chambon et Marie-Cardine 1993). Das war für mich umso erstaunlicher, weil es einige Ergebnisse der Untersuchung in Lausanne bestätigte (Ausloos et al. 1986). Bei 70 % der Familien von Heroinabhängigen herrschten nämlich innerhalb der Generationen und über die Generationen hinweg Entwertungen vor. Bei 46 % trafen wir das von uns als Clanstruktur bezeichnete Muster an, wonach die Familie auf sich zurückgezogen lebt und wenig Kontakte nach außen, kaum Freunde und wenig Vernetzungen mit dem sozialen Umfeld hat. Vergleicht man mit der eben erwähnten englischen Studie, entsprechen den dortigen „kritischen" Äußerungen hier die Entwertungen, die dortige Übernähe der Clanstruktur hier.

Ich will diese Vorbemerkung dahin gehend zusammenfassen, dass ich nicht denke, es existiere ein Familientypus, welcher eine spezifische Pathologie hervorbringe. Ebenso wenig gibt es typische Familien, die ein besonderes Behandlungskonzept rechtfertigen. Ich bin im Gegenteil der Meinung, dass jede Begegnung mit einer Familie die Begegnung eines Therapeuten mit seiner eigenen Geschichte und seinen Modellen sowie einer Familie mit ihren jeweiligen Besonderheiten darstellt.

Schauen wir uns nun einige Mechanismen an, welche sich bei den intergenerationellen Übermittlungen innerhalb der Familie als grundlegend ausmachen lassen.

Familiengeheimnisse

Ich will jetzt nicht auf Ödipus und seine Familie zurückgreifen, wie ich es anderwärts tat (Ausloos 1980b). Es sei nur erwähnt, dass wir bei 72 % der Familien von Heroinabhängigen Geheimnisse *zwischen* den Generationen und bei 58 % *innerhalb* der gleichen Generation antrafen. Als ich mit Familien von Delinquenten zu arbeiten begann, glaubte ich noch, Familiengeheimnisse seien ein Mittel, durch welches ein für die Delinquenz günstiges Terrain geschaffen würde. Ich habe das einmal so beschrieben: „Ein Ausagieren (*acting-out*) stellt ein Ausspielen oder Inszenieren (*to act*) von etwas nach außen (*out*) dar, was innerhalb der Familie nicht gesagt oder mitgeteilt werden kann."

Boszormenyi-Nagy hatte bereits auf die intergenerationelle Vermittlung von Schuld innerhalb der Familie hingewiesen (siehe Heireman 1989). Die Geheimnisse spielen dabei insofern eine sehr wichtige Rolle, als sie eine Atmosphäre der Nichtkommunikation schaffen. Eine Art „Ölfleck" bewirkt, dass man in der Familie immer weniger kommuniziert, um schließlich dorthin zu gelangen, wo der erwähnte Autor von „beziehungsmäßiger Erstarrung" spricht. Es sei auch daran erinnert, dass man den Inhalt des Geheimnisses „eigentlich" nicht wissen kann und gleichzeitig nicht vergessen darf, dass es ein Geheimnis gibt. Sowohl das Wissen wie das Vergessen ist verboten. Solche Geheimnisse sind ohne Zweifel auch eine verkannte Seite der Beziehung zwischen Alkoholismus und Inzest. In beiden Fällen ist das Aufrechterhalten des Geheimnisses entscheidend, und ich stelle die Hypothese auf, dass es in gewissen Situationen das Geheimnis ist, welches die pathogenen Wirkungen einer inzestuösen Situation verstärkt.

Es ist nicht daran zu zweifeln, dass es in allen Familien Geheimnisse gibt. Ebenso ist es klar, dass sie nicht immer pathogene Wirkungen haben. Die Natur des Geheimnisses und die daraus sich ergebende Bedeutung der beziehungsmäßigen Erstarrung bestimmen ihre Rolle beim Zustandekommen einer allfälligen Pathologie. Man sollte aber nicht glauben, man sollte sich bewusst auf die Suche nach diesen Geheimnissen machen: Je weniger man sich dafür interessiert, desto mehr werden sie einem anvertraut.

Trennung – Individuation oder Bruch

Aus wirtschaftlichen Gründen bevorzugt unsere industrielle Zivilisation Menschen, die fähig sind, sich von ihren Familien und ihrem Ursprungsmilieu zu trennen, um selbstständig zu sein. Für die Ausbeutung von Minen und manchen anderen Wirtschaftszweig zum Beispiel ist es interessanter, mobile Angestellte zu haben und nicht Menschen, die an Land, Boden und Familie gebunden sind. Diese Wertschätzung von Unabhängigkeit und Autonomie gibt es allerdings nicht in allen Kulturen, und auch in der westlichen war es nicht immer so (Ariès). Wenn man den Prähistorikern und Anthropologen glauben will, waren die ersten Menschen Jäger und Sammler, welche umherziehen mussten, um dem Wild zu folgen, welches die Grundlage ihrer Existenz sicherte. Wahrscheinlich war in dieser Situation ein solitäres Leben, während dessen man nur gelegentlich in den Clan zurückkehrte, von Vorteil. Noch zu Beginn des 19. Jahrhunderts lebten bestimmte Ameroindianer auf diese Art (Deloria 1989). Es scheint, dass später einzelne Gruppen sesshaft wurden, von der Viehzucht und noch später vom Ackerbau lebten. Jetzt war die geeignetere Lebensform der Clan, für den die Gruppe wichtiger ist als das Individuum, in der jeder den Gesetzen zu gehorchen hat und ohne die Hilfe der andern nicht überleben kann.

Als Freud und nach ihm die ganze westliche Psychologie sich auf das Individuum konzentrierten sowie Autonomie und Individuation als Zeichen des seelischen Gleichgewichts auszeichneten, machten sie nichts anderes, als eine mit der Industrialisierung im Verlaufe des 19. Jahrhunderts aufgetretene Bewegung nachzuvollziehen. Während wir dazu neigen, Autonomie und Individualität als Wert zu betrachten, wäre die Haltung in Kulturen, die auf Familie und Sippe konzentriert sind, ein Zeichen der Nichtanpassung. Man sollte sich also daran erinnern, dass Margaret Mahler ihre Beschreibung von der Wichtigkeit der Dynamik von Trennung und Individuation im Kontext der westlichen Kultur vornimmt und ihre Betrachtungen in einem anderen kulturellen Kontext wenig Gültigkeit hätten. Wir kennen leider die nachteiligen Auswirkungen der westlichen kulturellen Akzentuierungen auf Einwanderer, die in Bezug auf ihre kulturelle Zugehörigkeit dermaßen entwurzelt sind, dass sich daraus sogar eine Psychose entwickeln kann. In Quebec und auch in Nordamerika ganz allgemein hat die Kolonisierung zu einer besonderen Situation geführt, in welcher die Familie, meistens um die Mutter geschart, während Monaten allein blieb und vorwiegend als Clan lebte. Die Kinder wuchsen auf in der Achtung vor den Familiengesetzen, der Notwendigkeit der Solidarität und der Wichtigkeit, zuerst an den andern und erst dann an sich zu denken. Wenn ein junger Mann in die Arbeitswelt nachrückte und nicht das Glück hatte, das Grundstück der Familie zu übernehmen, musste er auf brutale Weise zum Alleinleben übergehen, wie es zum Beispiel für Holzfäller, Holzträger, Leitungsmonteure, Minenarbeiter und Arbeiter auf weit entfernten Baustellen der Fall war. Sicher erlebten viele Männer dies als Bruch, auf den sie nicht vorbereitet waren, der sich aber zwangsläufig einstellte. Die empfundene Leere förderte besonders den Hang zum Alkoholismus und anderen Süchten. Der Konsum füllte in gewisser Weise die affektive Entbehrung auf. Gleichzeitig wurde das Leben im Clan, wie sie es als Kinder gekannt hatten, idealisiert und mystifiziert und ließ sie nach einer Partnerin suchen, welche ihnen jene Wärme und Sicherheit wiedergeben sollte, die sie von ihrer Herkunftsfamilie her kannten.

Das wirft ein neues Licht auf die Phänomene der Ko-Abhängigkeit. Während ein brutaler Abbruch dazu führt, auf den anderen nur zu re-agieren, lässt eine wirkliche Trennung es zu, für sich selber und mit dem andern zu agieren. Der Bruch ergibt sich mit anderen Worten aus dem plötzlichen Übergang von einer Struktur, welche Minuchin „verstrickt" nennen würde, zu einer anderen Struktur, die er als „bindungslos" betrachtet. Diese Sicht öffnet einen Weg, die Ko-Abhängigkeit therapeutisch anzugehen, indem man zum Beispiel mit zwei Partnern den Übergang vom Bruch zur Trennung bearbeitet und sie dabei – etwa mithilfe des Genogramms – ermutigt, sich in Bezug auf die Herkunftsfamilie, deren Regeln und die dort übernommenen Rollen, welche zu einem Auftrag, einer Mission, geworden sind, neu zu definieren. Eine Mission kann man nicht allein aufgeben: Um zu „de-missionieren", muss man mit jenen, die einem die Mission übertrugen, ins Reine kommen. Die Trennung kann nicht ohne ein Mindestmaß an Versöhnung erfolgen. Ich pflege daher zu sagen, dass ein delinquenter Jugendlicher durch das Fenster abgehauen ist und sein Gepäck nicht mitnehmen konnte. Es ist wichtig, dass er zurückkommen kann, um sein Gepäck zu holen und das Haus durch die Türe zu verlassen. Dieses Bild trifft meiner Ansicht nach auch auf Alkoholiker und Drogenabhängige zu, die weggegangen sind und gleichzeitig sehr gegenwärtig bleiben, ihr Gepäck daließen, allein zu sein scheinen und trotzdem bei den andern im Zentrum der Sorgen bleiben.

Zu viel oder keine Kontrolle

Der Bruch bringt also einen plötzlichen und harten Übergang von einer Situation, in der man durch die Regeln von Clan und Familie sowie durch Solidarität kontrolliert wurde, in die Anomie, wo Gesetze, Regeln und Kontrolle fehlen und die Regeln des Milieus allmählich jene des Clans ersetzen. Alkoholismus und Drogenabhängigkeit lassen sich in dieser Perspektive als *Krankheiten der Kontrolle* beschreiben, markiert durch ein Übermaß an Kontrolle innerhalb des Clans und der Familie während der Kindheit und das Fehlen jeglicher Kontrolle beim Alleinleben als Erwachsener. Bei der Ko-Abhängigkeit besteht die Krankheit der Kontrolle auf der einen Seite im Zuviel an Kontrolle in bestimmten Bereichen und im Zuwenig an Kontrolle in anderen. Es ist deshalb nicht verwunderlich, dass man in Familien von Alkoholikern und Drogenabhängigen andere Mitglieder findet, die ebenfalls eine Pathologie der Kontrolle aufweisen, so etwa die Magersucht als ein Übermaß und die Fettleibigkeit als einen Mangel an Kontrolle. Es ließen sich weitere Beispiele komplementärer Pathologien in Familiensystemen aufzählen, in denen die Kontrolle problematisch ist. Erwähnt seien Bettnässen, Hingezogensein zu Sekten, Flucht in die Arbeit, Spielsucht, zwanghafte Störungen usw. Die Krankheiten des Abbruchs, der Alkoholismus und die Drogensucht, sind sowohl Krankheiten der Kontrolle wie der Abhängigkeit. Wie werden gleich sehen, wie Abhängigkeit entstehen und pathogen werden kann.

Die Regeln der Abhängigkeit

In seinem berühmten Artikel über die Anonymen Alkoholiker erinnerte Bateson (1981b) bereits daran, dass der Alkoholiker in einem gewissen Sinn mit der ständigen Herausforderung der Flasche lebt. Es ist, als fände ein Kampf statt, in welchem der Alkoholiker immer herauszufinden versucht, wer der Stärkere ist, er oder die Flasche. Der Kampf geht immer gleich aus, nämlich mit dem Sieg der Flasche. In Familien von Alkoholikern und Drogenabhängigen kommuniziert man oft so, dass man ständig herausfordert. Das kann ein Mittel dafür sein, ein aufregendes Leben zu haben, kann aber auch bedeuten, von einem Scheitern zum andern zu gehen, auch wenn man ab und zu Sieger ist. Kommt es immer wieder zum Scheitern, folgt die Entwertung auf dem Fuß, woraus sich ein Mangel an Selbstvertrauen und Depression ergeben kann. Statt noch mehr herauszufordern, ist es besser, innerhalb der Regeln der Abhängigkeit zu verbleiben, welche mehr Sicherheit bieten.

In unserer Untersuchung in Lausanne konnten wir zu wiederholten Malen feststellen, wie wichtig die Regel der Abhängigkeit in den Familien Heroinsüchtiger ist. Parallel dazu stellten wir bei 70 % fest, dass Entwertungen innerhalb des familiären Milieus sehr häufig waren. Die Tendenz dazu fand sich übrigens auch im Zentrum des Drogenentzugs selbst wieder. Daraus entwickelten wir eine bestimmte Regel, welche für alle Personen gilt, die mit Abhängigkeit zu tun haben, Sie lautet: „Es gibt immer eine höhere Autorität, der ich zur Vermeidung schwerwiegender Folgen gehorchen muss." Diese höhere Autorität können sowohl der Alkohol wie die Droge, aber auch Gott, der Guru, das Vaterland, die Mode, das Umfeld und anderes sein.

Sätze, die verbinden

Wir stellten uns auch die Frage, wie die Abhängigkeitsregel übermittelt wird, und stellten die Hypothese auf, dies sei häufig an unterschwellige Anspielungen gebunden, welche ganz banale Sätze begleiten und deren Sinn zutiefst verändern. Eine Metakommunikation darüber ist nicht möglich, weil diese Anspielungen in den Bereich des Ungesagten gehören. Das führt in die Nähe von Batesons Konzept der Doppelbindung (*double bind*) mit ihrer verleugneten Unlogik und dem Verbot der Metakommunikation (Benoit 1981).

Ein paar Beispiele:

– „*Du* bist in der Lage ..." oder „*Du* bist groß genug ...": Solche Sätze hört man oft und braucht sie wohl auch selber. Die darin enthaltene Botschaft ist ausdrücklich aufwertend, was an sich überhaupt kein Problem darstellt. Wenn damit jedoch unausgesprochen gemeint ist, „... das zu machen, was *ich* will ...", ist es klar, dass das Kind sich nur unwohl fühlen kann, wenn es diese Botschaft erhält. Es vernimmt einerseits eine ausdrückliche Wertschätzung, hat aber den Verdacht, ohne in der Lage zu sein, seine Intuition zu überprüfen, dass das nicht die eigentliche wichtige Mitteilung ist, sondern eine Art, es zurückzustoßen. Weil es nicht in der Lage ist, die unterschwellige Botschaft zu verstehen oder zu überprüfen, kann es selbstverständlich darüber auch nicht kommunizieren, das heißt die Kommunikation nicht kommentieren. Es kann zum Beispiel nicht sagen: „Ich verstehe, dass du möchtest, ich soll tun, was du willst. Selbstverständlich bin ich dazu in der Lage, aber darum geht es ja nicht, du möchtest einfach, dass ich dir gehorche." Nicht nur das Kind ist da zur Metakommunikation unfähig. Gibt man uns Erwachsenen Botschaften mit Pseudokomplimenten zum Beispiel, sind wir meistens zur Metakommunikation auch nicht fähig, was uns oft mit einem Gefühl der Ohnmacht, gelegentlich der Wut, noch öfters des Unbehagens und möglicherweise der Trauer zurücklässt. Wenn wir das schon als Erwachsene spüren können, wie ist es dann erst für ein Kind? Wir begegnen hier wieder jener Panik und Wut, welche mit der Doppelbindung verbunden ist.

- „*Du* hast die Wahl" (zwischen Gehorsam und Strafe): Bei diesem Satz hat das Kind entweder überhaupt keine Wahl oder nur die zwischen zwei Vorschlägen, von denen keiner wirklich befriedigend ist. Weil es ohne Freiheit keine wirkliche Wahl geben kann, ist der Vorschlag ein Köder. Wieder nimmt das Kind die implizite Äußerung und Anspielungen wahr, ohne in der Lage zu sein, ihre Doppelbödigkeit aufzudecken.
- „*Du* kennst die Folgen" oder „Du weißt, was geschehen wird" (wenn du dich nicht unterwirfst): Die ausdrückliche Aussage weist auf offenbar selbstverständliche Folgen hin, die dem Handeln selber innewohnen und deren Wahl man dem Kind überlässt. Würde sich der Satz auf ein wirklich gefährliches Verhalten, wie sich zu verbrennen oder die Stiege hinunterzufallen, beziehen, wäre er weder zweideutig, noch würde er nur auf irgendetwas anspielen. Wird er jedoch auf Dinge angewendet, deren Konsequenzen die Eltern selber bestimmt haben, wird der Satz pervers. Auch hier sei daran erinnert, dass der paradoxe Inhalt der *Doppelbindung* eine Drohung enthält, welche vor allem die Sicherheit und das emotionale Wachstum des Adressaten beeinträchtigt.
- „*Du* musst lernen, damit selber fertig zu werden" (damit ich meine Ruhe habe): Natürlich ist es für ein Kind wichtig, selber mit etwas fertig zu werden, aber es hat dabei nicht zuerst im Sinn, seine Eltern zu entlasten. Wenn es die Mutter um ein Glas Milch bittet, könnte es sich dieses selbstverständlich auch sel-

ber holen. Was es aber wünscht, ist eine Interaktion mit seiner Mutter. Wenn diese von ihm verlangt zu lernen, sich selber zu helfen, sieht es darin nicht die Ermutigung, selbstständig zu handeln, sondern die Verweigerung der Interaktion.

Aus diesen Beispielen ziehen wir die Hypothese, dass es die unausgesprochenen Hintergedanken dieser paradoxen Anweisungen sind, welche die Regel der Abhängigkeit in Form eines Pseudoappells an die Selbstständigkeit vermitteln. Es sei auch noch bemerkt, dass in diesen Beispielen für die ausdrückliche Botschaft das „Du" gebraucht wird, während die implizite Botschaft in der Klammer das „Ich" verwendet. Das „Du" definiert den andern so, dass jener, der definiert, nicht einbezogen und auch zu nichts verpflichtet ist. Auch das ist eines der Mittel, Metakommunikation zu verhindern.

Diese unechte Aufforderung, selbstständig zu sein, führt in der Adoleszenz, also wenn es darum geht, sich allmählich von der Familie zu entfernen, dazu, dass der Weggang sich nur als Bruch und nicht als wirkliche Trennung ereignen kann. Es ist daher nicht verwunderlich, dass man sich nach dem Bruch einer neuen Gruppe, einer Bande oder Gleichaltrigen anschließt, wo die Regel der Abhängigkeit herrscht und Sicherheit in der Unabhängigkeit vermittelt, wenn auch eine künstliche. Kommen Alkohol und Drogen ins Spiel, könnte man sagen, die höhere Autorität liege in ihnen, während die Sicherheit von der Gruppe der Gleichaltrigen kommt. Doch von dieser kommt auch die Bedrohung, und die Gruppendisziplin ist oft unerbittlich.

Die Ko-Abhängigkeit

Wenn sich später ein Paar bildet, besteht dieses häufig aus zwei pseudoselbstständigen jungen Menschen, welche den Mythos einer Freiheit zu zweit leben, während sie gleichzeitig die Herrschaft einer wechselseitigen Abhängigkeit errichten. Das Scheitern in der Gestalt der Ko-Abhängigkeit ist voraussehbar und führt jeden dazu, mehr auf den anderen zu re-agieren als mit dem anderen zusammen zu handeln. Hat das Paar dann einmal auch noch Kinder, unterliegen diese wieder der Abhängigkeitsregel.

Bevor dieser Abschnitt abgeschlossen wird, seien noch die Großeltern erwähnt: Wenn man einen großen Teils seines Lebens eine bestimmte Regel befolgt hat, ist es wenig wahrscheinlich, dass diese sich mit dem Alter verändert. Im Gegenteil ist es eher so, dass sie sich noch verstärkt. Oft vergisst man bei Problemen mit Adoleszenten die Großeltern. In Wirklichkeit sind diese zum Guten und zum Schlechten da. Gut ist eine Haltung, welche vernünftig und gemäßigt ist und es ermöglicht, nicht sofort den Kopf zu verlieren. Schlimm kann es sein, wenn die Großeltern das Bedürfnis nach Unabhängigkeit bei ihren eigenen Kindern nicht ertrugen und nun zu kompensieren versuchen, indem sie die Enkel in eine noch stärkeren Abhängigkeit an sich binden.

Wie eingangs bereits erwähnt wurde, wurde die Abhängigkeitsregel oder, genauer, die Regel der Wechselabhängigkeit in der Abhängigkeit bei Familien von Drogenabhängigen gefunden. Immer mehr bin ich jedoch davon überzeugt, dass sie sich in allen Formen der Pathologie finden lässt, angefangen bei der Psychose und der Depression bis hin zu Persönlichkeitsstörungen.

Die Handlungsunfähigkeit

1983 war die Lektüre des Buches *La colombe assassinée* („Die ermordete Taube") von Henri Laborit (1983) für mich außerordentlich bereichernd, um eine Reihe von krank machenden Situationen zu verstehen, welche durch die Familie bevorzugt, hervorgerufen oder übermittelt werden, aber nicht nur durch die Familie, sondern auch durch die Schule, die Arbeit, die äußeren Umstände und die sozioökonomische Lage. Man denke an den Schulabbruch, den Wandalismus in den Schulen, das Ausgebranntsein in bestimmten Berufen, die persönlichen und sozialen Probleme, welche mit der Ohnmacht angesichts von Arbeitslosigkeit und Ausschluss verbunden sind, und nicht zuletzt an die unvermeidbare Revolte von Gruppen ohne Zukunft. Für jemand, der sich in der Biologie nicht auskennt, mag das Buch von Laborit schwierig sein. Es handelt von einem grundlegenden, im Wesentlichen neurophysiologischen Mechanismus: der Hemmung beim Handeln oder der Handlungsunfähigkeit. Laborit hat durch seine Forschungen die Neuroleptika entdeckt und entwickelte zusammen mit Seyle die Stresstheorien.

Um diesen Text hier nicht zu überfrachten, verweise ich den Leser auf das genannte Buch selber. Ich entnehme daraus das folgende Schema und will es kurz erläutern. Jede längere oder kürzere Alarmsituation (körperliche Bedrohung, schulischer Misserfolg, körperliche oder sexuelle Gewalt, Verlust des Arbeitsplatzes, wiederholte Trauerfälle usw.) erzeugt Stress, von dem Selye sagt, er sei sowohl für das Tier wie für den Menschen nützlich, um sich gegen Aggressionen zur Wehr zu setzen. (Aus diesen Überlegungen heraus bildete er das Wort „Stress", indem er im englischen Wort *distress* (Not, Elend) die Vorsilbe *dis* wegließ, um damit zu zeigen, dass Stress nicht nur negativ zu verstehen ist.)

Nach Laborit sind bei Drucksituationen drei Reaktionen möglich: handeln, fliehen, angreifen. Jede kann entweder wirksam sein und den Stress mildern oder unwirksam und zu Stress und nach einer gewissen Zeit zu Handlungsunfähigkeit führen.

Handlungsunfähigkeit kann also als ein Mechanismus verstanden werden, der hervorgerufen wird durch zu großen oder zu lang anhaltenden Stress angesichts der misslungenen Reaktion auf eine Paniksituation. Mittels neurophysiologischer Prozesse im das Handeln hemmenden System (SIA) erzeugt der Stress eine positive (+) Rückkoppelung, welche ihrerseits den Stress und die Hemmungsmechanismen verstärkt. Findet das Subjekt keine Mittel, um wirksam handeln zu können, hört es auf, sich zu wehren, und während die Alarmsituation weiter besteht, werden körperliche Störungen (Überspanntheit, Rheumatismen, Herzstörungen, Krebs) oder psychische Störungen (Depression, Angst, Panik, Phobie oder gar Psychose) oder Gewohnheiten übermäßigen Konsums (Tabak, Alkohol, Drogen) auftreten. Findet jedoch das Subjekt eine wirksame Handlungsmöglichkeit, wird dadurch das aktivierende System (SAA) stimuliert, welches durch eine negative (–) Rückkoppelung den Stress zum Verschwinden bringt. Die Aktivierung von SAA erleichtert in der Folge wirksame Handlungen. Wie man sieht, nähert sich dieses Schema dem behavioristischen Modell der Kompensation, geht aber viel weiter.

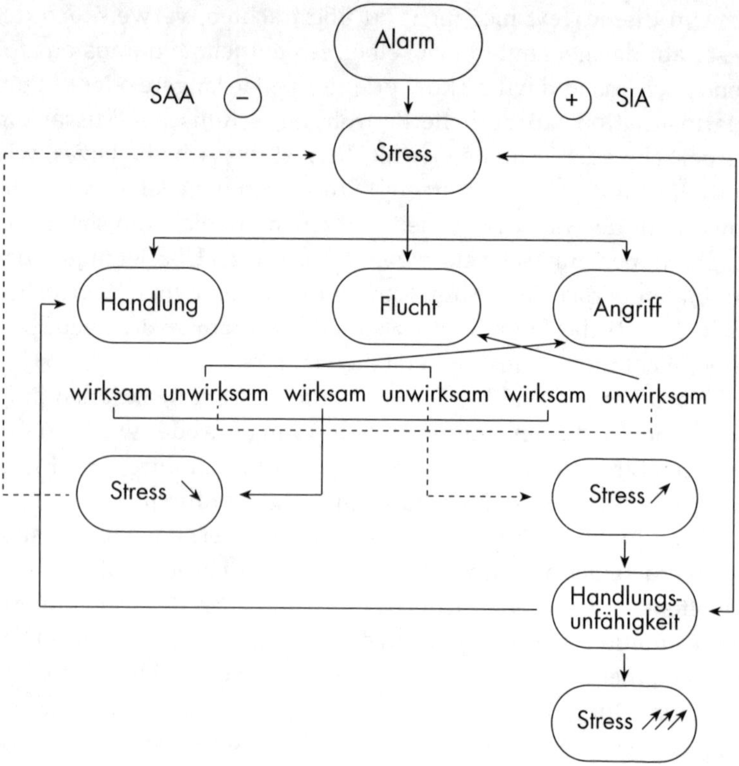

Schema „Stress"

Man wird sich fragen, was das alles in einem Buch über die Kompetenz der Familien soll. In der Tat kann die Kenntnis dieser Mechanismen uns bei der Arbeit mit Familien sehr behilflich sein, wenn der Indexpatient blockiert und handlungsunfähig ist. Die Frage ist jetzt nicht, wie man ihn stimulieren kann, sondern wie man ihn in die Lage versetzt, wirksame Handlungen auszuführen. Das hat Gültigkeit sowohl in der Klinik wie in Institutionen für Jugendliche, für Familien ebenso wie für ein Unternehmen. Ist es angesichts von Wandalismus, übermäßigem Drogenkonsum und Gewalt – welche Flucht und unwirksame Aggressionen darstellen – nicht besser, zu überlegen, wie man das SAA anregen kann, als zu versuchen, unwirksame Verhaltensweisen zu blockieren oder die Schuldigen zu bestrafen? (Dazu auch Kapitel fünf in Teil zwei.)

Zum Schluss ein paar Hinweise für die Praxis

1. Der Gebrauch des Genogramms: Wer darüber mehr wissen will, greife zu McGoldrick u. Gerson *Genogramme in der Familienberatung* (1997). Die Bedeutung des Genogramms besteht darin, Geheimnisse zu lüften, bestimmte Regeln aufzudecken, sich bewusst zu machen, wie Rollen übermittelt werden und man aus Triangulationen herauskommt. Allerdings ist es wichtig, zu betonen, dass das Genogramm mit einer Familie oder einem Individuum erst angefertigt werden kann, wenn ein tragfähiges Klima des Vertrauens entstanden ist. Andernfalls besteht die Gefahr, dass es als zu eindringlich erlebt wird, Abwehr erzeugt und schließlich wenig sachdienliche Informationen hervorbringt.
2. Paartherapie: Es konnte gezeigt werden, dass die beiden Partner mit ihrer Herkunftsfamilie zwar häufig gebrochen haben, sich aber nicht von ihr trennen konnten. Die sich entwickelnde Ko-Abhängigkeit führt eher zu Reaktionen als zu Aktionen. Mit jedem der beiden Partner an einer besseren Abgrenzung gegenüber der Herkunftsfamilie zu arbeiten erlaubt auch die bessere paarinterne Abgrenzung.
3. Die Bedeutung von Geschwistergesprächen: Wenn die Kinder erwachsen sind, sind sie nicht unempfindlich gegenüber den Problemen ihrer Brüder und Schwestern. Sie sind im Vorteil gegenüber andern, weil sie den Lebenskontext des Indexpatienten kennen und darüber häufig auch sehr zutreffende Hypothesen gebildet haben. Im Drogenzentrum von Lausanne begannen wir damit, bei gewissen Situationen Geschwistergespräche zu führen mit Ergebnissen, die als sehr interessant zu beurteilen sind.
4. Arbeit mit Großeltern: Bei sorgfältiger Befragung von Alkoholikern und Drogenabhängigen ist man oft überrascht, zu hören, dass die Großeltern noch leben und ganz in der Nähe wohnen. Es kann ziemlich hilfreich sein, sie für *eine Sitzung* kommen zu lassen, um sie um ihre Meinung zur Situation zu bitten und dadurch eher zu Verbündeten als zu Rivalen zu machen, welche die im Gang befindliche Arbeit entwerten und dadurch gefährden. Dafür braucht man sie nicht häufig zu sehen. Im Allgemeinen genügt eine Sitzung.

5. Die Bedeutung der Zeit: Veränderungen brauchen Zeit. Auch für den Therapeuten ist es wichtig, sich die Zeit zu nehmen (siehe Kapitel eins in Teil eins). Ich mache häufig so genannte lange Kurztherapien. Sie sind lang, weil sie sechs Monate bis ein Jahr dauern, kurz, weil sie nur fünf bis zehn Sitzungen umfassen. Ich bevorzuge Abstände von vier bis sechs Wochen. Sieht man eine Familie jede Woche, besteht die Gefahr, dass man sich in das Gefühl des Notfalls verstrickt, selber zu viel Verantwortung übernimmt und der Familie zu wenig Eigenverantwortung lässt. Sieht man Familien hingegen in großen Abständen, werden sie mit Situationen konfrontiert, die sie wohl oder übel selber bewältigen müssen, was genau das ist, was man sich wünscht (siehe Kapitel eins in Teil zwei). Sie haben auch Zeit dafür, Strategien der Veränderung auszuprobieren. Häufig ersucht man die Therapeuten, ihre Arbeit zeitlich, zum Beispiel auf drei Monate, zu beschränken. Es scheint mir wenig wahrscheinlich, dass sich in dieser Zeit das verändern kann, zu dessen Konstruktion ein ganzes Leben nötig war. Allerdings plädiere ich nicht für mehr Sitzungen, sondern für größere Abstände zwischen den einzelnen Sitzungen.
6. Vorbeugung: Wichtig ist die Unterstützung junger Eltern. Geraten sie in eine Krise, erleben sie das häufig als peinlich und schwierig, erhalten aber nur selten Hilfe. Die Paare beginnen sich dann zu desorganisieren, und es kommen Entwicklungen in Gang, die den Regeln der Abhängigkeit folgen. Vorbeugung wird ihre Früchte vielleicht erst langfristig tragen. Gerade deswegen betrachte ich sie als besonders wichtig. Sie zielt darauf ab, die Entstehung bestimmter Prozeverläufe zu vermeiden, was immerhin besser ist, als sie später zu korrigieren.

3. Elterlicher Prozess, institutioneller Prozess: Von den Eltern als Kunden zu den Eltern als Mitarbeitern[1]

Jemand hat gesagt: „Einer der schwierigsten Berufe ist jener der Eltern. Es ist der Einzige, für den es keine Ausbildung gibt." Diesen Satz und meine eigenen Erfahrungen als Vater und mit Eltern nehme ich als Ausgangspunkt meiner Ausführungen.

Eltern sein: Ein schwieriges Metier ...

Als ich an der Universität Genf lehrte, unternahm ich eine Untersuchung von Eltern, welche ihr erstes Kind erwarteten. Dabei regten mich die Arbeiten von Pierre Fontaine (1985) über „gesunde Familien" an. Meine ursprüngliche Annahme war, die Geburt des ersten Kindes stelle für das Paar einen kritischen Zeitpunkt dar. Unter Krise verstehe ich „jenen Moment, in dem sich Veränderungen zu bilden beginnen" – darauf werde ich zurückkommen. Glücklicher- oder unglücklicherweise wurde meine Hypothese vollumfänglich bestätigt. Alle untersuchten Paare sagten, sie seien während der sechs Monate nach der Geburt durch eine Zeit der persönlichen und partnerschaftlichen Krise hindurchgegangen, die sich, einmal überstanden, als sehr bereichernd erwiesen habe, aber auch problematisch hätte werden können.

Daraus kann bereits als Erstes gefolgert werden, dass heute niemand wirklich auf die Erziehung eines Kindes vorbereitet ist, selbst wenn das Kind gewollt und gewünscht wird. Soziologen, Sexologen und Psychologen sind sich darin einig, dass man heute auf die-

1 1990 als Vortrag vor Eltern und Fachleuten in Quebec gehalten.

se ganz wesentliche Aufgabe weniger vorbereitet ist als früher. Früher lebte man besonders auf dem Land in großen Familien, wo die Älteren lernten, Jüngere zu erziehen, und die Jüngeren sich mit den Kindern der Älteren beschäftigten. Nur in den Städten kannte man die kleine Kernfamilie.

In der Kleinfamilie haben zukünftige Eltern gegenwärtig wenig Möglichkeiten, das Elternsein zu erlernen. Auch sind sie meistens sozial und beziehungsmäßig ziemlich isoliert. Die eigenen Eltern und Großeltern leben oft weit weg. Die Freunde sind ihrerseits selber durch die eigenen Aufgaben in Beschlag genommen, und man kann in diesen schweren Zeiten nach der Geburt praktisch kaum auf sie zählen, falls man Unterstützung braucht. Vor allem aber gibt es so etwas wie eine gesellschaftliche Übereinkunft, welche die offizielle Botschaft vermittelt, nach der Geburt eines Kindes könne das Paar nur vollkommen glücklich sein, obwohl damit in Wirklichkeit für die Mehrheit der Paare Schwierigkeiten, Erschöpfung, Spannungen verbunden sind, an denen man umso schwerer zu tragen hat, als man rundherum mit niemandem darüber reden kann.

Auch wenn alles zum Besten bestellt scheint, hat die Mutter eine schwierige Zeit. Einerseits ist sie ganz davon erfüllt, ihr eigenes Kind zu haben, und andererseits überfordert sie die neue Aufgabe, auf welche sie sich wenig vorbereitet fühlt. Zwar wird sie einerseits durch all das, was sie an Zärtlichkeiten und Liebkosungen vonseiten des Kindes erhalten kann, belohnt, und gleichzeitig überschwemmt sie dieses kleine Ding mit seinen unglaublich starken Bedürfnissen.

Es ist auch eine schwierige Periode für den Vater, der sich dem Kind gegenüber ungeschickt verhält, weil er nicht recht weiß, wie mit ihm umgehen. Gleichzeitig fühlt er sich unentbehrlich, um ein minimales Gleichgewicht aufrechtzuerhalten, bemüht, darauf zu achten, sowohl die Bedürfnisse des Kindes wie der Mutter zu befriedigen, und sieht sich dabei erst noch ständigen Vorwürfen ausgesetzt, nicht zu genügen. Es ist schwierig für das Paar, welches mit der Geburt zwar ein Stück Erfüllung findet, aber zur gleichen Zeit eine Entfremdung und vielleicht später sogar einen Bruch riskiert, und zwar genau als Folge dieser Geburt.

Aus dem Duo des Paares wurde eine Triade geboren, in der neue Dyaden als problematisch auftreten können. Meine damalige Studie trug deshalb die Überschrift *Die Paare machen Kinder und die Kin-*

der machen Eltern. Leider lösen sich einige Paare wieder auf und überlassen ihren Platz den eigenen Eltern. Paare ohne Liebe und Einelternfamilien zeugen davon.

Auf diese erste Etappe legte ich deshalb so viel Gewicht, weil hier eine Karriere der Eltern beginnt, welche weitere Etappen zu bewältigen haben werden, die ebenfalls mit Krisen verbunden sind. Eine erste Probe wird die Geburt weiterer Kinder sein. Die Einschulung des Kindes markiert die erste wirkliche Trennung von ihm, und die Sorge um seinen Erfolg setzt ein. In der Pubertät erscheint die Sexualität im Subsystem der Kinder, und es beginnt der Anfang eines affektiven Rückzuges, welchen die Eltern oft sehr negativ erleben. Mit der Adoleszenz ändern sich die Familienregeln rund um das Geld, die Ausgangszeiten, die Sexualität, und es kommt zu Auseinandersetzungen und Infragestellungen, die nicht immer leicht lebbar sind. Schließlich werden die Kinder selbstständig und ziehen aus, um ihrerseits einen Hausstand zu gründen und Eltern zu werden. Das kann für ihre Eltern erneut schwierige Zeiten bringen, umso mehr, als sie selber mit großen Schritten auf die Pensionierung zugehen, auf die sie oft ebenfalls schlecht vorbereitet sind. Es ist nicht von ungefähr, dass man in diesem Zusammenhang vom „Syndrom des leeren Nestes" (*empty nest syndrome*) spricht.

All das zeigt, dass man sich nicht wundern muss, wenn die Elternkarriere von vielen Schwierigkeiten begleitet ist. Es scheint vielmehr normal und unvermeidbar zu sein, dass Eltern durch Krisen hindurchgehen und es voraussehbar ist, dass einige sich zu bestimmten Momenten nicht mehr in der Lage fühlen weiterzumachen. Es erscheint sogar als normal, wenn einige so weit kommen, die Elternrolle zu verweigern. Die Eltern wurden häufig zu viel beschuldigt, sich zurückzuziehen und ihre Verantwortlichkeiten nicht zu übernehmen, doch hat man vielleicht nicht genügend versucht, sich in ihre Lage zu versetzen. Doch davon später.

... Für das es keine Ausbildung gibt

Indem ich diesen Zwischentitel niederschreibe, wird mir bewusst, dass er nur zum Teil richtig ist. Es stimmt zwar, dass es keine oder nur wenig Schulung gibt, um den Beruf der Eltern zu erlernen. Es gibt kein Diplom, welches Gewähr böte, gute Eltern zu sein und zu wissen, wie man die verschiedenen unvermeidlichen Krisen angeht. Und trotzdem waren wir alle in der Schule unserer eigenen Eltern. Bewusst oder unbewusst haben wir eine Menge von Werten geerbt, die wir weitergeben, aber auch Unwerte, die wir ganz entschieden nicht weitergeben möchten. Wer kennt nicht die großen Worte junger Eltern: „Mit meinen Kindern werde ich niemals das tun, was meine Eltern mit mir machten?“

Es ist paradox und gleichzeitig komisch, wenn nicht sogar tragisch: Schlussendlich kann man nicht verhindern zu wiederholen, was unsere Eltern mit uns machten, und man wird dafür auch überzeugende Rechtfertigungen finden. Die Familienmodelle vererben sich von einer Generation auf die andere. Deshalb stellt sich die Frage, inwiefern man für das überkommene Erbe verantwortlich ist, das man, obwohl man es sich nicht ausgesucht hat, dennoch unweigerlich weitergibt.

Die Tatsache, dass jeder Partner sein familiäres Gepäck mitbringt, macht es nicht einfacher. Denn eines ist sicher: Es gibt da Unterschiede, ja sogar Unverträglichkeiten. Was ich eine „konstitutive Vertragsverhandlung des Paares“ genannt habe, muss spätestens bei der Geburt des Kindes erneut erfolgen.

Was eben über Eltern gesagt wurde, gilt für viele andere auch, z. B. für Erzieher und andere Berufspersonen sowie für Arbeitsteams. Sie haben ebenfalls ihre Familienmodelle, Werte und Gegenwerte geerbt. Die Tatsache, dass sie aus ihren jeweiligen Familien, ihrem Milieu und ihrer Kultur kommen, bedeutet nicht, dass diese Modelle besser oder schlechter seien als andere. Sie sind jedoch verschieden. Man neigte bislang zu sehr dazu, das Modell bestimmter Klassen oder Kulturen als das einzig gute anzusehen, weshalb man sich anstrengte, es Familien aus anderen kulturellen und sozialen Bereichen zu vermitteln. Wird man sich dessen bewusst, sieht man sich dazu veranlasst, unbedingt einige Änderungen in der eigenen Position vorzunehmen, an der man bis jetzt festgehalten hatte.

Unsere Sichtweise ändern: Vom Fehler zur Kompetenz

Wahrscheinlich hat man seit Beginn der Menschheit die Eltern für alle Fehler ihrer Kinder verantwortlich gemacht. Es ist erstaunlich, dass der psychologisierende Trend des 20. Jahrhunderts diese Tendenz noch verstärkt hat. Es genügt ein Blick ins Wörterbuch der Psychopathologie, um sich bewusst zu machen, dass darin die Rede ist von überfürsorglichen, zurückweisenden, kastrierenden Müttern; von abwesenden, autoritären, ebenfalls kastrierenden Vätern; von gestörten, verschmolzenen, konflikthaften Paaren; von nicht zusammenarbeitenden, unfähigen, ausstoßenden Eltern; von rigiden, chaotischen, inzestuösen Familien. Die Liste ließe sich beliebig verlängern.

Würde man die besten Eltern und Paare eine psychologische Prüfung machen lassen, um zu versuchen, ihre Paar- und Familienprobleme ans Licht zu bringen, würden meiner Meinung nach wahrscheinlich nur wenige nicht durchfallen. Würden sie angeben, sie hätten keine Probleme, hätten sie möglicherweise etwas zu verbergen. Gäben sie zu, Probleme zu haben, wäre die Hypothese bestätigt. Zeigten sie sich zurückhaltend, bestünde kein Zweifel, dass sie zur Zusammenarbeit nicht fähig wären. Wären sie zu vertrauensvoll, demonstrierten sie dadurch eine Neigung, sich abhängig zu machen. Wären sie teilnahmsvoll, müsste man befürchten, Sie seien zu „übergriffig" und zu wenig abgegrenzt. Wären Sie sich ihrer Schwierigkeiten bewusst, bestätigte das nur, dass sie ungeeignet wären ... Zugegeben, das ist Karikatur. Tatsache ist aber, dass die Mehrheit der Professionellen darin ausgebildet wurde, nach dem zu fahnden, was nicht geht, und wir sind alle dazu geneigt, das zu finden, was wir suchen, selbst wenn die Wirklichkeit anders ist.

Ich möchte das Beispiel befreundeter Psychologen erwähnen, die sich dazu entschlossen, zu den zwei eigenen Kindern noch ein drittes zu adoptieren. Sie mussten sich einer Bewertung unterziehen, welche herausfinden sollte, ob sie sich als Adoptiveltern eignen würden oder nicht, was für sie eine sehr schwierige und peinliche Sache war. Nach Abschluss der Evaluation waren sie beinahe davon überzeugt, zur Adoption nicht geeignet zu sein, obwohl sie schon zwei eigene Kinder hatten. Es sei aber sofort hinzugefügt, dass es sich um Leute handelte, die dazu durchaus in der Lage waren, und dass eine Adoption schließlich auch zustande kam.

Dieses Beispiel und viele andere Erfahrungen geben zur Frage Anlass, woher überhaupt die Neigung kommt, nach dem zu suchen, was schlecht läuft. Ohne Zweifel ist das medizinische Modell, welches auch von der Psychiatrie und schrittweise von der Psychologie übernommen wurde, für manches Übel verantwortlich. Mag es der somatischen Medizin angemessen sein, so erzeugt es doch viele perverse Wirkungen, wendet man es auf seelische Störungen an. Wenn wir bei körperlichen Leiden einen Arzt aufsuchen, erwarten wir von ihm mit Recht, dass er sich für das interessiert, was nicht geht. Stelt er einen *Schaden* fest, kann er uns sicher auch Erleichterung, das heißt Heilung, bringen. Wer aber seelisch leidet, ist nicht *geschädigt*, sondern hat im Wesentlichen Schwierigkeiten der *Beziehung*. Derartige Schwierigkeiten kann man nicht in Gips verpacken oder herausschneiden. Wäre es nicht besser aus dem Nutzen zu ziehen, was sie an Konstruktivem aufweisen, statt sie zu bekämpfen? Doch erklärt diese Bezugnahme auf das medizinische Modell nicht alles. Wenn es sich übrigens durchsetzen konnte, so deshalb, weil es eine Kultur antraf, welche ungefähr die gleichen Werte und Prämissen aufweist.

Eine erste Antwort findet sich im Werk des Historikers Jean Delumeau (1983) mit dem Titel *Le péché et la peur* („Die Sünde und die Furcht"). Seine Hauptthese zeigt, dass in der jüdisch-christlichen Kultur Fehler und Sünde die Grundlage des Erziehungssystems und Mittel zur Erzeugung von Schuldgefühlen darstellen. Damit haben wir alle unsere eigenen Erfahrungen: Wenn man in der Familie alles gut macht, ist es normal und bedarf keiner Erwähnung, wenn man hingegen Fehler begeht, sind die Eltern dafür da, sie herauszustreichen. In der Schule ist es ebenso: Man bringt den Schülern etwas bei, indem man ihre Fehler unterstreicht, anstatt sie in ihren Kompetenzen zu stärken und ihre Erfolge zu würdigen.

Eine zweite, ergänzende Antwort fand ich in einem Buch von Michel Foucault (1987), *Der Wille zum Wissen*. Der Verfasser richtet das Augenmerk auf die Tatsache, wie wichtig das Geständnis in unserer Kultur ist. Nach einem bekannten Sprichwort ist „ein eingestandener Fehler zur Hälfte schon vergeben". Die katholische Beichte gründet ebenfalls auf dem Eingeständnis von Fehlern, und es ist, als ob die Mehrheit der Psychologen und Erzieher die Rolle der Beichtväter übernommen hätte. In vielen Gesprächen veranlassen auch sie Personen und Familien dazu, zu sagen, was falsch ist und nicht geht, statt danach zu suchen, was noch gut geht.

Vom jüdisch-christlichen Modell zum systemischen überzugehen bedeutet, nach Kompetenzen und Fähigkeiten Ausschau zu halten und nicht nach Fehlern, Schwierigkeiten oder Misserfolgen.

Statt Traumatismen aufzuspüren und eingestehen zu lassen, die in einer sterilen Vergangenheit verankert sind, bringt man die Information in Umlauf, welche eine Öffnung erlaubt.

Folgendes Schema soll das veranschaulichen:

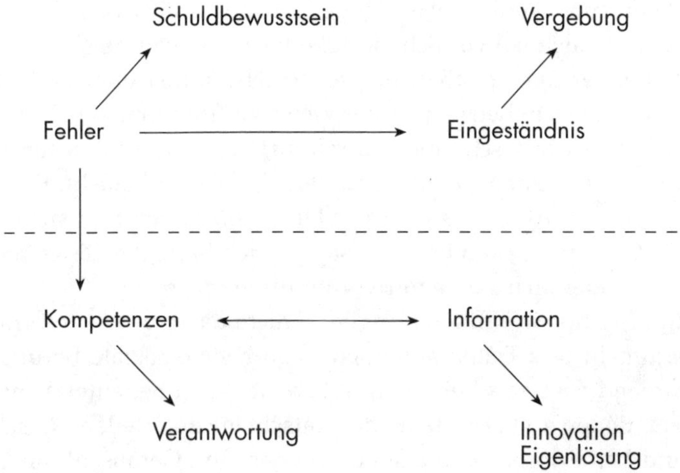

Schema: „Vom jüdisch-christlichen zum systemischen Modell"

Auf der linken Seite dieser Skizze befinden sich oben die Schuldbewusstsein und unten die Verantwortung. Häufig werden beide miteinander vermischt: Wenn man schuldig ist, ist man verantwortlich. Diese Verwechslung ist bedauerlich, weil Verantwortung und Schuldbewusstsein wirklich nicht dasselbe sind. Was nötig ist, ist der Übergang von der schuldigen zur verantwortlichen Familie. Was heißt das?

Eine verantwortliche Familie kennt ihre Verantwortlichkeiten und ist in der Lage, sie zu übernehmen, was nicht dasselbe ist, wie zu sagen, die Art und Weise, wie sie ihre Verantwortlichkeiten wahrnimmt, sei immer die beste, aber auch nicht, dass sie sich grober Mängel schuldig gemacht habe.

Von diesem Begriff der verantwortlichen gehe ich über zur *kompetenten* Familie. Auch das heißt wieder nicht, dass eine kompetente

Familie alles könne, sondern dass sie eigene Kompetenzen hat. Meiner Ansicht nach haben alle Familien Kompetenzen. Doch gibt es bestimmte Situationen, in denen sie sie entweder im Moment nicht einsetzen können, sie gar nicht kennen, daran gehindert werden, sie zu benutzen oder sich selber aus unterschiedlichen Gründen daran hindern, es zu tun.

Wenn eine Familie zwar kompetent und verantwortlich ist und trotzdem manchmal vor Schwierigkeiten steht, welche sie nicht lösen kann, verfügt sie möglicherweise nicht immer über die nötige *Information*, um in befriedigender Weise zu funktionieren. Ein letztes Mal sei an die Beschreibung der Information durch Bateson erinnert: Sie ist ein Unterschied, der einen Unterschied macht. Eine Information bewirkt, dass man die Dinge nicht mehr so sieht wie früher. Oder man kann erstaunt sagen, „Ich hatte die Dinge nie so gesehen" oder „Ich stellte mir vorher diese Frage nie".

Information in Umlauf bringen ist nicht dasselbe wie Information sammeln und Daten anhäufen, wofür viele soziale Berufe berühmt sind und was bei ihnen üblich ist. Auch bedeutet es nicht, Informationen zu vermitteln oder Ratschläge zu erteilen. Ratschläge sind keine Information, sondern eher ein „Geräusch" im Ohr, welches am Denken hindert. Sammle ich von Berufs wegen Fakten, leiste ich damit nur mir selber einen Dienst, lasse aber die Familie damit Zeit vergeuden. Gebe ich ihr Ratschläge, verhindere ich, dass sie jene Lösung findet, die für sie stimmt.

Wer hingegen Information in Umlauf bringen möchte, sucht mit der Familie zusammen nach der für sie *bedeutsamen Information*. Bedeutsam ist sie dann, „wenn sie vom System kommt und dorthin zurückkehrt, um das System über sein eigenes Funktionieren zu informieren". Mit anderen Worten lässt sich sagen, dass die Familien wissen, aber sie wissen nicht, dass und was sie wissen.

Diese Überlegungen bringen es mit sich, dass die Rolle der Fachleute sich wandelt.

Den Fachmann ändern: Von der Datensammlung zum Kreislauf der Information

Wie eben gesagt wurde, besteht die Rolle des Therapeuten nicht darin, die Familie zu beraten oder herauszufinden, was für sie nicht geht, sondern im Gegenteil mit ihr zu erarbeiten, wie sie wieder finden oder erst entdecken kann, was sie weiß und zur Lösung ihrer Probleme zur Verfügung hat. Ohne näher darauf einzugehen, sei bemerkt, dass das durch zirkuläres Fragen geschehen kann, wie es durch die Schule von Mailand entwickelt wurde. Ein systemischer Gesprächsleiter sorgt dafür, dass bis zum Ende eines Gesprächs die verschiedenen Mitglieder der Familie genügend Informationen ausgetauscht haben, um einander und sich selber besser zu kennen und um besser zu sehen, wie sie miteinander umgehen. Das mündet am Ende einer Sitzung häufig in Sätze ein wie „Vorher konnten wir nie so miteinander reden" oder „Man konnte sich Dinge sagen, die früher nie ausgesprochen wurden".

Die Kybernetik übte einen wichtigen Einfluss auf das Verständnis der systemischen Interventionen aus. Lange Zeit wurde allerdings die Therapie durch die erste Kybernetik geprägt, welche annahm, ein Beobachter befinde sich außerhalb des von ihm beobachteten Systems. Im Anschluss an die Unbestimmtheitsrelation von Heisenberg und die Arbeiten von Prigogine in der Physik und Chemie, von Maturana und Varela in der Biologie und von Heinz von Foerster in der Kybernetik wurde man sich bewusst, dass diese Sicht der Dinge sehr begrenzend und begrenzt ist. Tatsächlich ist der Beobachter immer im System eingeschlossen, das er beobachtet, und seine Haltung beeinflusst das Funktionieren der Phänomene, welche er im Blick hat. Man muss sich bewusst sein, dass auch der Therapeut nicht außerhalb der Situation steht, sondern eingetaucht ist in ihre Problematik und dass er durch seine Art, da zu sein, diese Problematik selber unmittelbar beeinflusst.

Um auf die kompetente Familie zurückzukommen, ist zu sagen, dass sie nicht in allem kompetent ist und es nicht ausreicht, alle Mitglieder der Familie bloß anzuhören, um eine Lösung zu finden. Jede Familie hat zwar genügend Kompetenzen, um ihre eigenen Probleme anzugehen, allerdings unter der Bedingung, dass sie über die nötige Information verfügt. Es gehört zur Rolle des Therapeuten, die Information in der Familie zirkulieren zu lassen, damit Lösungen auftauchen können. Daraus ergibt sich mein Axiom: „Ein System kann nur jene Probleme haben, zu deren Lösung es selber in der Lage ist."

Den Therapeuten zu ändern bedeutet, seine Intervention in dem Sinn zu verwandeln, dass sie das System aktiviert, indem er die Information zirkulieren lässt, damit es selber in der Lage ist, seine eigenen Kompetenzen zur Lösung der Probleme zu finden oder wieder zu finden. Das ist alles andere, als danach zu fahnden, was in der Familie nicht geht, um die Gründe des Scheiterns zu verstehen und aufzuzeigen, was zu tun sei, damit alles besser werde.

Praktisch bedingt das, die Familie als Partnerin und Mitarbeiterin dieses Vorgehens anzusehen. Das Wort „mitarbeiten" heißt auf Lateinisch *collaborare* = „mit jemand arbeiten, zusammenarbeiten". Mit Familien kollaborieren ist nicht Therapie, weil man nicht nach den Problemen sucht, welche Familien und Paare aufweisen, sondern weil man mit ihnen gut zusammenarbeiten will. Dafür werden die beiderseitig vorhandenen Kompetenzen, Werte und Verantwortlichkeiten eingesetzt, aber auch das Ungenügen, wohl wissend, dass es in der Erziehung keine Wahrheit gibt, sondern nur den Prozess von Versuch und Irrtum, in den man sich einlassen und durch den man wachsen kann.

Das führt nun doch zu einigen praktischen Ratschlägen:

1. Ob Sie nun mit einer Familie oder einer Person arbeiten, bemühen Sie sich, „Du" bzw. „Sie" durch „Ich" zu ersetzen. Häufig sagen wir zum Beispiel: „*Sie* beschäftigen sich nicht genug mit Ihrem Sohn." Sollte man stattdessen nicht besser sagen: „*Ich* bin berührt, wenn *ich* sehe, wie sehr der Sohn Sie braucht." Der gundlegende Sinn der Aussage ist der gleiche. Sagt man jedoch „Sie" oder „Du", stellt man sich in die höhere Position dessen, der weiß und das Recht hat zu urteilen. Redet man hingegen in der ersten Person, drückt man seine eigenen Gefühle aus und versetzt sich in die Lage, etwas zu sagen, das zuerst uns und erst in zweiter Linie andere betrifft. Man akzeptiert auch, sich zu exponieren und unter Umständen selber verletzbar zu sein.
2. Es ist grundlegend, Begriffe wie „Widerstand", „Mangel an Zusammenarbeit und Motivation der Familien" aufzugeben. Diese Begriffe wurden von Therapeuten erfunden, um ihre eigene Unfähigkeit zu rechtfertigen, mit ihren Klienten in Beziehung zu treten. Jede Person oder Familie, welche zu uns kommt oder spürt, dass etwas schlecht geht, möchte eine Veränderung. Therapeuten sollten dann in der Lage sein, sie zu empfangen, ihnen Vertrauen einzuflößen, ihnen aufzuzeigen, was sie erwartet, ihnen zu helfen, ihre Ängste und Gewohnheiten zu überwinden,

kurzum wirklich mit ihnen in Verbindung zu treten. Es gibt keine widerständigen Familien, sondern bloß solche, welche die nötigen Informationen nicht haben.

3. Aus unserem Wörterbuch ist auch der Ausdruck „Manipulation" zu streichen und durch „Strategie" zu ersetzen. Ist es nicht auffallend, dass, wenn Therapeuten davon erzählen, was junge Leute oder die Familie machen, sie nach den Manipulationen fragen, deren Opfer zu werden sie selber riskieren? Wenn sie selber dran sind, reden sie von „Strategien". Ich glaube, dass weder die Familien noch die Therapeuten manipulieren, jedoch beide ihre Strategien haben, was durchaus legitim ist. Der Ausdruck „Manipulation" beinhaltet eine abwertende Sicht des familiären Umgangs und führt unsererseits zu einer Haltung auf Distanz.

Damit kommen wir schließlich zu einem letzten Punkt.

Die Institution verändern: Von der Supervision zur Zusammenarbeit

Lange Zeit wurde die Institution (das Heim, in das Kinder eingewiesen werden) als eine gute Lösung für schlechte Familien dargestellt. Die Unterbringung in einer Institution erschien in der Tat als Verurteilung der Eltern und Strafe für das Kind. Wen wundert es dann, dass es zu den häufig beschriebenen Rivalitäten zwischen Eltern und Institutionen kam, welche letztendlich das Kind ausbaden musste? Hielt die Institution die Eltern für unfähig, fiel das auf das Kind zurück, welches die Wahl hatte, entweder mit der Institution zusammenzuarbeiten und die Eltern zu entwerten oder mit den Eltern zusammenzuarbeiten und die Institution zu disqualifizieren. Was es auch tat, es befand sich immer in der Situation, dass mindestens einer oder beide schließlich sagten, es liege am Kind. Nach Jahren der Auseinandersetzung wurden sich Eltern und Institution schließlich darüber einig, dass, wenn niemand Erfolg haben konnte und wirklich das Kind das Problem sei, weder die Eltern noch die Erzieher für das verantwortlich sein müssen, was geschah.

Dieses Bild von der guten Institution wurde so stark verbreitet, dass man schließlich in der Institution selber daran glaubte und sich an den „Mythos der guten Institution" klammerte. Um das mindestens ein wenig auszubessern, begann man mit Familientherapie. Nun lautete die den Eltern übermittelte Botschaft in der Regel so : „Ihr müsst euch ändern, damit wir unsere Arbeit tun können." Auf subtile Weise waren die Eltern erneut auf der Anklagebank und vor dem Kind entwertet, da man ihnen die Probleme zuschrieb und sagte, sie müssten sich ändern. Auf scharfsinnige Weise sahen sie sich gezwungen, von Dingen zu reden, von denen zu reden sie überhaupt keine Lust hatten – zumindest nicht „mit diesen Leuten da".

Im schlimmsten Fall machte man das, was jemand eine „Parentektomie" nannte, indem das Kind von seinen Eltern und seinem Umfeld getrennt wurde, um es vor ihnen zu schützen und zu reparieren, als ob es ein Unfallwagen wäre, dessen Teile man reinigen und ersetzen muss, damit er wieder funktioniert.

Will man in einer Institution mit den Eltern systemisch arbeiten, sind sie als Partner und Mitarbeiter zu begrüßen, was einige Veränderungen im Funktionieren und in den Gewohnheiten der betreffenden Institution mit sich bringt. Mein Freund Louis Emery, seit dreißig Jahren Leiter einer Institution in der Schweiz, prägte eine Formel, die ich mag: „Die Institution ist eine Werkzeugkiste, für welche die Eltern den Schlüssel haben. Arbeiten wir zusammen, dass die Eltern sich ihrer bedienen können."

Daraus ergeben sich einige Schlussfolgerungen.

1. Das therapeutische Hotel

In den Achzigerjahren begann ich mit Vorträgen, die Wert darauf legten, die Institution nicht mehr als Superschule, Reformhaus oder Kinderhütedienst zu betrachten, sondern als ein „therapeutisches Hotel", das heißt als einen Ort, wo ein Kind Zuflucht finden konnte, um Kräfte zu sammeln und weiterzuwachsen. Nimmt man die systemische Sicht der Probleme eines Individuums, wird da betont, dass das Individuum im System eine Rolle spielt und damit einverstanden ist, es als Problem des Systems, in welchem es sich befindet, anzusehen. Nochmals Louis Emery: „Nachdem das Kind das Problem in der Familie *ist*, *hat* es schließlich Probleme." Die Institution ihrerseits kann nicht allein eine Lösung dafür finden, dass das Kind das Problem der Familie ist. Hingegen kann sie mit dem Kind an den Problemen arbeiten, die es hat. Eines der Mittel dazu besteht darin, einen geeigneten Ort zu schaffen, dass es Kräfte sammeln kann, um den Lebenskampf weiterzuführen.

2. Von Anfang an zusammenarbeiten

Schon seit langem ließ man die Familien in die Institutionen kommen. Meistens geschah dies am Ende des Aufenthaltes, um der Familie anzukündigen, dass man ihr das Kind zurückgebe und die Familie sich darauf vorbereiten müsse. Wie, sagte man ihr nicht, was es vielleicht möglich machte, das beschämende Scheitern der Platzierung in der Institution an die Familie zurückzugeben, denn diese war es ja schließlich, welche das Kind bei seiner Rückkehr nicht gut genug wieder aufgenommen hatte.

An die Familie sollte man sich nicht erst wenden, wenn neue Probleme da sind, sondern von Anfang an, das heißt schon bei der Aufnahme, ja sogar viel früher. In Aufnahmegesprächen ist der Familie nicht die Botschaft zu geben, „*Ihr* habt uns nötig", sondern im Gegenteil „*Wir* brauchen euch, denn ihr kennt das Kind am besten und habt schon viel versucht, was euch eine große Erfahrung vermittelte. Ohne euch kann das Kind keine Fortschritte machen, und wir könnten nichts tun, was von Dauer wäre".

3. Uns helfen, dank der Krisen etwas zu verändern

Die gute Institution gibt es nicht. Die Organisation von Institutionen ist zu oft daraufhin angelegt, Krisen zu vermeiden. Das soll sie aber nicht, im Gegenteil. Sie soll von Krisen leben wie von ihrer Nahrung. Die Krise ist ein Moment, in dem Veränderung sich ereignen kann. Deshalb ist sie notwendig. Deswegen kann man in Problemen, welche einen jungen Menschen in die Institution führen, eine Quelle der Veränderung nicht nur für die Familie, sondern auch für die Institution sehen, welche den jungen Menschen aufnimmt. Wir können aus den Krisen, welche die Institution durchlebt, manches lernen, um ihre Organisation zu modifizieren. Wir bekommen auch viel von den Familien, weil sie viel versucht und viel gelernt haben.

Schluss

Seit einigen Jahren arbeite ich mit einer Institution in Quebec zusammen, welche *Les Quatre Vents* („Vier Windrichtungen") heißt. Was ich hier vortrug, stellt in gewisser Weise seit zwanzig Jahren die Grundphilosophie dieser Institution dar. Ich möchte zum Schluss am Beispiel vom „Treffpunkt Familie“ zeigen, dass der systemische Ansatz nicht eine Technik ist, sondern mit großer Geduld im Verlauf von vielen Jahren konstruiert wird und ständig das Werkzeug verbessert, das man anwendet.

Vor mehr als fünfzehn Jahren kamen die Erzieher darin überein, dass es interessant wäre, zu schauen, wie die Familien funktionieren, bevor man ein Kind wieder zu ihnen zurückgehen lässt. Zu diesem Zweck wurden Familien eingeladen, ein Wochenende in der Institution zu verbringen, um sie zu beobachten, einzuschätzen und kontrollieren zu können. Anfänglich war diese gewiss wenig systemische Vorgehensweise vom ehrlichen Anliegen geprägt, eine bessere Rückkehr des Kindes in seine Familie zu begünstigen. Mit der Zeit wurde es den Erziehern jedoch bewusst, dass man aus diesem Unternehmen mehr herausholen könnte, und sie wurden dazu von Eltern auch gedrängt, die ihrerseits den Erziehern vorschlugen, in die Familie zu kommen – schließlich hatten sie ja auch das Bedürfnis, dass die Besuche wechselseitig seien.

Mit der Zeit haben sich diese Begegnungen weiterentwickelt, und die Institution begann großen Wert darauf zu legen, den Familien eine gute Seite anzubieten, nämlich eine Umgebung mit vielen Möglichkeiten, sich am Wochenende zu entspannen. Die Institution, 140 Kilometer von Montreal entfernt, ist für die Stadtbewohner wegen der vielen sportlichen Möglichkeiten im Sommer und im Winter sehr beliebt. Die jungen Menschen, die hier leben, kommen aus sehr bescheidenen Familien von Montreal, welche nicht über die Mittel verfügen, sich eine luxuriöse Freizeit zu leisten. Was auch ein Handicap für die Institution hätte sein können, nämlich der weite Weg, wurde zu einem Trumpf. Die ganze Familie kann hier eine wunderbare Landschaft genießen, und das sogar auf Einladung eines ihrer Mitglieder hin, das hier unterzubringen man gezwungen war.

Heute ist man sozusagen bei der vierten Etappe angekommen: Was jetzt als wesentlich erscheint, ist das teilweise Zusammenleben und Miteinanderteilen zwischen Erziehern, dem Kind und seiner Familie im Rahmen von Wochenenden in der Institution.

Das könnte also vielleicht ein guter Schluss sein: Ausgehend von einer Erfahrung, die mehr die Kontrolle als die Veränderung im Auge hatte, kam man dazu, trotz der Entfernung, welche ein Hindernis hätte sein können, einen Ort der Begegnung zu schaffen. Eltern und Kinder wurden tatsächlich zu Partnern der Institution. Ich möchte nochmals betonen, dass es sich bei dieser Entwicklung nicht um die Anwendung einer Technik handelte, sondern um eine gemeinsame Kreation, bei der alle voneinander etwas gelernt haben und die Institution durch das gemeinsam geteilte Erleben bereichert wurde.

Biographisches und Konstruiertes als Nachwort zur deutschen Ausgabe

Joseph Duss-von Werdt

In diesem Buch denkt mein Freund Guy Ausloos immer wieder ausdrücklich und ganz und gar „subjektiv“ über seine berufliche Beziehung als Therapeut zu seinen Klienten und Klientinnen, seien es Einzelne oder Familien verschiedener Größe oder Zusammensetzung, nach. Welches ist die Rolle des Therapeuten im therapeutischen System, dessen Teil er selber ist? Diese anderswo selbstredend auch auftauchende und abgehandelte, hier aber wie kaum woanders zentrale Themenstellung war einer der Gründe dafür, dem Verlag die Übersetzung vorzuschlagen.

Fachlich über andere viel, über uns wenig oder gar nicht zu reden fällt uns im Allgemeinen leicht. Schließlich macht man Therapie nicht mit sich selber – stimmt's? –, sondern mit Patienten und Patientinnen, Klienten und Klientinnen oder wie man sie immer benennen mag. Geht es denn in einem Therapiebuch in fachlicher und sachlicher Hinsicht nicht um diese anderen, von denen man sich grundlegend unterscheidet, indem man Therapeut ist? Oder sind Therapeuten unter sich nicht auch der Rede wert?

Fachbücher sollen vor allem „objektiv“ sein und bleiben.

Nimmt man, wie auch Guy Ausloos es gerne tut, ein Wort jeweils beim Wort, bezeichnet „objektiv“ nach der lateinischen Stammwurzel etwas, gegen das man sich stemmt, was man jemandem zum Vorwurf macht und ihm entgegenhält. „Objektiv gesehen machen Sie etwas falsch, stimmt das und jenes nicht, müssen Sie zur Kenntnis nehmen, dass …“ Wer kennt solche autoritären oder autoritativen Verdikte nicht?

Um sich jedoch auf Objektivität berufen zu können, braucht es Maß stäbe und Kriterien, wie sie uns die Theorien und Handlungskonzepte scheinbar liefern, sofern sie vom Subjektiven möglichst gesäubert und validiert sind, sodass sie verallgemeinert werden können. Trotzdem sind auch sie von Subjekten konstruiert, „objektivierte" Subjektivität, sonst könnte es ja gar nicht beinahe unzählbar viele geben. Nur ist uns das kaum (mehr?) bewusst, so sehr ist Objektivität und ihre Gleichsetzung mit Wirklichkeit zur Gewohnheit geworden. „In Wirklichkeit verhält es sich doch so und so ..." Wer für die Beschreibung einer Person Sachlichkeit und Objektivität beansprucht, macht „das" beschriebene Subjekt zu etwas Sächlichem, betrachtet (und „behandelt") „es" als Objekt und macht sich selber zu seinem untrüglichen Maßstab. Eignet dem Satz, „objektiv ist das, woran wir schon lange gewohnt sind nicht eine verlockende heuristische Qualität für einen Systemiker der Kybernetik zweiter Ordnung?

Als Therapeuten können wir auch uns selber in der dritten Person beschreiben und gehen dadurch uns gegenüber auf Abstand, was uns die professionelle Identität „des Therapeuten" gibt, der seine subjektive Beziehungswirklichkeit wenn auch nicht ganz ausblendet, so doch im Bemühen um Objektivität möglichst unter Kontrolle halten soll. Dergestalt neutralisiert, müsste ein Therapeut dann mit einem anderen Therapeuten mehr oder weniger austausch- und verwechselbar sein. Wie unoriginell er dann wäre! Aber immerhin wäre das Subjektive weg bzw. die Gefährdung von seiner Seite würde in Schranken gehalten.

Gräbt man auch beim Wort „Subjekt" (und „subjektiv") nach der Wurzel, bezeichnet es Untertane, Unter- und Preisgegebene, Unterwürfige, Ausgesetzte, aber auch das Unterschobene und Eingeflößte. Politisch wurde diese Konnotation in feudalen Gesellschaften mit einem verächtlichen Unterton personalisiert und auf die „Subjekte" der Herrschenden übertragen, die zwar als „gute Subjekte" geschätzt und klein zu halten waren, hingegen als aufmüpfige und schlechte „Subjekte" den Herrschenden zur Gefahr werden konnten. Die geltenden Machtverhältnisse ließen sich nur dadurch garantieren, dass die Subjekte möglichst streng „behandelt" und zu Objekten wurden.

Ein ähnliches Misstrauen gegenüber dem Subjektiven (eigenen und fremden) finden wir in den wissenschaftlichen Ansprüchen auf

Objektivität. Wenn jemand unserem guten Angebot gegenüber „Widerstand" zeigt oder seine „wahren" Gefühle verbirgt, bekunden wir ihm unser aufrichtiges Misstrauen und wissen an seiner Stelle genau, wie es „in Wirklichkeit" um ihn steht. Um in der Parallele zum Feudalismus des Ancien Régime zu bleiben: Der politische Machthaber wird vergleichbar mit dem Fachexperten der subjektiven Innerlichkeit und intersubjektiven Beziehungswirklichkeit. Dieser profitiert ebenfalls von einem Machtgefälle, solange er die Begutachteten und Therapierten als für sich selber inkompetent ansieht, sodass sie auf die Kompetenz von Fachleuten angewiesen sind. Wie „(un)demokratisch" entmündigend kann Therapie sein?, wäre eine weitere heuristische Spur.

Diese Schrift setzt immer wieder neu zur Emanzipation der „Therapiegebraucher" zu „Selbstlösern" an. Das führt zu einer ganz bestimmten Definition der therapeutischen Beziehung, die mit dem Stichwort „Kompetenz" markiert wird. Unser Autor steht zunächst und immer wieder ganz persönlich zu sich selber und stellt seine jeweilige Subjektivität, z. B. sogar das eigene Wohlbefinden oder Unbehagen während der Arbeit, in den Vordergrund und setzt sie auch direkt therapeutisch ein. Logischerweise kann er dann nicht pauschal, verantwortbar und in geronnener Sprechweise von „Patienten", „Klienten", „Delinquenten", „Schizophrenen", „Magersüchtigen", „dominanten" Müttern / Vätern, „gefügigen" Frauen / Männern, „drogen- und fresssüchtigen" Familien und anderen reden. Stilgerecht wird er nicht so tun, als ob nicht *er* das täte, was er tut, und als ob seine Gesprächspartner / innen unabhängig von ihm so wären, wie sie sind. Mit ihnen rückgekoppelt, bleibt auch er nicht eindeutig stets derselbe, nämlich „der" Therapeut, sondern lässt sich als Interaktionspartner von seinen jeweiligen Bezugspersonen ebenso konstellieren, wie er sie konstelliert.

Theoretisch gesprochen, geht es hier um die Variable *Zirkularität der therapeutischen Beziehung* und ihre „doppelte Beschreibung". Beziehung wird im Sinne von Gregory Bateson so verstanden, dass beide bzw. alle Interaktionspartner, einschließlich des Therapeuten, einbezogen sind. Bei Bateson (1982) steht darüber Folgendes zu lesen: „Beziehung ist immer ein Produkt doppelter Beschreibung ... Es ist richtig (und eine große Verbesserung), wenn man anfängt, über die beiden Parteien der Interaktion so nachzudenken wie über zwei Augen, von denen jedes eine monokulare Sicht des Geschehens gibt, beide zusammen aber ein binokulares und tiefes Bild entstehen lassen. Diese doppelte Sicht *ist* die Beziehung" (S. 165). Auch die therapeutische!

Doch selbst wenn der Therapeut sein(e) Gegenüber als die „zweite Seite" des Ganzen sieht und ernst nimmt, bleibt er immer noch bei *seiner* ein-seitigen Beschreibung. Um der „Zweiseitigkeit" näher zu kommen, muss er den Mithandelnden in sich selber und um sich herum Raum geben, damit sie sich selber dartun und dafür die Verantwortung übernehmen können. Das geschieht im Respekt vor ihrer eigenen Kompetenz und deren ausdrücklichem Einsatz in der Praxis und außerhalb der Gespräche mit ihnen.

Nach dieser ersten Ortung seines thematischen Schwerpunktes soll noch versucht werden, das Buch innerhalb der systemtherapeutischen Bewegung zu lokaliseren.

Systemtherapeutinnen und -therapeuten berufen sich in ihrer Mehrheit überall mehr oder weniger auf die gleichen theoretischen Quellen und praktischen Konzepte. Auch das Kommen und Gehen der modischen Erscheinungen ist allenthalben häufiger eher als gleichzeitig und nicht als zeitversetzt zu beobachten. Diskontinuitäten, wie da Neues rezipiert und dort Altes konserviert, hier Veraltetes dort erst als neu aufkommt und als solches jeweils definiert wird, lassen sich ebenfalls überall beobachten.

Der Ideen spendende „Urvater" Gregory Bateson fehlt bei keinem Autor und Praktiker unserer Zunft. Auch die Mailänder Schule halten die meisten für einen reichhaltigen Behälter an Werkzeugen, aus dem sie sich gerne bedienen. Um die Kybernetik der ersten und der zweiten Ordnung kommt zwar niemand herum, wenn er in der Entwicklung seines eigenen Gebietes drinbleiben will. Nur gehen da die Haltungen und Meinungen stark auseinander. Bateson, Mailand und Kybernetik 2 sind für Ausloos eindeutige Referenzgrößen.

Im systemischen Einzugsgebiet bestehen in der Verwendung und Weiterentwicklung von Ideen und praktischem Rüstzeug nicht nur von Therapeutin zu Therapeut, von Schule zu Schule, sondern auch innerhalb der einzelnen Kultur- und Sprachgebiete Unterschiede, selbst wenn diese nicht leicht zu charakterisieren sind. Sie allgemein auf unterschiedliche „Mentalitäten" zurückzuführen trifft zwar wohl einen richtigen Sachverhalt, bleibt aber ungenau. Inwiefern lassen sich innerhalb der Systemtherapie eine deutsche, französische, italienische oder englische „Mentalität" voneinander unterschieden? Verfolgte man die jeweiligen Entwicklungen in den germanophonen und frankophonen Gebieten über längere Zeit hinweg, nehmen Unterschiede doch einige Konturen an. Es ist nicht unerheblich, an welche vorgegebenen Schulen, Strukturen und Traditionen die Therapierichtung im jeweiligen Sprachland anschloss, wie sie sich dort entwickelt und was sie in ihrem Umfeld an Bejahung und Widerstand ausgelöst hat. Der Einfluss der US-amerikanischen Kolleginnen und Kollegen war im deutschen Sprachgebiet größer als im französischen, die kritische bis polemische Auseinandersetzung mit der Psychoanalyse dort heftiger als hier. Ein Blick in die Literatur ganz allgemein, im Besonderen aber in Wörterbücher zeigt, dass in französischsprachigen Gegenden wenig deutsche und in deutschsprachigen wenig französische Autoren und Autorinnen mit ihren Orginaltiteln zitiert werden. Neben den jeweiligen deutsch-französischen und französisch-deutschen Übersetzungen sind es eher noch die jeweiligen englischen Originaltexte, die in die Literatur aufgenommen werden. Ob das nur mit Sprachkenntnissen oder doch auch mit Mentalitäten zu tun hat? Diese Frage könnte auch im Zusammenhang mit den Familien gebracht werden, wie sie in therapeutischen Schriften beschrieben werden oder in Videoaufnahmen in Erscheinung treten. Beim Textelesen und Filmeanschauen taucht einem doch immer wieder die Frage auf, ob man dasselbe mit hiesigen Familien auch machen könnte, was z. B. Whitaker sich leistete oder wie Mara Selvini es mit italienischen Familien tat. Wie übertragbar sind Konzepte von da zu dort unabhängig von der jeweiligen Kultur?

Guy Ausloos bewegte sich während seiner bisherigen beruflichen Karriere vorwiegend innerhalb der gleichen Sprache, aber nacheinander in drei verschiedenen Ländern: Belgien, Schweiz, Französischkanada, d. h. Quebec. 1940 in Brüssel geboren, begann er seine Studien mit Philosophie und wechselte anschließend zur Medizin. Die Fachausbildung zuerst in der Kinder- und Jugendpsychiatrie und dann in Psychoanalyse und Psychotherapie erwarb er sich an verschiedenen Orten im französischsprachigen Teil der Schweiz. Er gehörte 1979 mit französischen, belgischen, schweizerischen und kanadischen Kolleginnen und Kollegen zu den Begründern der Fachzeitschrift *Thérapie familiale. Revue Internationale d'Associations Francophones*. Nach seiner Lehrtätigkeit an den Universitäten Lausanne (1978 bis 1983) und Genf, wo er eine systemische Psychopathologie des Kindes unterrichtete, und nach weit verzweigten Aktivitäten als Ausbilder und Supervisor verließ er 1986 die Schweiz in Richtung Quebec. Zunächst war er verantwortlich für die Psychiatrie im ganzen noch bewohnten Gebiet nördlich von Montreal und lehrte gleichzeitig an der McGill-Universität. Der nördliche Stützpunkt seiner Tätigkeit befand sich in Rouyn-Noranda, weit von der Universitätsstadt entfernt. 1989 verbrachte er ein Gastjahr als Dozent an seinem ersten Studienort, an der belgischen Universität von Louvain. Seit 1990 lehrt er an der Klinik der Universität von Montreal und leitet dort die Jugendabteilung der Douglas-Klinik. Zudem ist er als Systemtherapeut konsiliarisch an der Klinik Louis H. Lafontaine für junge Erwachsene tätig. In gleicher Funktion arbeitet er auch im Zentrum „Les Quatre Vents", von dem im letzten Kapitel des Buches die Rede war, sowie in Aufnahmestellen für jugendliche Ausreißer und Obdachlose.

Dieser bewegte äußere Berufsverlauf von Guy Ausloos spiegelt sich in den Wendungen und Windungen seines Denkens sowie seines kreativen und suchenden therapeutischen Handelns, wie sie in diesem Buch dokumentiert sind. Da befindet sich einer ständig unterwegs, „zusammengehalten" von einem „eigenwillig" verstandenen theoretischen Ansatz, in dessen Zentrum die „Muster, welche verbinden", stehen, auch wenn ihr Zusammenhang nicht auf den ersten Blick erkennbar ist. Ausloos benutzt dieselben Instrumente wie andere auch, aber anders, eben eigenwillig und auf seine originelle Weise.

Für die Narrotologen unserer Zunft erzählen wir Therapeuten ebenso wie unsere Familien und Klienten ohnehin nur lauter Geschichten. Was uns Therapeuten betrifft, sind es auch dann unsere eigenen, wenn ihr Text im Kontext eines bestimmten theoretischen Ansatzes, z. B. der Systemtheorie, steht. Denn auch Theorien sind Geschichten in einem verdünnten Abstraktionsgrad. Das gilt nach Ansicht der narrativen Therapie für die „weichen" und „harten" Wissenschaftler ebenso wie für die Geschichtenerzähler von der Qualität eines Milton Erickson, für die abstraktesten, mathematischen Konzepte der Allgemeinen Systemtheorie des Ludwig von Bertalanffy im gleichen Maße wie für die blumigsten Anekdoten von und über Carl Whitaker. Für die besonders ernsten unter den Wissenschaftlern und die „tiefsten" unter den Psychologen ist eine derartige Aussage natürlich eine irre Narretei. Aber auch sie entwikkeln ihre Theorien und Forschungen zu Lebzeiten. Diese haben also ebenfalls „einen Sitz in ihrem Leben" und bilden Bestandteil ihrer Biographie, gleichsam in unterschiedlichen Verdünnungsgraden der Abstraktion dieser Lebensgeschichte.

Der Autor dieses Buches legt für sein Fach ein anschauliches Beispiel dafür vor. Berufliche Erfahrung und Theoriebildung, -anleihe und -anwendung halten bei ihm miteinander Schritt und befruchten sich fortlaufend gegenseitig. Im ersten Teil lässt sich die Geschichte nachlesen, wie dieses Buch zustande kam. In späteren Teilen wird sie immer wieder stückweise ergänzt. Die aneinander gefügten Texte lesen sich denn zum Teil auch wie Eintragungen ins Tagebuch, ihr Verfasser kommt später auf vieles nicht mehr zurück, weil sein Weg ihn in andere Gefilde führte. Auch stößt man da und dort nicht nur auf Wiederholungen, sondern auch auf Widersprüche zu früher Gesagtem, was zu seiner beruflichen Autobiographie durchaus ebenso passt wie die zumeist verwendete Ichform der Darstellung. Die Rede in der ersten Person ist der sprachlich angemessene Zuschnitt für einen Kybernetiker der Zirkularität therapeutischer Beziehungen.

Die drei Teile des Werkes selber spiegeln existenzielle Elemente im Leben des Autors wider. Er beschreibt seinen „Prozess" als Systemiker und reflektiert deshalb über die eigene „Zeit". Sein Werdegang im beschriebenen Zeitraum verlief nicht linear, sondern war geprägt von Unterbrechungen und Abbrüchen, von Erschütterungen und Krisen und trägt deshalb Züge des „Chaos'".

Wenn sich jemand sozusagen als „Kybernetiker der zweiten Ordnung in Aktion" bewegt, wie das hier quer durch alle Texte hindurch mehr oder weniger durchgehend der Fall ist, rückt der Autor als Beobachter und Therapeut wie selbstverständlich ins Zentrum. Es sind ja *seine* Sicht der Dinge, die er beschreibt, und *seine* Wahrnehmung dessen, was prozesshaft verläuft, die ihn zum Handeln auf diese oder jene Weise bewegen. Wie er mit seinem Handwerkszeug, auch dem bei anderen erworbenen, umgeht, ist ebenfalls persönlich. Er preist die Kybernetik zweiter Ordnung nicht als etwas Neues oder gar als Wahrheit an, sondern *vollzieht sie* und schaut neugierig selber zu, wohin er damit kommt. Wie er an einer gewissen Stelle sagt, ist er denn auch erstaunt, zu hören und zu sehen, wie andere „ihre" Kybernetik zweiter Ordnung als allgemein gültig und in sich geschlossen verstehen oder sie gleich wie die „erste" darbieten. Ausloos tut nicht so, als wüsste er, was für andere gut und was richtig ist. Er weiß es nicht einmal für sich im Voraus, sondern erst aus Erfahrung, d. h. im Nachhinein, wenn er den Weg schon er-fahren hat. A posteriori macht er sich denn auch meistens den theoretischen Vers auf das, was er vorher tat. So tut es die Wissenschaft ja auch.

Guy Ausloos war immer ein Enfant terrible in der Szene. Er nimmt wenig als gegeben an, sondern schaut selber genau hin, was ihm unter die Augen kommt und was sich ergibt, wenn er handelt. Natürlich tut er das nicht ohne (apriorische) Vorannahmen, was ihm seine vorsätzlich durchgezogene systemische Epistemologie ja auch gar nicht gestatten würde. Aber er versucht, den Abstand zu sich selber ebenso durch- und auszuhalten wie eine kritische Distanz gegenüber allen geborgten und fremden Konzepten. Wieso etwas als gegeben hinnehmen, nur weil es eine Autorität ins Dasein gesetzt hat, von der man sich aber „heteronom" doch nicht bestimmen lassen muss? Das macht einen noch nicht kompetent. Für den Handwerker ist das Werk nicht schon dadurch getan, dass er Werkzeuge besitzt, sondern dass er sie anzuwenden versteht. Wenn es sie für bestimmte Situationen und Engpässe in der Praxis noch nicht gibt, wird er selber zum Werkzeugmacher.

Dass Guy Ausloos unbekümmert und heiter über manches hinwegzugehen scheint, was andere ernst nehmen und traurig macht, ist subjektlogisch („autopoietisch") nur konsequent. Der freie und spielerische Umgang mit Handlungskonzepten und Theorien zeugt von eigener Kompetenz, wie er sie auch den Patienten und Familien zutraut, mit dem umzugehen, was er mit ihnen erarbeitet. Seine Kompetenz sieht er nicht darin, dass allein der Therapeut die Mittel zur Hand hat, die Probleme anderer zu lösen, sondern sie ist dann vorhanden, wenn er einerseits mit den eigenen Problemen zurande kommt und andererseits den einzelnen Menschen und Familien Raum dafür eröffnet und belässt, die eigenen Lösungen zu (er)finden. Dafür ist das wichtigste Werkzeug er selber. Dem Ursprung des Wortes entsprechend, besteht übrigens Kompetenz darin, gemeinsam und / oder zugleich etwas zu erstreben sowie auch dazu fähig zu sein, das Erstrebte zu erreichen.

Wie ein roter Faden zieht sich durch das ganze Buch hindurch die Aufmerksamkeit gegenüber der eigenen Haltung. Es ergeben sich daraus Überlegungen zur eigenen „Psychohygiene" nicht nur vor oder nach, sondern auch *während* der Arbeit mit den Menschen. Statt von Neutralität des Experten oder der uneigennützigen Allparteilichkeit zu reden, wird uns in erster Linie empfohlen, während der Gespräche auf unser eigenes Wohlbefinden zu achten, es gut mit uns selber zu meinen, uns nichts vorzumachen, um gerade dadurch für andere transparent und glaubwürdig zu sein. Wenn der Therapeut bei irgendetwas ein ungutes Gefühl habe, solle er sich nicht damit Gewalt antun, dass er das, was ihm Mühe macht, in heroischer Selbstverleugnung positiv umdeutet – dies ist eines der Postulate, mit dem wir konfrontiert werden. Ihm entspricht als konkretes Beispiel die „böse positive Konnotation", authentischer Ausdruck einer momentanen Befindlichkeit während des Gesprächs.

Die Familien bekommen ihre Autorität zurück, sollen nicht behandelt oder „übernommen", sondern autorisiert werden, selber zum Zuge zu kommen und eigenverantwortlich zu handeln, auch wenn das mit großen Risiken selbst für den Therapeuten verbunden ist. Beim Wort genommen, meint Autorität die Autorschaft für sich selber. Sie wird hier Kompetenz genannt. Der Therapeut ist nicht kompetent, wenn es die Familie nicht ist, obwohl sich das ja scheinbar dadurch zeigen soll, dass sie Therapie braucht. Wer der Familie Kompetenz abspricht, bemächtigt sich ihrer unter dem Vorwand, sie zu ermächtigen, ihre Sachen selber zu ordnen, bringt sie aber in eine Beziehungsfalle dadurch, dass er ihr gleichzeitig zu merken gibt, dazu gar nicht in der Lage zu sein und nicht zu wissen, weshalb sie den Therapeuten nötig hat: Nein, sagt Ausloos, sie weiß es und hat alles, was sie braucht. Wenn man ihr hingegen von außen sagt, was sie zu tun hat, ist sie nur verwirrt und verunsichert.

Das ist nicht nur eine wissenskritische, sondern auch eine wissenschafts- und therapiekritische Haltung, mit der ganz im Sinne des Verfassers die Leserinnen und Leser sich wieder kritisch auseinander setzen mögen, damit sie zu *ihrer* Wahrheit finden.

Es wird zwar an verschiedenen Stellen von eigenen Forschungen gesprochen. Doch hat das im Französischen dafür gebrauchte Wort *recherches* eine andere Konnotation als im Deutschen. Wer forscht, *sucht* vor allem *Wege* und nicht Ergebnisse. Auch systematisch erworbenes Wissen bleibt Erfahrungswissen und hat kontextgebunden nur bedingte Gültigkeit für andere. Umgekehrt kann auch deren Wissen als Wegweiser oder -begleiter hilfreich sein und einen zwar unter Umständen, aber nicht unbedingt an die gleichen Orte bringen wie jene, die es übermitteln.

Den therapeutischen Einzel- und Familiengesprächen – der Autor geht zwar nicht unbedingt sparsam mit den Wörtern „Therapie“ und „Therapeut“ um, hat aber ebenso ausdrückliche Vorbehalte dagegen – kommt ein *experimenteller* Charakter zu. Sie sind insofern nicht ergebnisorientiert, als sie kein vom Therapeuten vorgegebenes inhaltliches Ziel anpeilen. Dennoch sind sie nicht ziellos: Ihr Ziel ist, dass die Gesprächspartner sich selber *ihr* Ziel geben und zu ihm hin aufbrechen.

Im Duktus des Buches wird auch noch dieses deutlich: Therapie ist Kunst und nicht Wissenschaft. Sie lebt vom offenen und öffnenden Gespräch, aus dem Wirklichkeit entsteht, die immer wieder auch vergehen kann. Ihr Rahmen ist nicht von vornherein abgesteckt durch Krankheitsbilder, Hypothesen, Diagnosen und daraus abgeleitete Behandlungspläne. Zu den von anderen gelieferten Werkzeugen hinzu kommen im Verlaufe der Arbeit auch immer wieder ad hoc fabrizierte neue, zum Beispiel sprachliche. Immer wieder spürt man das Bemühen um eine dem prozessorientierten Denken und Vorgehen angemessene „flüssige“ Sprache, was dem Übersetzer die Sache nicht leicht machte. „Fließmuster“ sind auch für einen Beobachter schwieriger zu erfassen als „Standmuster“. Filme brauchen mehr augenblickliche Aufmerksamkeit als Fotos. Das Original kommt der sprachlichen Gestaltung allerdings durch die vielen Beispiele von Prozessverläufen entgegen.

Ob und dass Gespräche hinsichtlich Inhalt und Verlauf *im Nachhinein*, also a posteriori, untersucht und wissenschaftlichen Fragen und Interpunktionen zugänglich gemacht werden können, ist damit nicht in Abrede gestellt. Nur liegt das nicht im Interesse des Autors, weil sich für ihn im Leben nichts wiederholt und Rationalität ohnehin angesichts des chaotisch Lebendigen und des lebenden Chaos nur eine begrenzte Reichweite besitzt. Drückt sich nicht auch da wieder die gleiche Grundhaltung aus, nichts über vorgegebene Einheitsleisten zu ziehen, Personen und Familien nicht auf Konzepte anzuwenden, nichts durch Etikettierungen zu verfestigen (zu chronifizieren), Leben nicht abzuwürgen?

Solche und ähnliche Fragen, wie sie hier diskutiert werden, stellen sich all jenen Therapeutinnen und Therapeuten, welche über die eigene Tätigkeit nachdenken. Sie finden hier Evozierendes, Provozierendes und hoffentlich auch Informierendes, das einen Unterschied macht.

Der diktierte Rohentwurf der Übersetzung wurde von einer jungen Mutter mit drei Kleinkindern, von Kathrin Reich, geschrieben. Immer wieder stellte sie während der Abschrift fest, wie sie durch den Text zum Nachdenken über ihre eigenen Erfahrungen und Beobachtungen angeregt wurde. Auf der einen Seite wurde sie in den eigenen Erfahrungen und Ansichten bestätigt, bekam also keine neuen Auskünfte. Auf der andern Seite erhielt sie Informationen, erfuhr also etwas, das einen Unterschied machte zu dem, was sie bereits erfahren hatte oder kannte. Dieses namentliche Feedback ist erfreulich. Es zeigt, dass ein Fachbuch auch Personen außerhalb unseres Fachs nützlich sein und von ihnen kompetent beurteilt werden kann. Das wirft einerseits ein Licht auf deren eigene Kompetenz, die zu respektieren gerade dieser Autor sich vorgenommen hat. Anderseits belegt es, wie auch Fachliteratur so geschrieben werden kann, dass sie nicht nur *über* Familien und ihre Mitglieder spricht, sondern diese in ihrer ganz eigenen Wirklichkeit auch anspricht.

Literatur

Amiguet, O. et C. Julier (1993): Travail sociale et systémique. Genève (IES).

Asimov, I. (1991): Das Ende der Ewigkeit (18. Aufl.). München (Heyne).

Asimov, I. (1986): Les cavernes d'acier. Paris (J'ai Lu).

Ausloos, G. (1976): Adolescence, délinquance et famille. *Annales de Vaucresson* 14: 80–87.

Ausloos, G. (1978): Modalités de contrôle des déviances dans la famille et la société. *Instantanés criminologiques et annales de Vaucresson*:175–188.

Ausloos, G. (1980a): Secrets de famille. Dans: J. C. Benoit (ed.): Changements systémiques en thérapie familiale. Paris (ESF), pp. 62–80.

Ausloos, G. (1980b): Oedipe et sa famille, ou les secret sont faits pour être agis. *Dialogue* 70: 83-92.

Ausloos, G. (1981): Systèmes, homéostase, équilibration. *Thérapie familiale* 2 (3): 187–203.

Ausloos, G. (1983): Finalités individuelles, finalités familiales: le double-lien scindé thérapeutique. *Bulletin de psychologie* 36: 217–222.

Ausloos, G. (1985): Vers un fonctionnement systémique de l'institution. *Thérapie familiale* 4 (3): 235–242.

Ausloos, G. (1986a): Equation personnelle, langage familial et formation. *Thérapie familiale* 7 (2): 137–145.

Ausloos, G. (1986b): Secrets de famille. Dans: J. C. Benoit (ed.): Changements systémiques en thérapie familiale (3. ed.). Paris (ESF), pp. 62–80.

Ausloos, G. (1986c): Symptôme, système et psychopathologie. *Systèmes humains* 2 (1): 97–104.

Ausloos, G. (1988): Familien mit rigiden oder chaotischen Transaktionen: Zwei verschiedene Weisen, die Zeit zu (er)leben. *Familiendynamik* 13: 27–39.

Ausloos, G. (1990a): Approche systémique du suicide à l'urgence. *JEUR. Journal européen de l'urgence* 3: 127–130.

Ausloos, G. (1990b): Individu – symptôme – famille. *Thérapie familiale* 11 (3): 273–279.

Ausloos, G. (1990c): Secrets et questions à l'adolescence. *Journal des psychologues*.

Ausloos, G. (1990d): Temps des familles, temps des thérapeutes. *Thérapie familiale* 11 (1): 15–25.

Ausloos, G. (1991): Collaborer, c'est travailler ensemble. *Thérapie familiale* 12 (3): 237–247.

Ausloos, G. (1992): Réflexions systémiques à propos d'une adolescente anorexique. *PRISME* II (3): 368–379.

Ausloos, G. (1993a): Chaos et complexité en travail social. Dans: O. Amiguet et C. Julier (eds.): Travail social et systémique. Genf (IES), pp. 53–69.

Ausloos, G. (1993b): Expressed emotion, thérapie familiale comportementale et systémique. *Thérapie familiale* 14 (4): 395–406.

Ausloos, G. (1995): Le symptôme affectif conjugal: un regard systémique sur la psychose maniaco-dépressive. *Thérapie familiale* 16 (1): 77–85.
Ausloos, G. et P. Segond (1983): Marginalité, système et famille: L'approche systémique en travail social. (Collection Relecteures, Vaucresson CFRES.) Genf (IES).
Ausloos, G. et al. (1986): 50 familles d'Héroïnomanes. Lausanne (Le Levant).
Bandler, R. u. J. Grindler (1981): Metasprache und Psychotherapie. Struktur der Magie I. Paderborn (Junfermann).
Bateson, G. (1981a): Ökologie des Geistes. Anthropologische, psychologische, biologische und epistemologische Perspektiven. Frankfurt a. M. (Suhrkamp).
Bateson, G. (1981b): Die Kybernetik des „Selbst“: Eine Theorie des Alkoholismus. In: G. Bateson (1981a): Ökologie des Geistes. Anthropologische, psychologische, biologische und epistemologische Perspektiven. Frankfurt a. M. (Suhrkamp), 6. Aufl. 1996, S. 400–435.
Bateson, G. (1982): Geist und Natur. Eine notwendige Einheit. Frankfurt a. M. (Suhrkamp).
Benoit, J. C. (1980): Changements systémiques en thérapie familiale. Paris (ESF).
Benoit, J. C. (1981): Les doubles liens. Paris (PUF).
Benoit, J. C. (1984): Les théories systémiques et la thérapeutique institutionnelle. Paris (Massons).
Benoit, J. C. (1986): La désaliénation systémique. Paris (ESF).
Benoit, J. C. (1992): Parents, familles et soignants: la recherche d'un système institutionnel en psychiatrie. Toulouse (Erès).
Benoit, J. C. (1995): Le traitement des désordres familiaux. Paris (Dunod).
Benoit, J. C. et M. Berta (1980): L'activation psychothérapeutique. Bruxelles (Dessart-Mardaga).
Benoit, J. C. et J. A. Malarewicz (1988): Dictionnaire clinique des thérapies familiales systémiques. Paris (ESF).
Bertalanffy, L. von (1968): General system theory. Foundations, development, applications. New York (Braziller).
Bertalanffy, L. von (1982): Des robots, des esprits et des hommes. Paris (ESF).
Bloch, D. A. (1973) (ed.): Techniques of family psychotherapy: A Primer. New York (Grune & Stratton).
Boszormenyi-Nagy, I. u. G. Spark (1973): Unsichtbare Bindungen. Die Dynamik familiärer Systeme. Stuttgart (Klett-Cotta).
Bowen, M. (1983): La différenciation du soi. Paris (ESF).
Bowlby, J. (1982): Das Glück und die Trauer. Herstellung und Lösung affektiver Bindungen. Stuttgart (Klett-Cotta).
Brazelton T., B. Cramer, L. Kreisler, R. Schäppi et M. Soule (1982): La dynamique du nourrisson. Paris (ESF).
Briggs, J. u. F. D. Peat (1997): Die Entdeckung des Chaos. Eine Reise durch die Chaos-Theorie. München (dtv).
Brodeur, C. (1980): Rêves de famille. Montréal (France-Amérique).
Caillé, P. (1993): Familles et thérapeutes. Paris (ESF).
Caillé, P. et Y. Rey (1993): Il était une fois. Paris (ESF).
Caillé, P. et Y. Rey (1994): Les objets flottants. Paris (ESF).
Caplow, T. (1981): Deux contre un. Paris (ESF).
Cassiers, L. (1982): La fonction familiale de l'alcoolisme. *Thérapie familiale* 3 (4).
Chambon, O. et M. Marie-Cardine (1993): Emotionalité exprimée familiale et schizophrénie: approche comportementale et interactions familiales. *Thérapie familiale* 14 (4): 379–393.
Deloria, E. C. (1989): Nénuphar. Femme Sioux, fille du grand peuple Dakota d'Amérique. Montréal/Paris (L'Entincelle).
Delumeau, J. (1983): Le péché et la peur. La culpabilisation en Occident, XIIIe–XVIIIe siècle. Paris (Fayard).

Dumouchel, P. et J. P. Dupuy (eds.) (1983): L'autoorganisation, de la physique au politique. Colloque de Cerisy-la-Salle, 1981. Paris (Le Seuil).
Dupuy, J. P. (1982): Ordres et désordres. Enquête sur un nouveau paradigme. Paris (Le Seuil).
Elkaïm, M. (1992): Wenn du mich liebst, liebe mich nicht. München (Piper).
Elkaïm, M. ((Hrsg.): La thérapie familiale en changement.
Emery, L. et G. Ausloos (1984): L'institution peut-elle accepter des placement dits d'urgence sans renier son modèle d'intervention? *Thérapie familiale* 5 (2): 173–187.
Fogelman Soulie, F. (ed.) (1991): Les théories de la complexité. Autour de l'ouvre d'Henri Atlan. Paris (Le Seuil).
Fontaine, P. (1985): Familles saines. *Thérapie familiale* 6 (3): 267–282.
Fontaine, P. (1992): Le temps et les familles sous-prolétaires. *Thérapie familiale* 13 (3): 297–326.
Fontaine, P. (1993a): „Recherche et-et", cheminement vers une vue binoculaire. *Thérapie familiale* 14 (2): 107–122.
Fontaine, P. (1993b): Une observation naturaliste des familles aidée par la vidéo. *Thérapie familiale* 14 (2): 123–134.
Foucault, M. (1987): Der Wille zum Wissen. Frankfurt a. M. (Suhrkamp).
Gendreau, G. et al. (1993): Briser l'isolement, entre jeune en difficulté, éducateurs et parents. Montréal (Science et culture).
Glasersfeld, E. von (1988): The construction of knowledge. Contributions to conceptual semantics. Salinas, CA (Intersystems).
Gleick, J. (1988): Chaos – Die Ordnung des Universums. Vorstoß in Grenzbereiche der modernen Physik. München (dtv).
Goffman, E. (1980): Rahmenanalyse. Ein Versuch über die Organisation von Alltagserfahrungen. Frankfurt a. M. (Suhrkamp).
Goubier-Boula, M. O. (1994): Vie familiale et évènements. Lausanne (LEP).
Grinder, J. u. R. Bandler (1982): Kommunikation und Veränderung. Die Struktur der Magie II. Paderborn (Junfermann).
Guitton-Cohen Addad, C. (1988): Instant et processus. Paris (ESF).
Gurman, A. a. D. Kniskern (eds.) (1981): Handbook of Family Therapy. New York (Brunner-Mazel).
Haley, J. (1977): Direktive Familientherapie für die Lösung von Problemen. München (Pfeiffer).
Haley, J. (1981): Ablösungsprobleme Jugendlicher. Stuttgart (Pfeiffer).
Haley, J. (1984): Tacticiens du pouvoir. Paris (ESF).
Hall, E. T. (1985): La danse de la vie. Paris (Le Seuil).
Heireman, M. (1989): Du côté de chez soi. La thérapie contextuelle d'Ivan Boszormenyi-Nagy. Paris (ESF).
Herrigel, E. (1984): Zen in der Kunst des Bogenschießens. Bern (O. W. Barth).
Hofstadter, D. R. (1985): Gödel, Escher, Bach – ein Endloses Geflochtenes Band. Stuttgart (Klett-Cotta).
Jacob, F. (1972): Die Logik des Lebenden: Von der Urzeugung zum genetischen Code. Frankfurt a. M. (Fischer).
Keeny, B. (1983): Aesthetics of Change. New York (Guilford).
Koestler, A. (1959): Die Nachtwandler. Bern (Scherz).
Koestler, A. (1965): Le cri d'Archimède. Paris (Calmann-Lévy).
Koestler, A. (1968): Le cheval dans la locomotive. Paris (Calmann-Lévy).
Korzybski, A. (1941): Science and Sanity. New York (Science Press).
Laborit, H. (1983): La colombe assassinée. Paris (Grasset).
Lebbe-Berrier, P. (1988): Pouvoir et créativité du travailleur social. Paris (ESF).
Le Moigne, J. L. (1977): La théorie du système général. Paris (PUF).
Le Moigne, J. L. (1990): La modélisation des systèmes complexes. Paris (Dunod).

Malarewicz, J.-A. (1992): Quatorze leçons de thérapie stratégique. Paris (ESF).
Maturana, H. u. F. Varela (1987): Der Baum der Erkenntnis. Bern (Scherz).
McGoldrick, M. u. R. Gerson (1997): Genogramme in der Familienberatung. Bern (Huber).
Mead, M. (1971): Der Konflikt der Generationen. Jugend ohne Vorbild. Olten (Walter).
Miermont, J. et al. (1987): Dictionnaire des thérapies familiales. Paris (Payot).
Minuchin, S. (1967): Families of the Slums. New York (Basic Books).
Minuchin, S. (1977): Familie und Familientherapie. Freiburg (Lambertus).
Morin, E. (1990): Introduction à la pensée complexe. Paris (ESF).
Mugnier, J. P. (1993): L'identité virtuelle. Paris (ESF).
Napier, C. u. C. Whitaker (1979): Tatort Familie. Beispiele einer erfolgreichen Familientherapie. Düsseldorf (Diederichs).
Neuburger, R. (1993): L'autre demande. Psychoanalyse et thérapie familiale systémique. Paris (ESF).
Olson, D. H., S. C. Russell a. D. H. Sprenkle (1983): Circumplex Model of Marital and Family Systems. VI. Theoretical Update. *Family Process* 22: 69–83.
Onnis, L. (1989): Corps et contexte. Paris (ESF).
Paul, N. L. u. B. Paul-Byfield (1977): Puzzle einer Ehe. Verlauf einer Paartherapie. Stuttgart (Klett-Cotta).
Pauzé, R. et P. A. Contnarianu (1991): L'évolution de la notion de symptôme en thérapie familiale au cours des années 1980–1988. *Thérapie familiale* 12 (1): 45–53.
Pittman, F. S. (1974): Pour faire face aux urgences psychiatriques: définir la crise familiale. Dans: D. A. Bloch (ed.): Techniques de base en thérapie familiale. Toulouse (Erès).
Pluymaekers, J. (ed.) (1989): Familles, institutions et approche systémique. Paris (ESF).
Popper, K. (1973): Objektive Erkenntnis. Ein evolutionärer Entwurf. Hamburg (Hoffmann & Campe).
Prata, G., M. Vignato, S. Bullrich (1991): Du jeu symétrique du couple au jeu psychotique de la famille. *Thérapie familiale* 12 (1): 3–15.
Prata, G. (1994): Interventions systémiques dans les jeux familiaux. Toulouse (Erès).
Prigogine, I. et I. Stengers (1979): La nouvelle alliance. Métamorphose de la science. Paris (Gallimard).
Prigogine, I. et I. Stengers (1988): Entre le temps et l'éternité. Paris (Fayard).
Rey, Y. et B. Prieur (eds.) (1991): Systèmes, éthique, perspectives en thérapie familiale. Paris (ESF).
Rosenthal, R. u. L. Jacobson (1971): Pygmalion im Unterricht. Lehrererwartungen und Intelligenzentwicklung der Schüler. Weinheim (Beltz).
Ruelle, D. (1992): Zufall und Chaos. Berlin et al. (Springer).
Satir, V. (1976): Thérapie du groupe et de la famille. Paris (ESF).
Satir, V. (1979): Pour retrouver l'harmonie familiale. Paris (Delarge).
Schouten, J., S. Hirsch et H. Blankstein (1993): Gard ton masque. Toulouse (Erès).
Segal, L. (1989): Le rêve de la réalité. Le constructivisme de Heinz von Foerster. Paris (Le Seuil).
Selvini Palazzoli, M. et al. (1992): Die psychotischen Spiele in der Familie. Stuttgart (Klett-Cotta).
Selvini Palazzoli, M., L. Boscolo, G. Cecchin u. G. Prata (1975): Paradoxon und Gegenparadoxon. Stuttgart (Klett-Cotta).
Selvini Palazzoli, M., L. Boscolo, G. Cecchin u. G. Prata (1981): Hypothetisieren – Zirkularität – Neutralität: Drei Richtlinien für den Leiter der Sitzung. *Familiendynamik* 6: 123–139.
Selvini Palazzoli, M. et al. (1984): Hinter den Kulissen der Organisation. Stuttgart (Klett-Cotta).

Seywert, F. (1993): Le questionnement circulaire. *Thérapie familiale* 14 (1): 73–88.
Sheldrake, R. (1983): Das schöpferische Universum. Die Theorie des morphogenetischen Feldes. München (Meyster).
Sheldrake, R. (1998): Das Gedächtnis der Natur. Bern (Scherz).
Siméon, M. (1983): L'enfant diabétique, sa famille, ses soignants. *Thérapie familiale* 4 (3): 269–286.
Siméon, M., P. Malvaux et al. (1990): Maigrir sans m'aigrir. *Thérapie familiale* 10 (3): 311–322.
Thérapie Familiale 13 (3), 1992: Spezialnummer über „Temps et systémique".
Thom, R. (1979): Théorie des catastrophes et biologie: Plaidoyer pour une biologie théorique. Kobenhavn (Munksgaard).
Varela, F. J. (1989): Autonomie et connaissance. Essai sur le vivant. Paris (Le Seuil).
Vaughn, C. a. J. Leff (1976): The influence of family and social factors on the course of psychiatric illness. *British Journal of Psychiatrie* 126: 125-137.
Vogt, A. E. van (1953): Le monde des non-A. Paris (J'ai Lu).
Vogt, A. E. van (1957): Les joueurs du non-A. Paris (J'ai Lu).
Walliser, H. (1977): Systèmes et modèles. Paris (Le Seuil).
Watzlawick, P. (Hrsg.) (1974): Lösungen – Zur Theorie und Praxis menschlichen Wandels. Bern (Huber).
Watzlawick, P. (Hrsg.) (1981): Die erfundene Wirklichkeit. Wie wissen wir, was wir zu wissen glauben? Beiträge zum Konstruktivismus. München (Piper).
Watzlawick, P. et al. (1967): Menschliche Kommunikation. Bern (Huber).
Whitaker, C. A. (1981): Symbolic-experiential family therapy. In: A. S. Gurman a. D. P. Kniskern (eds.): Handbook of family therapy. New York (Bruner/Mazel), pp. 187–225.
Wiener, N. (1964): Mensch und Menschmaschine. Kybernetik und Gesellschaft. Frankfurt a. M. (Athenäum).
Winkin, Y. (1981): La nouvelle communication. G. Bateson ... Textes recueillis et présentés par Yves Winkin. Paris (du Seuil).